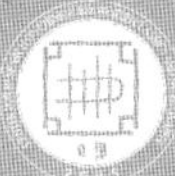

古文字與中華文明傳承發展工程

復旦大學出土文獻與古文字研究中心

復旦出土文獻與古文字研究博士叢書

馬王堆帛書綴合研究

鄭健飛 著

中西書局

本書爲國家資助博士後研究人員計劃“馬王堆簡帛校釋及相關問題研究”(GZC20231537)的成果。

《復旦出土文獻與古文字研究博士叢書》序

《復旦出土文獻與古文字研究博士叢書》的第一輯即將陸續出版，劉釗教授和中西書局要我在這套叢書前寫幾句話。

這套博士叢書所收的大多是出土文獻與古文字方面的博士學位論文，是這些年輕學者們在學術道路上的一個重要里程碑。這些博士論文經過十餘位專家審讀，最終入選叢書出版，至少説明它們對相關領域的研究具有一定的推進作用。我也曾讀過第一輯的部分入選論文或其中的一些章節，感到就我讀過的部分而言，是比較扎實嚴謹、言之有物的，值得相關研究者參考。當然，這些著作肯定也存在不少問題和錯誤，希望讀者多予批評指教。

裘錫圭

2012 年 9 月 13 日

凡　例

一、本書所引馬王堆帛書釋文，直接引自《長沙馬王堆漢墓簡帛集成》（以下簡稱"《集成》"）一書，行號皆爲該書整理的新行號。殘片釋文則以"|"號表示分行，因絶大多數殘片上下都已缺失，爲便省覽，殘斷號"☐"皆略去。本書所引馬王堆簡帛文字字形，直接選取自《馬王堆漢墓簡帛文字全編》一書。

二、本書"帛書原整理者"是指馬王堆漢墓帛書整理小組，"《集成》整理者"是指《集成》各篇的整理成員。

三、本書"原整理圖版"是指帛書原整理者的整理圖版，主要是指《馬王堆漢墓帛書》（包括［壹］、［叁］、［肆］）中著録的黑白圖版；"原始圖版"是指《集成》第柒册收録的高清全彩色原始圖版；"《集成》整理圖版"是指《集成》第壹、貳册收録的高清全彩色整理圖版。

四、由於印文印刷出來後無法達到足够清晰的效果，因此本書在多數情況下用文字描述印文的具體位置，請讀者自行參看印文圖版。少數討論確需使用印文者，直接引用已正確翻轉後的印文圖版，不另外説明。

五、本書在討論某條綴合意見時，凡見於原始圖版，而不見於《集成》整理圖版的殘片，通常以"《集成》各篇整理圖版皆未收録"注明。

目　　録

第一章　緒　　論

第一節　馬王堆帛書出土與整理情況概述

20世紀70年代長沙馬王堆漢墓的發掘，是中國乃至世界歷史上最重大的考古發現之一。三座墓出土的文物數量之多，内容之豐富，世所罕見。在馬王堆漢墓出土的衆多文物中，三號墓出土的帛書引起了學界極大的關注。經過後期的整理和研究發現，這些帛書總共有五十多種，分别用隸書和介於篆、隸之間的字體抄寫而成，除了少部分有傳本外，大部分是久已失傳的古代佚書，具有極高的學術價值。

關於帛書出土時的狀況，《長沙馬王堆二、三號漢墓（第一卷：田野考古發掘報告）》一書曾有詳細介紹：

> 馬王堆三號漢墓出土的帛書（包括帛圖，即有題記文字的圖表），全部出土於三號漢墓東槨箱内編號爲東57的長方形黑色漆奩中（故所有帛書編號爲東57—6）。該漆奩分上下兩層，内設五個長短大小不等的方格，其中長條形的方格中放置了《導引圖》、《老子》甲本及卷後古佚書四種、《春秋事語》和竹簡“醫書”四種，其餘帛書則呈長方形叠在一起放在一個大方格之中。……帛書的形制雖有整幅和半幅之分，但都是呈手卷式展開，長的如帛書《老子》甲本及卷後古佚書就有318.2釐米長，短的如帛書《春秋事語》，也有55.3釐米。這些手卷式的帛書在漆奩盒内存放時呈兩種狀態：一種以木片爲軸心卷成一卷，如《老子》甲本及卷後古佚書和《春秋事語》；一種則分别折合成16開大小的長方形叠放在一起，絶大多數帛書都是這種

存放方式。[①]

由於帛書長時間浸泡在棺液中，互相粘連，出土時已如同“泥磚”，難以揭開。爲了最大程度地保護帛書，文物保護工作人員將其放入充滿氮氣的塑膠袋中密封保存，隨後運送至北京故宫博物院進行揭裱。張耀選先生作爲主要負責人參與了這項工作，他對帛書的揭裱、提取過程有詳細的描述：

> 藏於東邊箱内長方形漆盒中，發現竹簡中心有一木片上有帛書一卷。又在簡下壓着一卷較寬的帛畫，揭開後有大篇隸書文字和穿着各種服飾、做着各種動作形態的人像。可惜已被竹簡壓碎，最後在漆盒一格内發現一厚叠已成“泥磚”狀的絹帛，面積 22×16 釐米，厚高 8 釐米。這一“泥磚”四邊只比格小一點，連手指都不能插進，用手抓和用工具取都會損傷“泥磚”。我們先在上面蓋一張水油紙，後墊一塊棉絮，再從盒内取出，分裝六個塑料袋，先用環氧乙烷消毒後，袋内灌入氮氣密封，隔絶了空氣，外裝木盒運故宫博物院修復工廠後逐一開封施工……
>
> 關於“泥磚”，我們根據修舊書的方法略加改造進行。將“泥磚”放入較深的瓷盆内，用蒸餾水浸泡，借水的浮力能揭開，先揭十幾叠，十餘人參加工作，每人負責一叠的揭剥成單片，共揭出四百餘片。經國家文物局組織了專家小組，進行分類鑒定，計有“導引圖”、“閩湘地圖”、“長沙駐軍圖”、“鎮墓圖”、“喪服圖”、“氣雲星象圖”、“五星占”、“戰國策”、“易經”、“道德經”甲乙兩份、“相馬經”、“産經”、“刑德篇”三份，陰陽五行等二十餘件。[②]

裝裱專家細緻地揭剥、清理之後，大體按照揭裱的順序，將這些帛片初步裝裱起來，拍成電子照片留存。帛書最初的揭裱工作十分重要，因爲這是一切

① 湖南省博物館、湖南省文物考古研究所編著《長沙馬王堆二、三號漢墓（第一卷：田野考古發掘報告）》，文物出版社，2004 年 7 月，第 87—88 頁。

② 張耀選《關於馬王堆三號墓出土的西漢帛畫、帛書的修裱》，《文物保護技術》1982 年第 3 輯。

後續整理、研究工作的基礎。不過由於工作難度較大，當時的技術手段也不够先進，在帛書的揭裱過程中還是留下了不少遺憾。帛書的揭裱、提取工作完成後，進一步的整理工作也隨之展開。

下面對馬王堆帛書出土以後的整理情況加以簡要介紹。

1974年3月，國家文物局組織成立馬王堆漢墓帛書整理小組，開始對帛書進行整理工作。這次整理的成果主要有三部集成性的著作，它們分別是1980年、1983年和1985年由文物出版社出版的精裝本《馬王堆漢墓帛書〔壹〕》《馬王堆漢墓帛書〔叁〕》《馬王堆漢墓帛書〔肆〕》(以下分別簡稱爲"《馬〔壹〕》""《馬〔叁〕》""《馬〔肆〕》")。其中，《馬〔壹〕》包括《老子》甲乙本及卷後卷前古佚書，《馬〔叁〕》包括《春秋事語》和《戰國縱横家書》，《馬〔肆〕》包括所有帛書醫書和醫簡。這套書按原計劃應出齊六册，其中第貳册(包括《周易》經傳)、第伍册(包括《五星占》《天文氣象雜占》等)、第陸册(包括《陰陽五行》甲乙篇、《刑德》甲乙丙篇等)等三册因故未能整理出版。除此集成性成果之外，這一時期還有部分帛書篇目的整理成果(包括圖版拼接、釋文校注等)或以單篇論文的形式發表在《文物》《中國文物》等期刊上，[①]或以單行本的形式出版發行。這是馬王堆帛書的第一次大規模整理，爲後來的進一步整理和研究奠定了堅實的基礎。

1992年，湖南省博物館召開"馬王堆漢墓國際學術研討會"，爲配合這次會議的召開，湖南省博物館編輯出版了《馬王堆漢墓文物》一書。這本書發表了帛書《周易》、《繫辭》、《刑德》乙等篇目的釋文和彩色照片，以及《太一將行圖》(書中名爲"《社神圖》")、《卦象圖》、《喪服圖》(書中名爲"《喪制圖》")等篇目的彩色照片，再次引起了馬王堆漢墓帛書研究的新熱潮。1995年，國家文物局重新恢復了馬王堆漢墓帛書整理小組工作，由李學勤先

① 馬王堆漢墓帛書整理小組《〈五星占〉附表釋文》，《文物》1974年第11期；馬王堆漢墓帛書整理小組《長沙馬王堆三號漢墓出土地圖的整理》，《文物》1975年第2期；馬王堆漢墓帛書整理小組《馬王堆三號漢墓出土駐軍圖整理簡報》，《文物》1976年第1期；馬王堆漢墓帛書整理小組《馬王堆漢墓帛書〈相馬經〉釋文》，《文物》1977年第8期；馬王堆漢墓帛書整理小組《長沙馬王堆三號墓出土西漢帛書〈天文氣象雜占〉》，《中國文物》1979年第1期；馬王堆漢墓帛書整理小組《馬王堆帛書〈六十四卦〉釋文》，《文物》1984年第3期。

生牽頭,組織湖南省博物館、中國文物研究所、中國社會科學院歷史研究所等科研單位的多位專家學者,對帛書開始新一輪的整理。這次整理的成果已發表者主要集中在《陰陽五行》甲篇(舊稱"《式法》")、[①]《刑德》[②]等術數類文獻,其他更多篇目的整理由於各種原因未能集中出版。

2002 年,湖南省博物館爲配合馬王堆二、三號漢墓發掘報告的編纂,開始對馬王堆漢墓帛書進行再次整理。該報告原準備出版兩卷:第一卷爲田野考古發掘報告,該卷已於 2004 年由文物出版社出版;第二卷爲《馬王堆漢墓帛書》,擬將馬王堆漢墓帛書(包括殘片)的圖片和釋文全部予以公布。爲此,湖南省博物館的研究人員對照之前已出版的《馬[壹]》《馬[叁]》《馬[肆]》,重新用原大彩色照片進行了剪貼拼接和整理(以下稱之爲"湘博本"[③])。與此同時,湖南省博物館還組織了有關專家對其他尚未整理完成的帛書進行了重新的拼接和整理。這次整理主要在《天文氣象雜占》《九主圖》《物則有形圖》等篇目的拼綴、復原上取得了一定的進展。[④] 由於部分帛書篇目的整理難度較大,這次整理的工作遲遲未能完成,第二卷也未能如期出版。

2008 年 9 月,復旦大學出土文獻與古文字研究中心、湖南省博物館、中華書局三方啓動《長沙馬王堆漢墓簡帛集成》(以下簡稱"《集成》")編纂出版合作項目。這項工作的目的,是在原馬王堆漢墓帛書整理小組和湖南省博物館的帛書整理工作的基礎上,吸收新出的研究成果,全面整理並完整發表馬王堆漢墓出土的所有簡帛資料。爲了保證項目的順利實施,湖南省博物館不僅交付了經他們進一步拼接、復原的帛書的翻拍照片(也即湘博本整理圖版),還分别於 2008 年 10 月、2009 年 12 月兩次對馬王堆漢墓出土的所有

① 馬王堆漢墓帛書整理小組《馬王堆帛書〈式法〉釋文摘要》,《文物》2000 年第 7 期。

② 陳松長《馬王堆帛書〈刑德〉研究論稿》,臺灣古籍出版有限公司,2001 年 4 月。

③ 湘博本照片由湖南省博物館提供,供《集成》項目組整理時參考使用,未曾正式公開發表。

④ 陳松長《〈天文氣象雜占〉釋文訂補》,《出土文獻研究》第六輯,上海古籍出版社,2004 年 12 月;陳松長、劉紹剛、王樹金《帛書〈天文氣象雜占〉釋文再補》,《出土文獻研究》第八輯,上海古籍出版社,2007 年 11 月;陳松長《馬王堆帛書〈物則有形圖〉初探》,《文物》2006 年第 6 期;陳松長《帛書"九主圖殘片"略考》,《文物》2007 年第 4 期。

簡帛原物(包括相關殘片)重新拍攝了高清彩色數碼照片(也即《集成》第柒册原始圖版),用作《集成》整理的原始依據。

2014 年 6 月,由復旦大學出土文獻與古文字研究中心和湖南省博物館聯合編纂的《集成》一書正式出版。該書利用湖南省博物館新拍的高清彩色照片,在原整理者和已有研究成果的基礎上,對馬王堆漢墓出土的所有簡帛進行全面的整理,是馬王堆漢墓簡帛整理、研究的集大成之作。不論是從資料的完備程度、圖版的清晰程度,還是釋文注釋的質量來看,《集成》一書都是馬王堆簡帛文獻已有的最好的整理本。今後有關馬王堆簡帛的進一步整理和研究,都應該在此書的基礎上展開。

第二節　馬王堆帛書綴合研究歷史概述

帛書綴合是帛書整理的基礎工作,其成果大多直接反映在整理圖版中,因此帛書的綴合歷史主要就是帛書的整理歷史。上文在概述帛書的整理情況時已有簡要介紹,讀者可參看。本節對帛書綴合歷史的概述更多地集中在《集成》一書出版以後。

與甲骨綴合不同,過去很少有研究者對帛書綴合進行專項研究。就我們目之所及,較早討論帛書綴合方法的是陳松長、劉紹剛、王樹金三位先生。作爲帛書《天文氣象雜占》湘博本的主要負責人,他們對這篇帛書進行了重新整理,拼綴上不少殘片,取得了很大成績。在發表綴合成果的同時,他們還根據自己重新整理這篇帛書的經驗,指出拼接帛書的方法主要有:根據圖文内容確定殘片所在的位置,根據書寫字體風格綴合和調整,根據污痕確定相對準確的位置,根據圖形的完整性決定拼合與否,根據文字的書寫筆畫拼接,根據反印文字和圖形確定相應帛片的位置等。[①] 這些都是很科學的方法,在具體的帛書拼綴過程中也有較强的可操作性。

---

① 陳松長、劉紹剛、王樹金《帛書〈天文氣象雜占〉釋文再補》,《出土文獻研究》第八輯,上海古籍出版社,2007 年 11 月,第 43—64 頁。

2010 年 6 月 28 日，陳劍先生在復旦大學出土文獻與古文字研究中心作了一次題爲“簡帛古書拼綴雜談”的學術講座。這次講座主要有兩部分内容：一是戰國竹書的分篇、拼合與編聯，一是馬王堆帛書的拼綴。其中馬王堆帛書拼綴部分討論了帛書拼綴的依據和方法，以及需要注意的一些問題，並舉了大量的綴合實例加以説明。這些内容都是陳劍先生在重新整理、拼綴馬王堆帛書過程中的切身體會、經驗之談，對拼綴帛書的工作有十分重要的參考價值和借鑒意義。

爲及時地向學界介紹《集成》整理組的最新研究成果，《文史》2012 年第 2 輯特設“馬王堆漢墓簡帛研究”專欄，集中發表了整理組的六篇研究論文。它們分别是：鄔可晶《以〈五行〉爲例談談馬王堆帛書〈老子〉甲本卷後古佚書重新整理的情況》、郭永秉《馬王堆帛書〈戰國縱横家書〉整理瑣記（三題）》、董珊《馬王堆帛書“物則有形”圖與道家“應物”學説》、廣瀨薰雄《〈五十二病方〉的重新整理與研究》、周波《馬王堆簡帛〈養生方〉、〈雜禁方〉校讀》、劉建民《馬王堆漢墓帛書〈五星占〉整理劄記》。這些論文主要介紹了整理者各自負責篇目的整理進展，多以札記的形式討論帛書拼綴上的新發現，是《集成》未定稿前整理成果的一次集中展示。這些綴合成果在後來出版的《集成》一書的整理圖版中都有體現。

其中值得特别注意的是，郭永秉先生在其論文中指出，那些有反印文關係的互相叠壓在一起的帛片，往往殘損的形狀都是一致的。也就是説，有叠壓關係的兩塊帛片，其中一片的某個位置缺少了另一塊相對位置的部分帛片，那就很有可能在殘片裏找到本該拼入的相應的那塊帛。① 這在馬王堆帛書中是十分普遍的規律性現象，給帛書拼綴帶來一定的啓發。

《集成》出版以後，又有不少研究者陸續發表了很多有關馬王堆帛書綴合的新成果。

2014 年 12 月，湖南省博物館召開“紀念馬王堆漢墓發掘四十週年國際學術研討會”。在這次會議上，陳劍先生提交了一篇名爲《馬王堆帛書“印

① 郭永秉《馬王堆帛書〈戰國縱横家書〉整理瑣記（三題）》，《文史》2012 年第 2 輯。

文”、空白頁和襯頁及折叠情况綜述》的論文。[①] 在這篇文章中，他對馬王堆帛書中的印文、空白頁和襯頁等問題作了全面透徹的分析、梳理，在此基礎上又對各篇帛書的折叠方式進行了詳盡的討論，並糾正了《集成》整理圖版中存在的一些問題。

在《集成》出版以後新出的拼綴意見中，尤以對帛書醫書部分的討論較多，其拼綴成果也比較突出。

陳劍先生在討論帛書《養生方》《房内記》《療射工毒方》等篇的折叠方式時，新綴、改綴了這幾篇帛書的一些殘片（見上引文章）。除此之外，帛書醫書主要整理者之一周波先生也發表了多篇論文，按照發表時間的先後順序主要有《〈馬王堆漢墓帛書（肆）〉整理札記（一）》、[②]《〈馬王堆漢墓帛書〔肆〕〉整理札記（二）》、[③]《〈馬王堆漢墓帛書（肆）〉整理札記（三）》、[④]《馬王堆醫書校讀（五則）》、[⑤]《馬王堆醫書校讀（三）》、[⑥]《馬王堆漢墓簡帛醫書及相關文字補説》、[⑦]《馬王堆醫書校讀（續）》[⑧]等。這些論文大多以札記的形式寫就，有的討論疑難字詞的釋讀，有的討論帛書的拼綴復原。其中有關拼綴的内容主要涉及帛書《養生方》、《去穀食氣》、《胎産書》、《房内記》、《療射工毒方》、《陰陽十一脈灸經》甲乙本等篇目，其拼綴意見大多堅實可信。劉建民先生也對

---

① 這次會議論文集後正式集結出版，詳見陳劍《馬王堆帛書“印文”、空白頁和襯頁及折叠情况綜述》，湖南省博物館編《紀念馬王堆漢墓發掘四十週年國際學術研討會論文集》，嶽麓書社，2016年10月，第270—319頁。

② 周波《〈馬王堆漢墓帛書（肆）〉整理札記（一）》，《古文字研究》第三十輯，中華書局，2014年9月，第440—446頁。

③ 周波《〈馬王堆漢墓帛書〔肆〕〉整理札記（二）》，《出土文獻與古文字研究》第六輯，上海古籍出版社，2015年2月，第559—569頁。

④ 周波《〈馬王堆漢墓帛書（肆）〉整理札記（三）》，湖南省博物館編《紀念馬王堆漢墓發掘四十週年國際學術研討會論文集》，嶽麓書社，2016年10月，第262—269頁。

⑤ 周波《馬王堆醫書校讀（五則）》，復旦大學出土文獻與古文字研究中心、耶魯—新加坡國立大學學院陳振傳基金漢學研究委員會編《出土文獻與中國古典學》，中西書局，2018年3月，第46—60頁。

⑥ 周波《馬王堆醫書校讀（三）》，《出土文獻》第十二輯，中西書局，2018年4月，第216—225頁。

⑦ 周波《馬王堆漢墓簡帛醫書及相關文字補説》，《復旦學報（社會科學版）》2019年第4期。

⑧ 周波《馬王堆醫書校讀（續）》，何志華、沈培、潘銘基、張錦少主編《古籍新詮——先秦兩漢文獻論集》，香港中文大學出版社，2020年11月，第675—687頁。

帛書《養生方》《房内記》的部分殘片提出了新的綴合意見。[①] 最近廣瀨薰雄先生重新討論了帛書《足臂十一脈灸經》至《五十二病方》卷折叠方法的復原方案，修正了自己舊有的看法，並根據印文關係改綴、新綴了帛書《養生方》《房内記》《胎産書》的幾塊殘片。[②] 盧林鑫先生全面而徹底地搜集、整理了屬於帛書《去穀食氣》《導引圖》的殘片，新發現了以往漏收的十幾片殘片，並成功拼綴了其中的部分殘片。[③] 除此之外，我們也曾在舊文中糾正帛書《房内記》《五十二病方》《養生方》《胎産書》等篇整理圖版中的一些錯誤，並據此校訂相關釋文。[④]

除帛書醫書外，在拼綴上取得較大進展的還有帛書《陰陽五行》甲篇。

由於出土時殘損嚴重，即便經過《集成》的重新整理，《陰陽五行》甲篇仍有三百七十多塊殘片未能綴合。[⑤]《集成》出版以後，該篇整理者程少軒先生根據當時尚未正式發表的北大漢簡《揕輿》篇，撰文討論了本篇《堪輿》章的重新復原，糾正了自己在拼綴上的一些錯誤。[⑥] 幾乎同時，名和敏光、廣瀨薰雄二位先生也發表了對該篇帛書整體結構復原的方案。[⑦] 此後名和敏光先

① 劉建民《馬王堆漢墓醫書〈養生方〉綴合五則》，《江漢考古》2018 年第 3 期；劉建民《馬王堆醫書〈養生方〉〈房内記〉校讀札記》，《中醫典籍與文化》2022 年第一輯（總第 4 期），社會科學文獻出版社，2022 年 12 月。

② 廣瀨薰雄《長沙馬王堆漢墓醫書復原拾遺》，《中醫藥文化》2022 年第 6 期。

③ 盧林鑫《戰國秦漢時期辟穀及導引行氣相關出土文獻整理與研究》，復旦大學碩士學位論文（指導教師：周波），2023 年 5 月，第 170—195 頁。又參見周波、盧林鑫《馬王堆帛書〈去穀食氣〉〈導引圖〉拼綴及相關文字補説》，第二届古文字與出土文獻青年學者西湖論壇會議論文，中國美術學院，2023 年 5 月 26—27 日。

④ 鄭健飛《馬王堆醫書釋文校讀及殘片綴合札記》，《文史》2017 年第 1 輯。

⑤ 這是根據《集成》第壹册《陰陽五行》甲篇所收殘片的數量統計，事實上《集成》原始圖版中仍有不少屬於本篇的殘片在整理時被漏收。據我們的粗略估計，本篇現存未能綴合殘片的總數應有四百餘片。

⑥ 程少軒《馬王堆帛書〈陰陽五行〉甲篇〈堪輿〉章的重新復原》，湖南省博物館編《紀念馬王堆漢墓發掘四十週年國際學術研討會論文集》，嶽麓書社，2016 年 10 月，第 200—205 頁。

⑦ 名和敏光、廣瀨薰雄《馬王堆漢墓帛書〈陰陽五行〉甲篇整體結構的復原》，《長沙馬王堆漢墓簡帛集成》修訂國際研討會會議論文，復旦大學出土文獻與古文字研究中心，2015 年 6 月 27—28 日。此文後又正式發表在《出土文獻研究》第十五輯，中西書局，2016 年 7 月，第 228—258 頁。

生在這個復原方案的基礎上，又陸續發表了一系列討論該篇帛書拼綴、校釋的單篇論文。就我們目前掌握的資料來看，按照發表時間的先後順序，主要有《馬王堆漢墓帛書〈陰陽五行〉甲篇〈術〉、〈雜占之四〉綴合校釋》、[①]《馬王堆漢墓帛書〈陰陽五行〉甲篇〈諸神吉凶〉前半章綴合校釋》、[②]《馬王堆漢墓帛書〈陰陽五行〉甲篇〈諸神吉凶〉綴合校釋》、[③]《馬王堆漢墓帛書〈陰陽五行〉甲篇〈雜占之一〉〈天一〉綴合校釋——兼論〈諸神吉凶〉下半截的復原》、[④]《馬王堆漢墓帛書〈陰陽五行〉甲篇〈室〉〈築〉綴合校釋》、[⑤]《馬王堆漢墓帛書〈陰陽五行〉甲篇〈堪輿〉綴合校釋(上)》、[⑥]《馬王堆漢墓帛書〈陰陽五行〉甲篇〈堪輿〉綴合校釋(下)》、[⑦]《馬王堆漢墓帛書〈陰陽五行〉甲篇〈雜占之六〉〈築(二)〉〈五行禁日〉綴合校釋》、[⑧]《馬王堆漢墓帛書〈陰陽五行〉甲篇——〈徙〉〈天地〉〈女發〉〈雜占之二〉綴合校釋》、[⑨]《馬王堆漢墓帛書〈陰陽五行〉甲篇〈雜占之七〉綴合校釋》[⑩]等。他的這些論文新綴、改綴了不少殘片，且大多正確可信，

---

① 名和敏光《馬王堆漢墓帛書〈陰陽五行〉甲篇〈術〉、〈雜占之四〉綴合校釋》，《出土文獻》第八輯，中西書局，2016 年 4 月，第 146—158 頁。

② 名和敏光《馬王堆漢墓帛書〈陰陽五行〉甲篇〈諸神吉凶〉前半章綴合校釋》，韓國慶星大學漢字研究所主編《漢字研究》第十五輯，2016 年 8 月，第 33—55 頁。

③ 名和敏光《馬王堆漢墓帛書〈陰陽五行〉甲篇〈諸神吉凶〉綴合校釋》，湖南省博物館編《紀念馬王堆漢墓發掘四十週年國際學術研討會論文集》，嶽麓書社，2016 年 10 月，第 206—210 頁。

④ 名和敏光《馬王堆漢墓帛書〈陰陽五行〉甲篇〈雜占之一〉〈天一〉綴合校釋——兼論〈諸神吉凶〉下半截的復原》，出土文獻與先秦經史國際學術研討會會議論文，香港大學中文學院，2015 年 10 月 16—17 日。

⑤ 名和敏光《馬王堆漢墓帛書〈陰陽五行〉甲篇〈室〉〈築〉綴合校釋》，第二十八屆中國文字學國際學術研討會會議論文，臺灣大學、中國文字學會，2017 年 5 月 12—13 日。

⑥ 名和敏光《馬王堆漢墓帛書〈陰陽五行〉甲篇〈堪輿〉綴合校釋(上)》，出土文獻與經學、古史國際學術研討會暨研究生論壇會議論文，華東師範大學中文系，2018 年 11 月 3—4 日。

⑦ 名和敏光《馬王堆漢墓帛書〈陰陽五行〉甲篇〈堪輿〉綴合校釋(下)》，湖北出土簡帛日書國際學術研討會會議論文，湖北省博物館、湖北省文物考古研究所、武漢大學簡帛研究中心、芝加哥顧立雅中國古文字中心，2018 年 11 月 9—10 日。

⑧ 名和敏光《馬王堆漢墓帛書〈陰陽五行〉甲篇〈雜占之六〉〈築(二)〉〈五行禁日〉綴合校釋》，《出土文獻研究》第十七輯，中西書局，2018 年 12 月，第 223—236 頁。

⑨ 名和敏光《馬王堆漢墓帛書〈陰陽五行〉甲篇——〈徙〉〈天地〉〈女發〉〈雜占之二〉綴合校釋》，《出土文獻綜合研究集刊》第八輯，巴蜀書社，2019 年 4 月，第 160—172 頁。

⑩ 名和敏光《馬王堆漢墓帛書〈陰陽五行〉甲篇〈雜占之七〉綴合校釋》，《上古漢語研究》第三輯，商務印書館，2019 年 6 月，第 149—157 頁。

對該篇帛書圖版的拼綴、復原有着十分重要的參考意義。

另外一種學者討論拼綴、復原較多的是帛畫《太一將行圖》。[①]

這篇帛畫的原整理者周世榮先生較早注意到反印文(他稱之爲"水印痕")的存在,並據此調整了部分帛片的位置,[②]後來的研究大多以其復原的墨綫圖爲研究基礎。李淞先生最早對其復原提出不同意見,他指出中央主神"太一"頭部與原所謂"雷公"頭部是左右對稱的叠印關係,它們應該分别位於折叠的中軸綫兩側,這是十分重要且正確的發現。[③] 喻燕姣先生則是首次對帛畫的折叠方式提出自己的構擬方案,認爲總共經過三次折叠,共分爲八大塊帛片,[④]其説有得有失。黄儒宣先生也提出了自己的拼綴方案,她對中央主神"太一"頭部圖像的復原正確可從,但是其他的改綴意見恐怕都有問題。[⑤] 據劉釗先生《馬王堆漢墓帛畫〈太一將行圖〉新證》,早在2010年《集成》編寫組在上海崇明島討論書稿期間,陳劍先生就已指出原位於帛畫右側總題記最下方的"太一[⑥]祝曰今日且"殘片應改綴至總題記開頭,這是非常重要和正確的意見。[⑦] 2013年12月19日,來國龍先生在復旦大學出土文獻與古文字研究中心作了題爲"馬王堆《太一祝圖》考"的學術講座,他在後來發表的同名文章中也提出了相同的改綴意見。[⑧]

《集成》出版以後,廣瀨薰雄先生在以往研究的基礎上又重新討論了《太

---

① 該篇帛畫過去有《太一將行圖》《社神圖》《神祇圖》《避兵圖》《太一出行圖》《社神護魂圖》《兵禱太一圖》《太一祝圖》等多種不同的名稱,繁複無定。我們贊同下引劉釗先生《馬王堆漢墓帛畫〈太一將行圖〉新證》一文的意見,稱之爲《太一將行圖》。

② 周世榮《難忘馬王堆漢墓的發掘與研究》,湖南省博物館編《千載難逢的考古發現——馬王堆漢墓發掘紀實》,湖南省博物館,2004年,第95頁。

③ 李淞《依據叠印痕迹尋證馬王堆3號漢墓〈"太一將行"圖〉的原貌》,《美術研究》2009年第2期。

④ 喻燕姣《馬王堆漢墓帛畫〈神祇圖〉研究二則》,《湖南省博物館館刊》第九輯,嶽麓書社,2013年4月,第37—43頁。

⑤ 黄儒宣《馬王堆〈辟兵圖〉研究》,《"中研院"歷史語言研究所集刊》第八十五本第二分,2014年6月。

⑥ 所謂"太一"二字實係"三"字的誤釋,詳見第五章第118則。

⑦ 劉釗《馬王堆漢墓帛畫〈太一將行圖〉新證》,《考古學報》2024年第2期。

⑧ 來國龍《馬王堆〈太一祝圖〉考》,《浙江大學藝術與考古研究》第一輯,浙江大學出版社,2014年10月,第1—27頁。

一將行圖》的拼綴問題。他不僅復原了這篇帛畫的折叠方式，還將原來拼綴在"雨師"題記下的某塊有字帛片，改綴在中央主神"太一"題記之下，又引陳劍先生意見將原始圖版三〇八頁"附件之未命名殘片—3"上的"爍金作刃"殘片歸入該篇。[①] 這些都是非常重要和正確的意見。洪德榮先生也就該篇的拼合問題提出了自己的看法，[②]有一定的參考價值。最近，劉釗先生在上引《馬王堆漢墓帛畫〈太一將行圖〉新證》一文中，綜合以往各家拼綴方案的正確之處，又調整、改綴了幾處帛片的位置。雖然還有一些殘碎片的位置存在疑問，但這是目前爲止該帛畫的最佳拼綴方案，今後的進一步研究，都應該在這個拼綴方案的基礎上展開。

除以上主要綴合成果之外，還有少數帛書篇目也有相關的零散綴合意見發表：陳劍先生將《相馬經》2 號殘片綴入該篇第 7 行上、對印於《木人占》現裝裱在原始圖版三〇八頁"附件之未命名殘片—3"的三塊殘片進行了試綴；[③]程少軒先生利用新發現的寫有"衰|廿五月"等字的殘片，幫助實現了帛書《喪服圖》的最終復原；[④]周波先生也重新對《春秋事語》、《相馬經》、《老子》乙本及卷前古佚書（主要是《十六經》《稱》兩篇）等幾篇帛書進行了補綴；[⑤]高潔先生綴合了《陰陽五行》乙篇《刑日圖》的兩塊殘片，並發現該篇《五行禁日》章中被誤剪的"斬"字殘片，同時還找到了六塊屬於該篇的漏收殘片；[⑥]我們在碩士學位論文中也改綴、調整了帛書《五星占》整理圖版中幾塊殘片的位置。[⑦]

以上是對馬王堆帛書綴合研究歷史的簡要回顧。從中可以看出，過去

---

① 廣瀨薰雄《談〈太一將行圖〉的復原問題》，湖南省博物館編《紀念馬王堆漢墓發掘四十週年國際學術研討會論文集》，嶽麓書社，2016 年 10 月，第 384—394 頁。

② 洪德榮《〈太一祝圖〉拼合問題再論》，《華夏考古》2018 年第 6 期。

③ 陳劍《馬王堆帛書"印文"、空白頁和襯頁及折叠情况綜述》，湖南省博物館編《紀念馬王堆漢墓發掘四十週年國際學術研討會論文集》，嶽麓書社，2016 年 10 月，第 270—319 頁。

④ 程少軒《馬王堆漢墓〈喪服圖〉新探》，《出土文獻與古文字研究》第六輯，上海古籍出版社，2015 年 2 月，第 630 頁。

⑤ 周波《〈長沙馬王堆漢墓簡帛集成〉校讀札記》，《上古漢語研究》第二輯，商務印書館，2018 年 6 月，第 46—53 頁。

⑥ 高潔《〈長沙馬王堆漢墓集成〉校讀札記》，《南京師範大學文學院學報》2024 年第 1 期。

⑦ 鄭健飛《馬王堆帛書殘字釋讀及殘片綴合研究》，復旦大學碩士學位論文（指導教師：劉釗），2015 年 6 月。

的馬王堆帛書綴合研究主要有以下特點：

一、雖然研究馬王堆帛書的學者衆多，但專門從事帛書綴合的研究者很少且相對集中。正如前文所説，帛書綴合是帛書整理的基礎工作，因此帛書綴合的研究者主要就是帛書的整理者。除這些整理者以外，很少看到有其他研究人員討論帛書的綴合問題。一方面，由於《集成》一書的整理質量很高，其整理的圖版可供研究者直接利用，因此極少有人會回過頭去關注帛書的綴合問題。另一方面，近年來各種出土簡牘資料呈井噴式不斷公布，出土文獻與古文字研究學界的注意力大都集中在這些新出材料上，而馬王堆帛書出土至今已有五十年，作爲老舊材料其關注度本就相對較少。這兩方面的原因造成了帛書綴合的研究人員不足，受到的關注也較少。

二、已有的馬王堆帛書綴合的研究既不够全面，也不够深入。由於馬王堆帛書篇目衆多，體量巨大，因此過去的幾次整理都是集體項目，由某個人具體負責某篇或某幾篇，分工完成整理任務。這一定程度上導致了帛書整理者大多只專注於自己負責的篇目（或文獻性質與之相近的篇目），而對其他篇目的綴合、整理可能並不是十分熟悉和瞭解。因此我們可以看到，在《集成》一書出版之後，雖然相關整理者又有不少新的綴合成果發表，但這些成果仍主要集中在醫書、《陰陽五行》甲篇、《太一將行圖》等少數幾篇，而其他篇目則很少有研究者討論。除此之外，過去帛書綴合的研究成果或是直接體現在整理圖版上，或是以零散、瑣碎的札記形式發表，而很少有像甲骨綴合那樣更具體、更精細的專項研究。

有鑒於此，馬王堆帛書綴合還有進一步的研究空間，本書的選題也仍有其可行性和必要性。

第三節　《集成》整理圖版存在的問題

《集成》是馬王堆簡帛整理與研究的集大成之作，該書第壹、貳册收録的整理圖版代表了目前馬王堆帛書拼綴、整理的最高水平。不過我們也應該認識到，由於帛書的綴合工作體量巨大，加之整理時間緊迫，《集成》整理圖版不可避免地存在一些問題。本節準備分類指出這些問題，每類問題之下舉些具體的例子説明，以期能爲《集成》整理圖版的修訂、帛書的進一步拼綴提供參考。需要指出的是，《集成》整理圖版包括帛書正文圖版和收録的殘片，由於殘片的問題自有其特殊性，因此我們打算將正文圖版和殘片這兩部分分開討論。

一、《集成》正文圖版存在的問題

在查檢、覆覈大量帛片後，我們發現《集成》正文圖版主要有誤綴、漏綴、誤剪、誤合等問題。其中誤綴是指帛片現在的綴入位置有誤，後文各章節在討論相關問題時有具體舉例。有時候，未能充分重視舊著録圖版和原整理者的拼綴成果，則會致使帛片漏綴，本書第四章第一節有具體舉例。因此，有關誤綴、漏綴的情況可參看後文，在此不再贅述。本節我們主要介紹誤剪和誤合問題。

在整理帛書的過程中，如果未能準確判斷原裝裱在一起的帛片之間的關係，或是整理者自身疏忽大意，容易造成不應拆分而誤拆分（誤剪）、應拆分而未正確拆分（誤合）這兩種錯誤。

（一）誤剪

誤剪掉的帛片有的被收録爲殘片（例如本書第四章第一節所舉《春秋事語》24 號殘片），而有的則是直接被剪除，不知所蹤。這給帛書的拼綴、整理工作造成了一定的影響。下面我們以帛書《陰陽五行》乙篇爲例具體看看誤剪帛片的情況。

原始圖版一七八頁“陰陽五行乙篇—7”最上方裝裱有以下一塊殘片：

根據文字内容，該殘片應綴入《陰陽五行》乙篇之《擇日表》“玄戈昭榣”第9行，相關圖版如下：

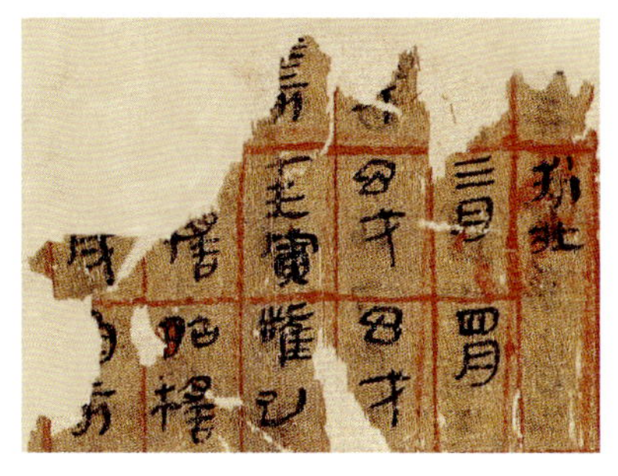

《集成》整理圖版

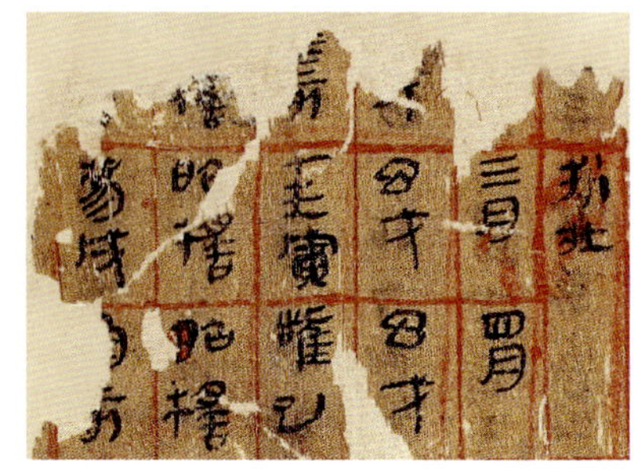

重綴圖版

兩相對比可知，《集成》整理者將“戌”字單獨剪出，而剪掉的上半部分帛片現已不見於整理圖版，應該是誤剪之後遺漏了。

又比如，《陰陽五行》乙篇之《天一》有以下一塊帛片，其原始圖版和《集成》整理圖版分别作：

原始圖版

《集成》整理圖版

該帛片左上方原有一“死爲|歲□”殘片，現在却不見於《集成》整理圖版。從帛片的外在形態來看，這塊“死爲|歲□”殘片原始位置本就應在此處，係《集成》整理者誤剪。

再比如，《陰陽五行》乙篇之《擇日表》“文日武日”第20行：

【申】；戌；子；寅；辰；午。20上是謂衝（衝），以祠，父〇死，以行，不歸。〼□荆（刑）也，餘位於正。20下

其中“荆(刑)也”二字所在帛片,《集成》整理圖版和其原始圖版對比如下:

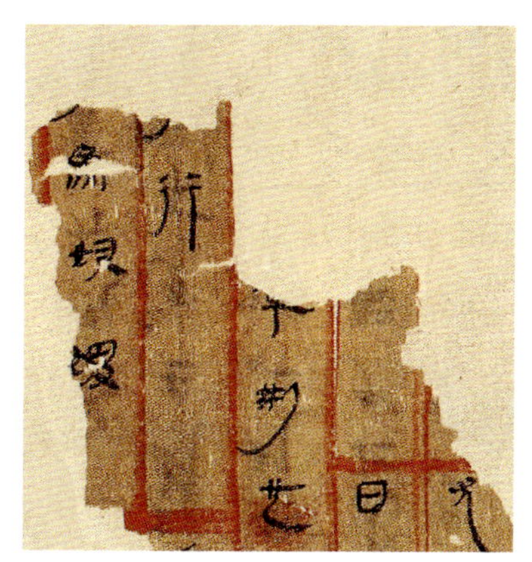

《集成》整理圖版

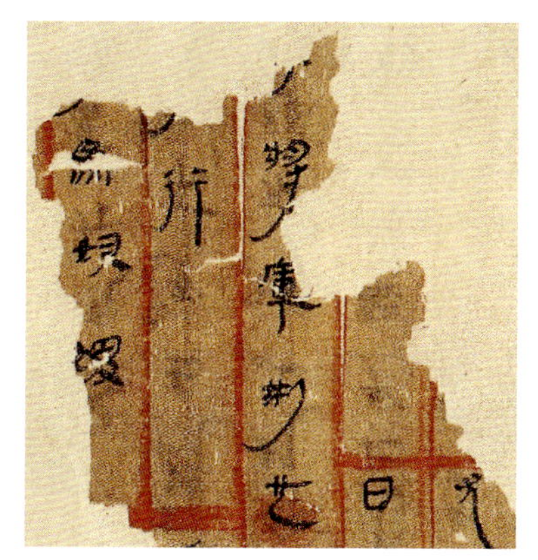

原始圖版

原始圖版“荆(刑)也”二字之上裝裱有一“□將軍”殘片,該殘片放在此處,“軍”字筆畫、相關反印文等都十分密合。奇怪的是,該殘片現已不見於整理圖版,亦不知其去向,應係整理過程中誤剪。據此,相關圖版、釋文都應重新修訂。

(二) 誤合

與上述誤剪帛片相反的是誤合。有些帛片在揭裱之初就已誤粘連在一起,粘連處的字形筆畫、帛片形態等乍看之下都比較密合(有的甚至可以説是“天衣無縫”),後來的整理者和研究者較難發現。這需要我們在拼綴、整理帛書時,利用各種有效信息儘可能準確地判斷帛片之間是否誤粘合,做到應拆分而盡拆分。近來廣瀨薰雄先生對帛書《養生方》第 214—217 行行首“女子之樂|不能已ㄴ西河|□堅病而□|戒□”帛片重新拆分、改綴,[①]就是一個很成功的例子。下面我們再舉一個帛書《養生方》的例子。該篇第 185—187 行行首有以下一塊帛片:

① 廣瀨薰雄《長沙馬王堆漢墓醫書復原拾遺》,《中醫藥文化》2022 年第 6 期。

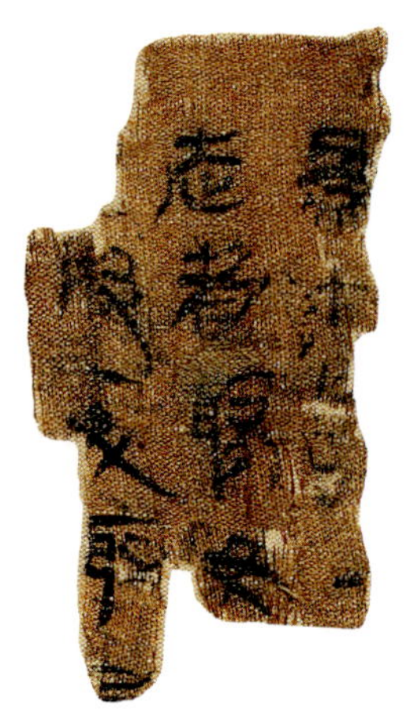

第 187 行文字《集成》釋作"□服一斗，取☑"，按，此所謂"服"字右半部分是"及"旁，與"服"字所从不同。結合下方"一""斗"二字左側的筆畫已被覆蓋這點來看，整塊帛片最左側的小殘片顯然係誤粘連在此處，應拆分出來。將其剔除後，第 187 行文字或應改釋作"【湮】[①]汲一斗，取烏【豙（喙）】"，"湮汲"多見於馬王堆醫書。

以上舉了幾個誤剪、誤合帛片的例子，下文在討論《集成》收録殘片存在的問題時，還會再次涉及，在此就不再過多舉例了。

二、《集成》收録殘片存在的問題

《集成》現各篇帛書收録殘片數如下：《周易》與《二三子問》卷殘片 48 片、《繫辭》至《昭力》卷殘片 156 片、《春秋事語》殘片 57 片、《戰國縱横家書》殘片 6 片、《老子》甲本及卷後古佚書殘片 30 片、《九主圖》殘片 2 片、《老子》乙本及卷前古佚書殘片 14 片、《天文氣象雜占》殘片 17 片、《刑德》丙篇殘片 31 片、《陰陽五行》甲篇殘片 379 片、《陰陽五行》乙篇殘片 24 片、《出行占》殘片 3 片、《相馬經》殘片 2 片、《五十二病方》殘片 80 片、《導引圖》殘片 10 片、《養生方》殘片 195 片、《房内記》殘片 37 片、《療射工毒方》殘片 4 片、《胎産書》殘片 2 片。

---

① 此字原帛上仍殘留有少量筆畫，與"湮"字相合。

以上各篇帛書收録殘片有數字編號者共計 1 097 片，[①]這是經《集成》重新整理後未能綴合殘片的總數量。而實際上，《集成》各篇整理者在重新整理帛書的過程中，對殘片的清理工作並不徹底。只要對比《集成》整理圖版和原始圖版，便不難發現未收録、未拼綴的殘片數量其實遠不止此。除大量漏收殘片之外，已收録的這 1 097 片殘片也存在諸如誤收、重收、誤裱等問題。這些問題往往會造成殘片上的文字誤釋，或者關鍵信息丟失，影響帛書的進一步拼綴。有鑒於此，下面就分類指出《集成》收録殘片存在的一些錯誤，並舉具體的例證説明。與此同時，我們詳盡考察了這 1 097 片殘片，對其問題進行匯總分析，作爲附録一附在書末，方便帛書拼綴工作者參考使用。

(一) 殘片漏收

由於帛書殘損嚴重，殘片數量非常大，整理過程中不可避免地存在殘片漏收的情況。殘片漏收主要分爲兩種情況：一種是舊著録圖版已收録，而《集成》整理圖版漏收。這主要是《集成》整理時未能充分重視舊著録圖版而造成的失誤。另一種是舊著録圖版和《集成》整理圖版都未收録。下面針對這兩種情況各舉一個例子。

湘博本《戰國縱横家書》收録有以下三塊殘片：

這三塊殘片分别裝裱在原始圖版四三頁“戰國縱横家書—2”、二七〇頁“帛書帛畫殘片—2”、二九二頁“帛書帛畫殘片—24”。《馬［叁］》一書的整理圖

① 帛書《五星占》整理圖版上有幾塊無法拼綴的殘片，它們本應剔除出來，但《集成》整理者未單獨析出收録，故暫未計算在内。

版未收録，湘博本則全部收録爲殘片，但它們現在全都不見於《集成》整理圖版，應係《集成》整理者漏收。由此可見，《集成》該篇整理者在整理時只參考了帛書原整理者的整理圖版，而未參考湘博本。第二塊殘片本書已綴合，詳見第二章第一節。第一塊和第三塊殘片暫無法綴入，應予以補收。

總體來説，這種舊已著録而《集成》整理圖版却漏收的殘片，其絶對數量是比較少的。更多的情況是，現裝裱在原始圖版“帛書帛畫殘片”和“附件之未命名殘片”上的大量殘碎帛片，各篇整理者未能窮盡性收録。舉例來説，原始圖版二八三頁“帛書帛畫殘片—15”中裝裱有以下殘片：

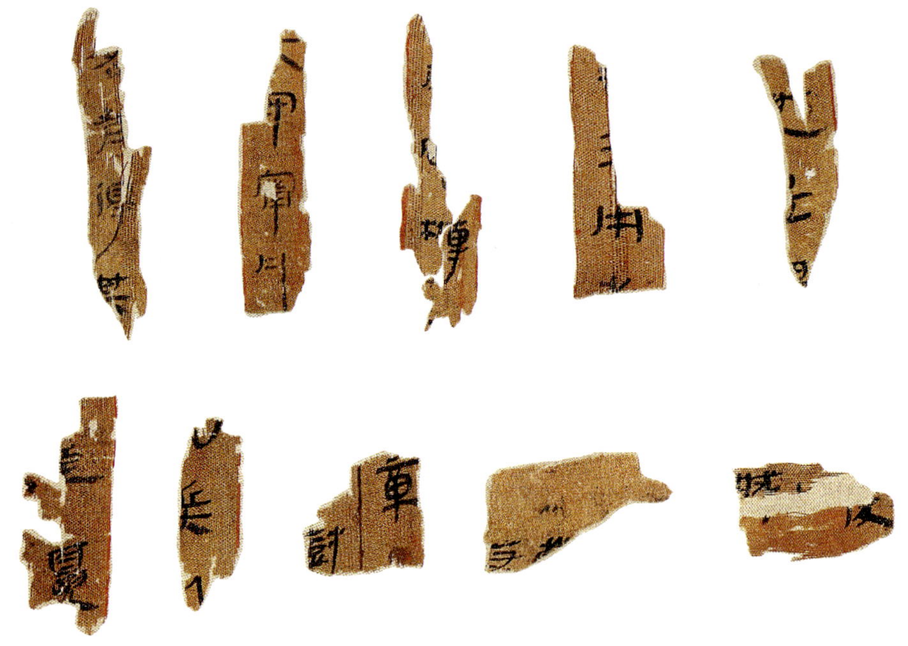

同版還有不少《陰陽五行》乙篇的殘片，其中有的已被正確拼綴在整理圖版上，有的被收録爲該篇殘片。上面所列的這十塊殘片都屬於《陰陽五行》乙篇，但不知爲何却全部漏收。① 另外，該版還有少量殘片屬於其他篇目者，也未能及時收録。由此可見，這種情況漏收的殘片數量是非常多的。其中可

① 最後兩塊殘片本書已拼綴，詳見第五章第069則、第三章第四節。

以綴合者詳見第五章,此處不再過多舉例。爲了讓後來的研究者熟悉、掌握帛書殘片漏收的具體情況,我們對照《集成》整理圖版和原始圖版,全面搜集、整理各篇漏收的殘片,作爲附録二附在書末,讀者可參看。

(二) 殘片重收

有些殘片過去已有著録,但上面的字形漫漶不清,難以辨認,整理時容易誤將高清彩色照片和原來的黑白照片同時收録,造成殘片重收,如帛書《養生方》有以下四塊殘片:

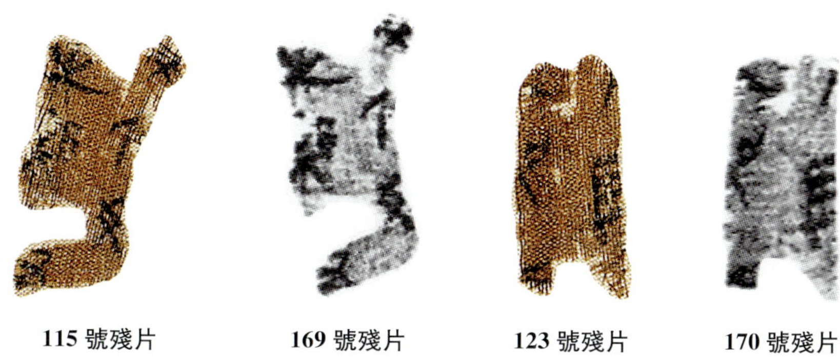

115 號殘片　169 號殘片　123 號殘片　170 號殘片

細審圖版可知,115 號殘片和 169 號殘片本是同一塊殘片,只是一爲彩色高清圖版,一爲《馬[肆]》著録的黑白圖版。二者係重複收録,應删去其一。123 號殘片和 170 號殘片情況與之相同。

有時候,某些殘片難以準確地判斷應歸屬於哪一篇,也會致使不同篇目的整理者不約而同地加以收録,如《養生方》146 號殘片:

該殘片又被收録在《五十二病方》1 號殘片的最下方,係不同篇目重複收録。從《馬[肆]》一書舊著録的黑白圖版來看,該殘片宜應歸屬於《五十二病方》。據此,《養生方》146 號殘片應删除。

有時候，某塊殘片已綴入正文圖版，由於疏忽又在同篇殘片下重複收録，如帛書《養生方》36 號殘片"□|其欼（歠）|棄"已被拼綴在該篇第 14—16 行，殘片中又誤重出。

更特殊的情況是，某塊殘片已被正確綴入某篇帛書的整理圖版，但是又誤重收在另外一篇帛書的殘片下。比較典型者，如帛書《天文氣象雜占》4 號殘片：

該殘片實際上已被《陰陽五行》乙篇整理者綴入該篇《太陰刑德大游圖》式圖五方東方木位處（《集成》第貳册二頁），十分正確。此係《天文氣象雜占》整理者誤重收。

（三）殘片誤收

1. 歸屬有誤

有些殘碎片上字數較少，字形又多有殘缺，有時候僅僅根據文字風格很難準確地判斷其所屬篇目，因此收録時容易造成歸屬錯誤。下面舉兩個這樣的例子。

如帛書《春秋事語》51、55 號殘片：

51 號殘片

55 號殘片

這兩塊殘片原裝裱在原始圖版二七五頁"帛書帛畫殘片—7"上，該版除了裱有大量《春秋事語》的帛片之外，還有不少屬於《陰陽五行》乙篇的帛片。同版上還裱有以下一塊漏收殘片：

與55號殘片可拼綴成上有"賜予"二字的新殘片：

從文字内容、文字風格來看，這塊新殘片無疑應歸入《陰陽五行》乙篇。① 據此，上舉《春秋事語》51和55號殘片也都應改歸入《陰陽五行》乙篇。

又如帛書《戰國縱横家書》1號殘片：

《集成》釋作"薛公"。該殘片左側有竪向欄綫，與帛書《戰國縱横家書》形制不合。該殘片應改歸入帛書《春秋事語》，其上文字應改釋爲"宰公"，具體綴入位置詳見第五章第014則。

---

① 帛書《陰陽五行》乙篇《上朔》章、《擇日表》"五行三合"部分釋文中"賜予"一詞兩見。

2. 誤剪/誤合

上文已指出《集成》正文圖版存在帛片誤剪、誤合的問題，同樣的問題也見於《集成》收録的殘片。下面以帛書《養生方》殘片爲例，對這兩種情況各舉一個例子。

如《養生方》57、58 號殘片：

57 號殘片

58 號殘片

這兩塊殘片原共同裝裱在原始圖版二五二頁"養生方—16"：

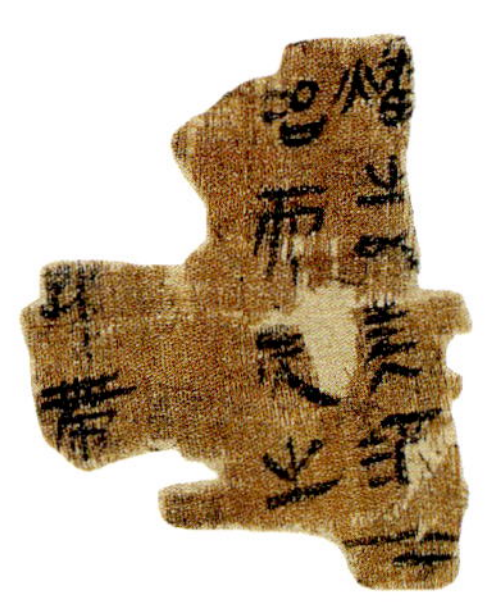

細審高清照片可知，二者原本就同屬一塊帛片，將其拆分作兩塊殘片根據不足。新殘片最右側一行的"美酒"二字與下方的"一"字之間有一長横，此應係位於帛書底部行末的黑色界欄。據帛書《養生方》形制，其位於最下方的界欄之下往往還抄有兩個字，因此"一"字之下本來應該還有一字，以是"升"或"斗"字的可能最大。若此，該行"燔之，以美酒一【升/斗】"文意也頗自然、通順。因此，我們認爲該殘片應放置在某一頁帛片底部的行末。此爲《集成》收録時誤剪開，導致部分拼綴信息丢失。

又如《養生方》144號殘片：

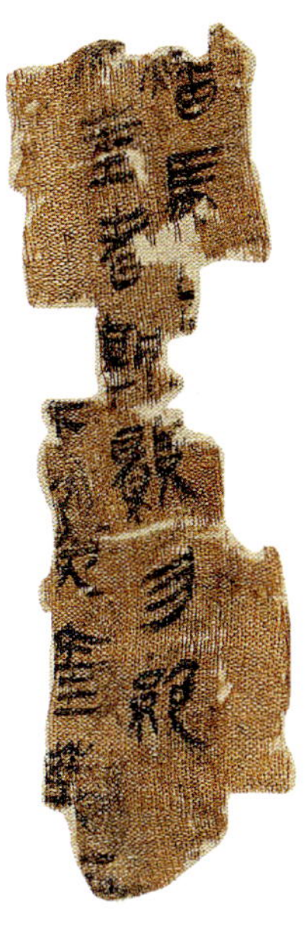

其上文字爲“燔馬□|□莖者孰顯勿絶|□毚産□□”。該殘片最左側一行其上方爲空白，而下方却書寫有文字，這顯然與帛書的抄寫常例不合，可知該殘片應自“孰”字之下拆分爲上下兩塊殘片。

有時候某塊殘片既見於《集成》正文圖版，同時又收録爲該篇殘片。這主要是由於整理者誤剪而造成的誤收。我們也舉兩個這樣的例子。

如帛書《老子》甲本及卷後古佚書25號殘片：

25號殘片

25號殘片翻正

《集成》注釋指出該殘片圖版誤倒置，並將上面的文字釋作“爵□|☑□”。按，該殘片原始位置在《五行》篇第88行末（其上文字爲“爵重”二字）：

因此這塊殘片實際上並不存在，係整理者誤從此處剪下收録爲殘片。

又比如《陰陽五行》乙篇16號殘片：

該殘片其實已被綴在《陰陽五行》乙篇《上朔》章第34行，與其右側第31—33行的“衆主|凶其後也四之|不可以舉”帛片原本就同屬一塊帛片（見原始圖版一八一頁“陰陽五行乙篇—10”）。《集成》整理者將這塊“不”字殘片誤剪下來後單獨綴入第34行，由於疏忽重又誤收爲殘片。

（四）殘片誤裱

在帛書最初的裝裱、揭取過程中，就已有不少殘片被誤裱。由於這些殘片保存狀況不佳，加之文字殘損嚴重不易辨識，後來的整理者往往不明所以，照其原樣收録，從而沿襲了原有的裝裱錯誤。大致來説，殘片的誤裱主要包括裱倒、裱反這兩種情况。偶爾比較極端的情况是，某塊殘片可能既裱倒又裱反。

如果某塊殘片上的字形、筆畫讓人感覺頗怪、難識，或許可以考慮誤裱倒的可能。下面舉兩個例子。

《養生方》143 號殘片如下：

《集成》釋作"□□中"。最下方一字與"中"字明顯不合。按，該殘片係由兩塊小殘片誤粘合在一起，右上方的小塊殘片應析出。析出後，另外一塊殘片應逆時針旋轉 90°：

其上文字應改釋作"□|滅|□"。

又比如《陰陽五行》甲篇 167 號殘片：

《集成》釋作"□五□",未釋字字形頗怪、難識。該殘片原裱在原始圖版一七一頁"陰陽五行甲篇—39",同版上有少量屬於《養生方》的殘片。我們認爲167號殘片也應屬於《養生方》,其圖版係誤倒置,翻正後作:

其上文字應釋作"橿(薑)五果(顆)"。

以上是誤裱倒之例,下面再來看誤裱反的例子。如果某塊殘片上殘字的墨色較之正文明顯不同,那麼很可能存在誤裱反的情況,如《陰陽五行》甲篇364號殘片:

364號殘片

364號殘片翻正

《集成》未釋。今按,該殘片應係誤裱反,將其水平鏡像翻正後,可釋作"□屎(尸)"。該殘片應綴入《陰陽五行》甲篇《祭(三)》章第4行上,[①]詳見第五章第058則。

① 帛書《陰陽五行》甲篇已有大量新的綴合成果發表,重新拼綴復原後的整體章節的結構、名稱與《集成》一書已有很大不同。爲避免稱引的混亂,本書凡是涉及該篇者,章節名稱、行號等仍沿襲《集成》一書。

第二章　馬王堆帛書綴合的價值和意義

許多殘碎的帛片，尤其是那些字形殘損嚴重、字數不多的殘片，單獨來看可能並没有多少價值可言，只有經過拼綴之後，某些重要的内容才得以顯現。帛書經過拼綴、復原之後，原本殘缺的字形、辭句變得更加完整，這對帛書文獻的整理與研究有着十分重要的價值。從出土文獻整理的角度來看，帛書拼綴主要有校訂釋文、增補字頭、提供新見字形等幾方面的價值和意義。本章我們準備分别從這三個方面舉些具體的例子加以論述。

第一節　校訂釋文

文字釋讀是出土文獻整理中最基礎也是最重要的工作，這是從事出土文獻研究的學者的共識。帛書原整理者所作釋文的質量本就很高，後來又經《集成》整理者重新整理，釋文更加準確、完善。不過即便如此，帛書釋文的校訂總是隨校隨有，永無止盡。就現階段來説，帛書釋文的校訂主要得益於文字（包括殘字）釋讀和帛書拼綴這兩方面的新進展。由於帛書未釋的疑難字、殘字等絶對數量已不多，因此相比較之下，帛書拼綴對帛書釋文校訂的參考價值和作用可能更大。

不少帛書篇目殘損嚴重，文字内容常有缺失。如果能够正確地拼綴上某塊或某些帛片，使原本缺失的内容得以補足，讓釋文更加完善，這對通讀帛書有很大的幫助。本節我們就舉幾個例子，具體分析帛書拼綴對校訂釋文、疏通文意的作用。

帛書《戰國縱横家書・蘇秦自趙獻書於齊王章（二）》第 100—101 行有

以下一段話：

> （上略）使天下汹=（汹汹—汹汹）然，曰：寡人將反（返）彙也。寡人无（無）之。乃彙固於齊，使人於齊夫=（大夫）之所而俞（偷）語則有之。寡人不見使□，100□大對（對—懟）也。寡人有反（返）彙之慮，必先牙（與）君謀之。

其中"寡人不見使□，100□大對（對—懟）也"一句，《集成》沿用帛書原整理者的釋讀意見，無注釋説明。第100行最末一字和第101行首字殘損嚴重，無法準確釋讀，致使整句話難以讀懂。我們在原始圖版二七四頁"帛書帛畫殘片—6"中間偏右位置找到了以下一塊殘片：

《集成》各篇整理圖版皆未收録該殘片。我們認爲應將其綴入上引文字第100—101行行首，綴合後圖版如下所示：

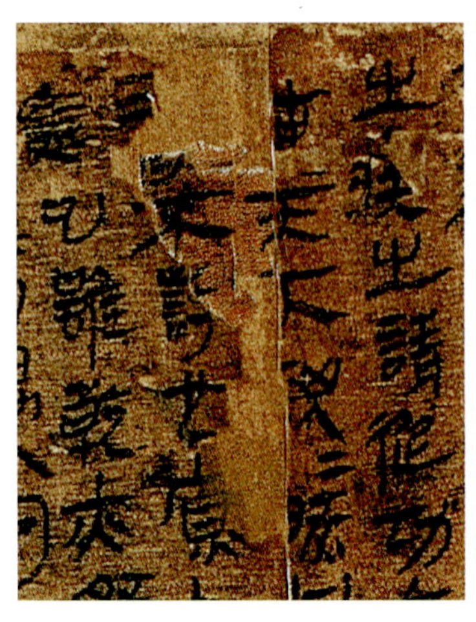

第100行“天”“下”二字、第101行“有”“不”“對(對)”三字筆畫都十分密合,可證此拼綴意見正確可信。據此,原釋文第101行“□大對(對—懟)也”應修訂作“有不對(對)也”。“對(對)”字應如字讀,不應破讀作表怨恨義的“懟”。第100行行末一字寫作“”,據殘形及上下文似可定爲“者”。這樣改釋作“寡人不見使者,100 有不對(對)也”,全句文從字順。

再來看一個例子。

帛書《春秋事語・伯有章》第35—36行有這樣一句話:

> 【・】鄭伯有☑35是殺我也。遂弗聽。伯有亦弗芒,自歸□□。伯有閉室,縣(懸)鐘而長歓=(飲酉—飲酒)。

其中“自歸□□”一句,文意難明。《集成》對此注釋如下:

> 此處後二字原整理者據所綴的一塊殘片(即本文所附殘片22號之右半)釋讀爲“亓(其)□”,裘文謂次字“殘存上端,似是‘家’或‘室’字”(四一五頁)。但這塊小片最上所存殘筆跟前文“歸”字筆劃不密合,拼合根據似不足,殘片最下一字諦審亦非从“宀”。今已將此片剔除,釋文改打兩個缺文號。[①]

按,所謂“自歸□□”四字印文位於第44—45行之間,據下揭印文圖版,帛書原整理者將22號殘片之右半綴入此處其實是十分正確的。22號殘片右半部分其原始裝裱位置本就在此(見原始圖版三七頁“春秋事語—2”),係《集成》整理者誤從此處剪除。

另外需要指出的是,所謂“歸”字寫作“”,應改釋爲“是”(印文亦可證)。“亓(其)”字之下一字寫作“”,應釋作“後”。“自是亓(其)後”也就

① 湖南省博物館、復旦大學出土文獻與古文字研究中心編纂,裘錫圭主編《長沙馬王堆漢墓簡帛集成(叁)》,中華書局,2014年6月,第180頁。

是自是之後、從此以後的意思，放在句中文意十分通順。根據這條綴合意見，上引釋文可修訂作"【·】鄭伯有☐35是殺我也。遂弗聽。伯有亦弗芒。自是亓(其)後，伯有閉室，縣(懸)鐘而長歙=(飲酉一飲酒)"。

附相關圖版如下：

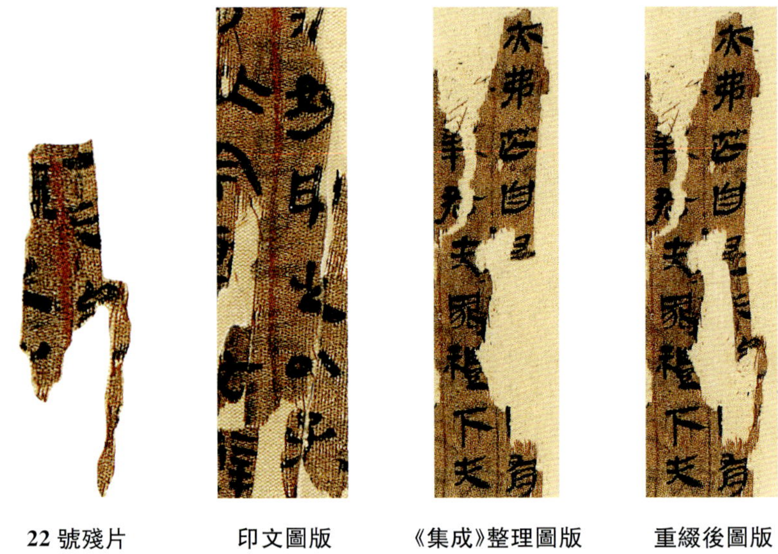

22號殘片　　印文圖版　　《集成》整理圖版　　重綴後圖版

另外，根據《集成》釋文的體例，帛書文字已完全殘失者，凡能根據上下文例、參照他本或其他古書確切補出的，一般在釋文中補入，外加魚尾括號"【 】"。這種擬補的文字在帛書釋文中隨處可見，且大多比較可信。很多時候，帛書拼綴可以爲這些擬補意見提供佐證，有的可直接釋出(詳見第五章)，而有的可能並不完全準確，需重新修訂。下面舉兩個這樣的例子。

帛書《戰國縱横家書·朱己謂魏王章》第153—155行有這樣一段話：

> 夫【越山逾河，絶】韓(韓)上黨而○攻强趙，153氏(是)復閼(閼)輿之事也，秦必弗爲也。若道河内，倍(背)鄴、朝歌，絶漳、鋪(滏)【水，與趙兵决於】邯鄲之鄗(郊)，氏(是)知伯之154過也，秦有(又)不敢。

與之相近的内容又見於《史記·魏世家》《戰國策·魏策三》，魚尾號内的文字便是據這兩種古書擬補。今按,原始圖版二七〇頁"帛書帛畫殘片—2"最上方和二九〇頁"帛書帛畫殘片—22"中間偏右位置分别裱有以下兩塊殘片(原皆誤裱倒):

《集成》各篇整理圖版皆未收録這兩塊殘片。第一塊殘片上的文字反印在帛書《戰國縱横家書・謂起賈章》第 173—174 行附近(見下揭反印文圖版圈出部分)。根據該篇帛頁的反印關係可知,第一塊殘片應綴入《朱己謂魏王章》第 153—154 行。我們認爲第二塊殘片應與第一塊殘片一同綴入此處(理由詳下),相關圖版如下所示:

反印文圖版

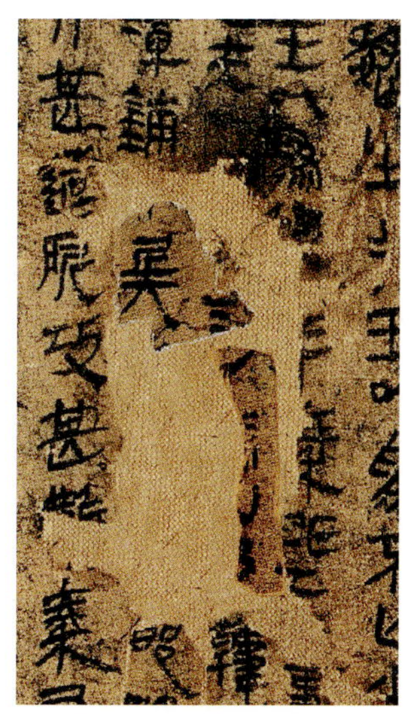

綴合後圖版

單獨來看，第二塊殘片上的文字殘缺十分嚴重，原已無法釋讀。不過綴入此處後，這些殘字從上到下依次應釋作"河""逾""山""絶"。"【越】[①]河逾山"與原釋文中擬補的"【越山逾河】"在文字順序上略有不同。另外，第二塊殘片右下方殘存有一點畫，與右側上行"秦非无（無）事之國也"中"无"字的筆畫正好相接。可證此拼綴應可信。綴入第154行的第一塊殘片上有一"兵"字，而原釋文中擬補的是"與"字，這個"兵"字應視作"與"之誤字。[②] "兵"字之上一字仍存有少量筆畫，與擬補的"水"字相合，可據此徑釋。

綜合以上意見，上引釋文應重訂作"夫【越】河逾山，絶韓（韓）上黨而〇攻强趙，153 氏（是）復閼（閼）興之事也，秦必弗爲也。若道河内，倍（背）鄴、朝歌，絶漳、鋪（滏）水，兵〈與〉【趙兵決於】邯鄲之鄗（郊），氏（是）知伯之 154 過也，秦有（又）不敢"。

帛書《陰陽十一脈灸經》乙本第8行和第9行有以下兩句話：

> 耳脈（脈）：·起【于手】北（背），出【臂外兩骨】之閒（間），上骨下兼（廉），出肘中，入耳中。8
>
> 齒脈（脈）：·起【于次指與大】指上，出臂上廉，入肘中，乘臑，穿頰，入齒中，夾（挾）鼻。9

原始圖版二八八頁"帛書帛畫殘片—20"中間位置有以下一塊殘片：

---

① 本行"夫""河"之間本應有容納兩到三字的空間，不過此處有明顯的塗抹痕迹，因此只補出一個"越"字是十分合理的。

② 帛書《戰國縱横家書》中"與"字多誤作"兵"，如第91行"臣以足下之所兵〈與〉臣約者告燕王"、第147行"秦兵〈與〉戎翟同俗"、第152行"兵〈與〉大粱（梁）鄰（鄰）"等，皆是其例。

《集成》各篇整理圖版皆未收録該殘片。今按，應綴入上引内容第 8—9 行擬補文字處，綴合後圖版如下所示：①

第 8 行“于”“手”二字筆畫十分密合，原釋文中擬補的“于手”二字可據此徑釋。從綴合後圖版看，第 9 行“起”與“指上”之間只有兩個字的位置，其中“指上”之前一字仍殘有少量筆畫，可定爲“大”字。因此，《集成》整理者在“·起”與“指上”之間擬補“于次指與大”五字並不正確。對比可知，帛書乙本抄手抄漏了“次指與”三字。因此按照《集成》釋文體例，第 9 行相關釋文應修訂作“齒胻(脈)：·起【于】〖次指與〗大指上”。

① 右下方“北出臂外”等字所在長條形殘片從周波先生意見綴入，詳見周波《馬王堆醫書校讀(五則)》，復旦大學出土文獻與古文字研究中心、耶魯—新加坡國立大學學院陳振傳基金漢學研究委員會編《出土文獻與中國古典學》，中西書局，2018 年 1 月，第 46—60 頁。

第二節　增補字頭

帛書拼綴的意義主要在於，可以使原本殘缺的字形更加完整，進而幫助我們新釋、改釋帛書文字，而這對文字編的編纂有十分重要的參考價值。有鑒於此，我們在編纂《馬王堆漢墓簡帛文字全編》（以下簡稱"《全編》"）一書的過程中，不僅對新出的釋字成果加以吸收，還十分注意搜集新出的帛書綴合成果，並加以篩選、甄别，擇善而從。

舉例來説，帛書《陰陽五行》甲篇《衍》章第3行上有"中之旬有（又）五日母（毋）怒（怒），出門犾言必㤅（疑），出言必里（理），行順必【治】"這樣一句話，其中對於"㤅"字的釋讀歷來研究者都没有不同的意見。根據名和敏光先生的最新拼綴意見，這個所謂的"㤅"字可以拼合得更加完整，寫作""形。[1] 我們認爲此字應改釋爲"𢘓"，係楚文字寫法的"懌"字。因此，《全編》在收録這個字形時，據此綴合意見增設"𢘓"字頭（歸在"懌"字頭下），[2]而删除了原有的"㤅"字頭。

由此可見，帛書拼綴可以爲《全編》字頭的增删、分合提供釋字依據，這對《全編》的編纂和修訂有十分重要的意義。《全編》出版以後，我們又發現有新的未引起大家注意的帛書拼綴意見可以爲《全編》一書增補字頭。下面試舉一例。

帛書《陰陽五行》甲篇《雜占之七》章第4行：

> ·癸巳才（在）逹（奎）、焚（營）【室。·】□月才（在）斗、【緊（牽）牛】、須女、胷（胃）☐

這段内容所在的《集成》整理圖版誤綴、漏綴了不少殘片，名和敏光先生重新

---

[1] 名和敏光《馬王堆漢墓帛書〈陰陽五行〉甲篇〈衍〉、〈雜占之四〉綴合校釋》，《出土文獻》第八輯，中西書局，2016年4月，第146—158頁。不過他在文末所附的修訂釋文中，仍從《集成》的意見將此字釋作"㤅（疑）"，不確。

[2] 劉釗主編，鄭健飛、李霜潔、程少軒協編《馬王堆漢墓簡帛文字全編》，中華書局，2020年1月，第1137頁。

進行了拼綴復原，並將上引釋文重訂作：①

·癸巳才（在）䞣（奎）、熒（營）【室。·】□月才（在）斗、婁〼进以葺蘠（牆），有□〼

其中“熒（營）【室】”的“熒”字，《集成》、名和敏光先生皆徑釋作“熒”。按，此字經拼綴後更加完整，但其形實與“熒”字不合。試對比相關字形如下：

帛書字形　　郭店楚簡《緇衣》簡 6　　包山楚簡 2.16

帛書此字上半部分爲兩個“火”形，下半从“卒”省，應釋作“袋”，係楚文字寫法的“勞”字。該篇“熒惑”之“熒”大多直接寫作“熒”，而《上朔》章第 1 行上、第 4 行上却有兩例“勞〈熒〉䤈（惑）”，其中“熒”字都誤寫作“勞”。《陰陽五行》甲篇是從楚文字轉抄而成，抄手不明該詞意義，因此誤抄爲“勞”。② 此例“熒惑”之“熒”誤抄作楚文字寫法的“袋（勞）”字，同樣也很值得注意。因此，根據名和敏光先生的最新綴合意見，《全編》應新增“袋”字頭。

下面再舉兩個我們自己拼綴帛書，進而增補《全編》字頭的例子。

《繫辭》至《昭力》卷 14 號殘片如下：

① 名和敏光《馬王堆漢墓帛書〈陰陽五行〉甲篇〈雜占之七〉綴合校釋》，《上古漢語研究》第三輯，商務印書館，2019 年 6 月，第 149—157 頁。

② 程少軒《馬王堆帛書〈上朔〉神靈名小考》，《古文字研究》第三十一輯，中華書局，2016 年 10 月，第 474—478 頁。

《集成》釋作"□也耶(聖)"。按,第一個字所从並非"口"旁,而應是"日"旁。我們認爲該殘片應綴入《繆和》篇第7行上,綴合後圖版如下所示:

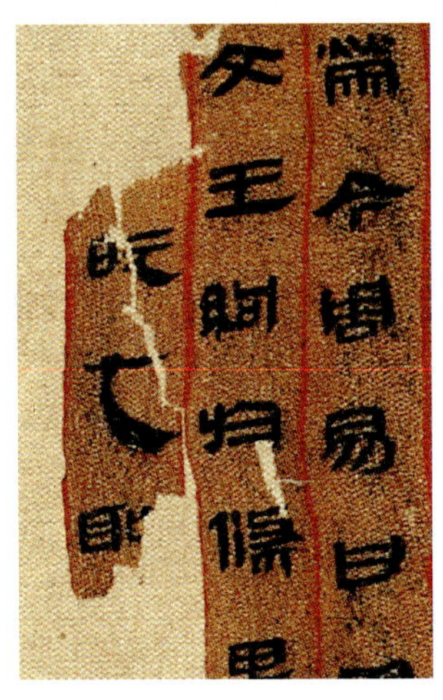

之所以這樣綴合其依據主要有三:第一,"晥""也"二字筆畫都十分密合;第二,帛片邊緣撕裂的形狀完全相合;第三,該殘片最初就裝裱在現綴入的大塊帛片的正下方(見原始圖版二四頁"周易經傳—22"),二者的原始位置本就相近。

需要特别指出的是,這個拼合完整的"晥"字,不見於馬王堆簡帛其他篇目以及其他出土文獻,《全編》應據此增補字頭。此行文字缺失較多,張政烺先生引《説苑·雜言》與之相關的内容擬補作"寒之及煖煖之及寒也,唯賢者獨知而難言之也"。[①] 陳劍先生在看過此條綴合意見後指出,根據帛書行款及缺文字數,此"晥"字應該就是"暖/煖"字異體,擬補文字應倒作"【晥(暖/煖)之及寒₌(寒,寒)之及】晥(暖/煖)也",其説可信。古書中"元"聲與"爰"聲可相通。《史記·高祖功臣表》"厭次侯元頃",《集解》引徐廣曰:"《漢書》作爰類。"[②]施謝捷先生曾披露五方私人藏印,印文分别作"煖珠""妾魏煖珠""煖

① 張政烺《馬王堆帛書〈周易〉經傳校讀》,中華書局,2008年4月,第169頁。
② 高亨纂著,董治安整理《古字通假會典》,齊魯書社,1989年7月,第157頁。

朱”,“朱”“珠”二字同音通假。[①] 魏宜輝先生進一步指出,作爲人名的“煖朱”“煖珠”可能讀爲“玩珠”,其名取義與漢印中的“弄珠”相類似。[②]

帛書《陰陽五行》甲篇 162 號殘片如下:

該殘片裝裱在原始圖版一七一頁“陰陽五行甲篇—39”,同版上還有少量屬於帛書《養生方》的殘片。我們認爲這塊殘片應逆時針旋轉 90°綴入《養生方》第 85—86 行,綴合後圖版如下所示:

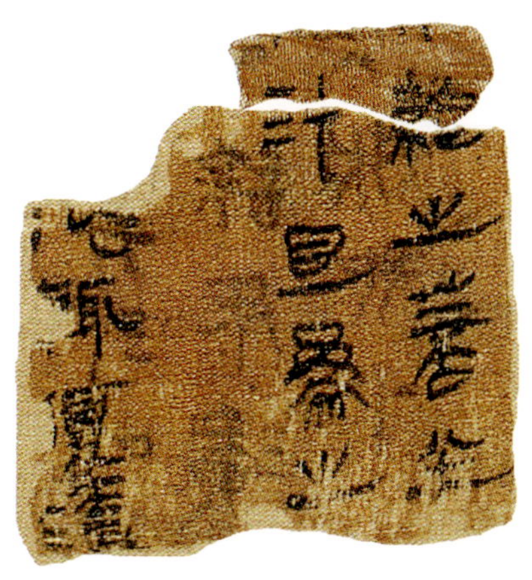

綴合處帛片斷裂形狀相合,第 85 行“紿”字(《集成》未釋)、第 86 行“汁”字筆畫都十分密合,可證此拼合正確可信。新綴、新釋的“紿”字在馬王堆簡帛中係首次出現,《全編》也應據此增補。

① 施謝捷《説嶽麓秦簡的人名“毋澤”》,《中國文字學報》第七輯,商務印書館,2017 年 7 月,第 130 頁。

② 魏宜輝《秦漢璽印人名考析(續九)》,陳斯鵬主編《漢語字詞關係研究(二)》,中西書局,2021 年 10 月,第 260—261 頁。此蒙陳劍先生提示。

第三節　提供新見字形

馬王堆帛書文字處於向成熟隸書演變、發展的階段，其中未識字的絶對數量已經很少。因此，帛書拼綴更多的是將已識的殘字拼合完整，而真正提供新見字形的情況是比較少見的。但新字形的出現往往十分重要，可以爲我們提供文字學新知，本章第二節"既"字就是很好的例子。有鑒於此，本節主要集中討論幾例可能提供新見字形的拼綴。

本書第三章第一節所舉《繫辭》至《昭力》卷 40 號殘片，由於對拼合處的字形感到頗怪、難識，《集成》整理者並沒有直接將這塊殘片拼在整理圖版上，而只是在注釋中指出這樣綴合的可能性，十分謹慎。在拼綴帛書的過程中，我們也常常會碰到與之類似的情況，即某條拼綴意見各方面都很密合、匹配，但唯獨拼綴之後出現了某個新見字形，讓人感覺頗怪或難以釋讀。這個時候就會面臨如何取捨的問題。我們傾向於認爲，如果某條拼綴意見除新見字形以外其他各方面都十分密合，或者説只要能對這個新見字形作出比較合理的解釋，那麽這條拼綴意見就有討論的必要。至於這個新見字形應該如何釋讀，可以留待日後解決。正如《集成》整理者對《繫辭》至《昭力》卷 40 號殘片的處理那樣，可以不將殘片直接拼綴在整理圖版上，而是在注釋中詳細説明這樣拼綴的可能。下面討論的幾條拼綴意見，情況大致與此相同。

需要再次指出的是，對於本節下面所列舉的這幾條拼綴意見，我們畢竟不敢言必，因此只能稱之爲試綴，寫出來供大家參考。

帛書《陰陽五行》甲篇 219、220 號殘片如下：

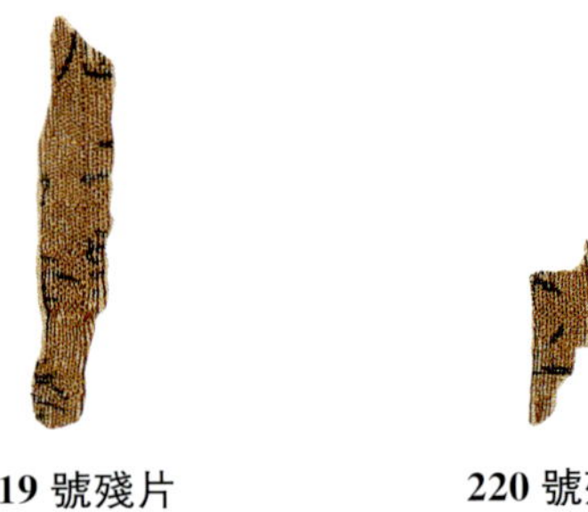

219 號殘片　　**220** 號殘片

這兩塊殘片原裝裱在原始圖版一七〇頁"陰陽五行甲篇—38",二者位置鄰近,且互相粘連。《集成》整理者誤將其剪開一分爲二,應還原作新殘片如下所示:

我們認爲這塊新殘片應綴入《集成》第壹册二五五頁和二五九頁這兩片帛頁之間,綴合後圖版如下所示(左側爲二五九頁帛頁,右側爲二五五頁帛頁):

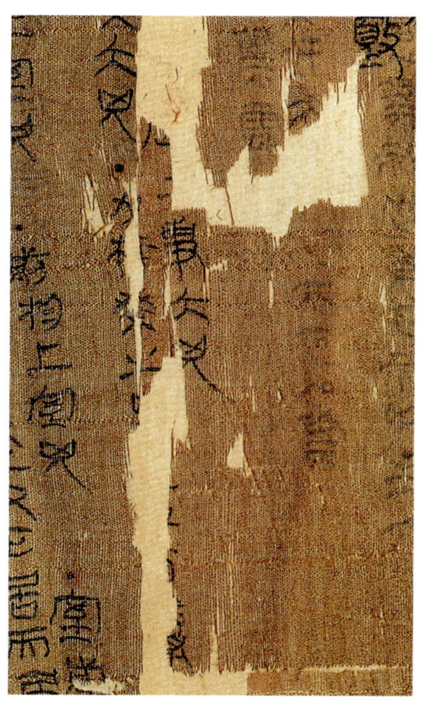

之所以這樣綴合,主要有以下幾點理由：首先,綴合後二五五頁帛頁最後一行“事”字、二五九頁帛頁第一行“加”“之”等字筆畫都十分密合;其次,這塊新殘片爲長條形,從形狀上來看綴入此處也十分合適;再次,也是最爲重要的,根據名和敏光、廣瀨薰雄二位先生的研究,二五九頁與二五五頁本就是相連的兩片帛頁,[①]上揭綴合正好可以將這兩片帛頁左右拼接起來,這與他們的復原方案完全相合。

據綴合後圖版,左側一行“之”字前一字寫作“”,其形頗怪、難識。這也是我們對此綴合不敢言必的最主要原因。不過該字字形雖看似奇怪,但拼綴後左右兩側的筆畫、形體呈完全對稱狀,而這恰好也從側面證明了上述綴合意見是合理的。關於此字的釋讀,我們有一個不成熟的想法,寫出來供大家參考。

研究者多已指出,帛書《陰陽五行》甲篇抄寫年代較早,其字體兼有篆書、隸書筆意,而且保留了大量戰國楚文字的寫法。[②] 循此思路考慮,我們認爲這個所謂的怪字很可能是秦、楚二系寫法的“乘”字的雜糅之形。[③] 戰國楚文字中“乘”字一般寫作“”(天星觀楚簡遣策)、“”(望山楚簡二・二)等形,[④]秦至西漢早期文字中“乘”字則一般寫作“”(睡虎地秦簡《日書》乙種簡 69)、“”(遣三 51.4)之形。如果將這兩種寫法糅合在一起,也即上半部分寫作楚文字寫法的“”形,下半部分寫作秦文字寫法的“木”旁,全字寫作“”形。這就與我們討論的此字寫法已近乎完全相同,只是後者中間的

① 名和敏光、廣瀨薰雄《馬王堆漢墓帛書〈陰陽五行〉甲篇整體結構的復原》,《出土文獻研究》第十五輯,中西書局,2016 年 7 月,第 239—241 頁。

② 詳盡的字形舉例可參看周波《秦、西漢前期出土文字資料中的六國古文遺迹》,《出土文獻與古文字研究》第二輯,復旦大學出版社,2008 年 8 月,第 204—292 頁;又見周波《戰國時代各系文字間的用字差異現象研究》,綫裝書局,2012 年 12 月,第 283—359 頁。范常喜《馬王堆簡帛古文遺迹述議》,《出土文獻研究》第十三輯,中西書局,2014 年 12 月,第 158—207 頁;又見范常喜《馬王堆簡帛古文遺迹述議及相關字詞補釋》,《簡帛探微——簡帛字詞考釋與文獻新證》,中西書局,2016 年 4 月,第 166—227 頁。

③ 帛書《陰陽五行》甲篇有不少秦、楚二系寫法相雜糅的字形,例如《堪輿》章“堪輿占法”中“陰”字寫作“”(陰甲堪法 6.5)、“戴”字寫作“”(陰甲堪法 10.24)、“涉”字寫作“”(陰甲堪法 13.23)等,皆是其例。

④ 滕壬生《楚系簡帛文字編(增訂本)》,湖北教育出版社,2008 年 10 月,第 535—536 頁。

部分筆畫稍有殘損而已。[1]

再來看相關文意。根據以上拼綴意見，這句占辭可重訂作"·加(架)□，乘之，兇(凶)"。"加"字讀爲"架"，本篇《諸神吉凶》章第2行下"加(架)大屋門，兇"，用字習慣與之相同。"加"字之下一字从"木"作，暫不識待考。[2]"乘"字即常見的登、升義，全句也頗連貫通順。另外，綴入殘片右側一行文字《集成》釋作"☐事大兇"，據上揭綴合後圖版，"事"字之上的兩個殘字可補釋作"起土"。"起土事"與"起土功"義同。[3]

《春秋事語·衛獻公出亡章》第54行有這樣一句話：

> 右□□曰："不可。夫子失德以亡□亡而不莒(改)，亓(其)德惡矣。"

兩個"亡"字之間的未釋字原帛寫作" "，《集成》注釋指出該字左上是从"臣"的，下部所存似是寫得偏左的"人"或"壬"的殘筆，頗疑是寫法類似《老子》甲本第133行、《九主》第400行的"朢"字【引者按：其形分别寫作" "" "】，但把握不大，[4]因此闕疑未釋。按，該篇15號殘片如下：

---

① 鄔可晶先生在看過此條綴合後指出，此字也有可能是"楑"字(寫作上"癸"下"木")，在句中讀爲"揆"，即"揆測""揆度"之義。其説從上下文文意來看頗有道理。我們在拼綴之初也曾有與之相同的釋字意見，不過仔細對比相關字形，此字上半部分與秦、楚二系寫法的"癸"字都難説相合，因此後來放棄了這個想法。爲謹慎起見，此字的釋讀宜存疑待考。

② 此字疑是"梓"字或是楚文字寫法的"柱"字。

③ 本篇多作"起土攻(功)"，作"起土事"者只此一見。不過該篇8號殘片(名和敏光先生已綴入《雜占之三》章)上有兩例"起土攻(功)事"，可參。

④ 湖南省博物館、復旦大學出土文獻與古文字研究中心編纂，裘錫圭主編《長沙馬王堆漢墓簡帛集成(叁)》，中華書局，2014年6月，第186頁。

該殘片與上引文字内容所在的大塊帛片共同裝裱在原始圖版三八頁"春秋事語—3",二者原始位置十分接近。結合位於第62—63行的印文來看,我們認爲15號殘片或應直接拼綴在上引未釋字的右側,試對比相關圖版如下:①

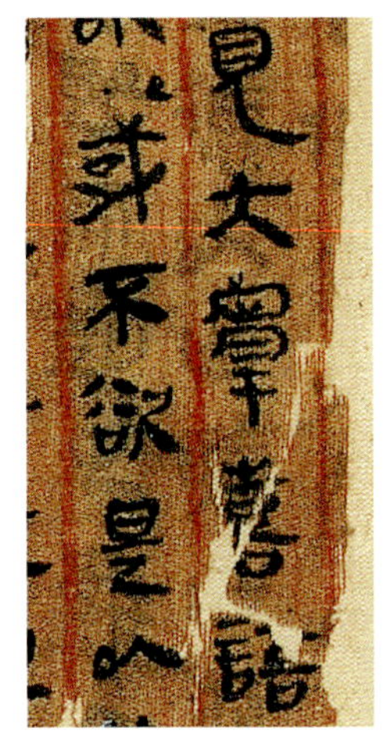

印文圖版

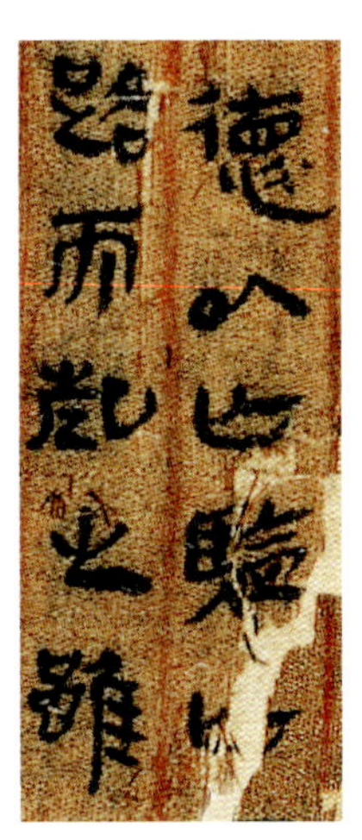

綴合後圖版

除原始裝裱位置鄰近、殘片形狀大小合適、"臣"旁筆畫密合之外,這樣拼綴最主要的原因是與印文(位於第62行"喜"字左上方)相合,尤其是"臣"旁右邊的"人"形與一横筆仍清晰可辨。據綴合後圖版,此字上半部分爲"監",下半所从疑是"人"旁,全字係一新見字形。我們曾就此字形向李豪先生請教,他指出若將此字釋作"監"文辭很通順,"夫子失德以亡,監(鑒/鑑)亡而不改",意爲已經知道有覆亡的前車之鑒了,但還是不改。我們也贊同這樣來理解整句話,但此字上面畢竟已有一完整的"監",下面還有其他筆畫,直接釋作"監"恐怕還是有很大的疑問,故暫存此待考。②

① 印文圖版中"喜""語"二字右側的殘片(也即《春秋事語》16號殘片)係本書新綴,詳見第五章第016則。

② 頗疑此字也有可能是"臨"字之誤抄。若此,全句可斷讀作:"夫子失德以亡,臨亡而不莅(改),亓(其)德惡矣。"文句也比較通順。

原始圖版二五三頁"養生方—17"裝裱有以下兩塊殘片：

第一塊殘片現已拼綴在《養生方》第155—156行，其上文字爲"之□[①]爲之若|取桼(漆)節之"。由於拼合處的字形並不密合(詳見本書第三章第一節)，該殘片應剔除改綴至他處。第二塊殘片被收録爲《養生方》63號殘片，其上文字爲"其一即殺□□|女傷厭・善。嘗【試】"。《集成》整理者在爲本篇第58行釋文所作的注釋中指出，對比各帛頁的反印關係、保存狀况等，63號殘片很有可能應遥綴在第58行左側，且與第58行中間缺一行。[②] 不過在《集成》整理圖版中63號殘片却並未被綴上，而是仍收録在所附殘片之中，態度十分審慎。

細審上引殘片圖版，第一塊殘片上反印有63號殘片上的文字，其中"其""一""殺""厭"等字仍可辨，二者是互相反印的關係。我們認爲第一塊殘片應改綴至第100—101行行首，根據本篇帛頁的叠印關係，可知63號殘片應直接拼綴在第58行左側，中間並無空行。二者重綴後圖版如下：

① 從殘存的筆畫來看，此字疑是"即"字，整句話應在其上斷句。

② 湖南省博物館、復旦大學出土文獻與古文字研究中心編纂，裘錫圭主編《長沙馬王堆漢墓簡帛集成(肆)》，中華書局，2014年6月，第45頁。又參見周波《〈馬王堆漢墓帛書〔肆〕〉整理札記(二)》，《出土文獻與古文字研究》第六輯，上海古籍出版社，2015年2月，第566頁。

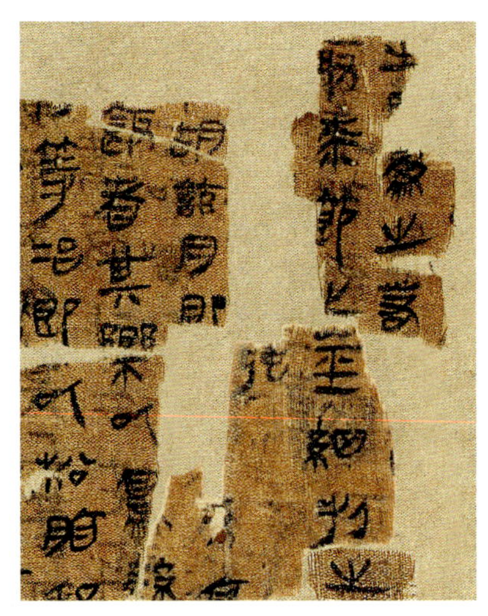

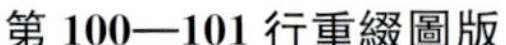

第 100—101 行重綴圖版

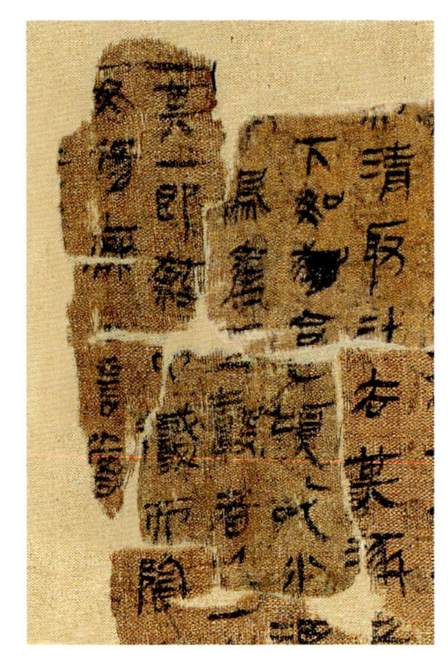

第 58 行重綴圖版

第 100 行相關釋文原作“□□□□莖細刌之”，據上揭重綴後圖版，“莖”字之上的四個缺文正好可以補足作“取桼(漆)、節之”，“取桼(漆)、節之莖，細刌之”文意也十分通順。同篇第 154 行“取桼(漆)、【節】之莖，少多等”，辭例與之相近，可互相參看。63 號殘片之所以拼綴在第 58 行左側，除上文已述反印文可以對應之外，還有以下依據：首先，拼接處帛片斷裂邊緣的形狀相合；其次，第 58 行行首有“其一”二字，與右側第 57 行“取烏産五鷇者，以一食，其四”的“其四”意義明顯相關。[①]

這樣綴合後，第 58 行“其一即殺□□而陰乾之”文意無明顯抵牾之處，不過仍有兩個字未能釋讀：第一個未釋字寫作“ ”，暫不可識，存疑待考；第二個未釋字未綴合之前作“ ”，帛書原整理者隸定作“戠”，並在注釋中指出即“賤”字，認爲與“則”或作“劋”、“敗”或作“𢿱”同例，在此讀爲“濺”。《集成》注釋引述此説，不過釋文却未括讀爲“濺”，是已認識到原整理者意見不可信。今按，將此字釋作“賤”斷不可信。首先，此字並非从“貝”而是从

① “取烏産五鷇者，以一食，其四”的釋讀、斷句從陳劍先生意見，詳見陳劍《讀馬王堆簡帛零札》，《上古漢語研究》第一輯，商務印書館，2016 年 10 月，第 52 頁。

“目”；其次，除去兩個“目”形和兩個“戈”形之外，此字左側明顯還殘存有一豎筆。這些都與“賤”字明顯不合。就我們對秦漢文字的現有認識來看，兩個“目”形和兩個“戈”形這樣的組合，似是“蔑”字之變。秦漢文字中“蔑”字一般寫作“”（《銀雀山漢墓［貳］》簡1690）、“”（北大漢簡《倉頡篇》簡71）等標準形體，①或又寫作“”（天回醫簡《脈書・下經》簡186）、“”（天回醫簡《脈書・下經》簡203）等形。② 天回醫簡中的這兩例字形，如果第一例字形發生内部類化，或者第二例字形有所簡省，就都會變作兩個“目”形和兩個“戈”形的那種形體。另外值得注意的是，此字經拼綴後字形已更加完整，寫作“”，其左側偏旁的筆畫正好補足，這也從側面證明了我們的上述拼綴意見是合理的。我們認爲此字左半部分可能是“手”旁或“牛”旁，尤以是“手”旁的可能性更大，右半部分是“蔑”字，係一新見字形，具體應如何釋讀待考。③

① 這兩例字形選自于森編著《漢代隸書異體字表》，中西書局，2021年12月，第248頁。

② 天回醫簡整理組編著《天回醫簡》，文物出版社，2022年11月，上册第31、33頁。

③ 此字若確實是从“手”从“蔑”，應該就是“搣”字異體。“□搣”可能是動詞性詞組，“其一即殺□□而陰乾之”或應在“即殺”之後斷開。

第三章　馬王堆帛書綴合方法研究

隨着《集成》一書的編輯出版，馬王堆帛書的整理和研究來到全新的階段。一方面，站在新的歷史節點上，我們有必要對過去帛書整理的方法和經驗進行歸納總結，吸取其中失誤的教訓；另一方面，目前馬王堆帛書還遺留有大量的殘片未能拼綴，如果能有比較全面系統、豐富有效的綴合方法可供參考和借鑒，無疑也有助於拼綴上更多的殘片。有鑒於此，本章主要在《集成》的基礎上，吸收以往的整理成果，並結合自己拼綴、整理帛書的經驗和體會，嘗試對帛書綴合的方法作一些理論探索。

在此有必要先對我們綴合帛書的基本步驟和操作方式作下簡單的交代。由於無法接觸和利用帛書實物，因此本書所有的綴合工作都是用湖南省博物館提供的帛書彩色高清照片（即《集成》第柒册原始圖版）在電腦上進行的，使用的電子操作軟件主要是 Adobe Photoshop。一般的操作步驟是，每當開始整理一篇帛書時，就在 Adobe Photoshop 軟件中單獨新建一個工作文檔，先根據這篇帛書的形制特徵、字體風格等信息，在現存帛書高清圖版中窮盡性地找出所有屬於這篇帛書的殘片，然後利用套索工具將這些殘片從其原始圖版中等比例摳除，再匯攏到這個新的工作文檔中來，最後集中精力開始這篇帛書的綴合工作。只有在先完成了某篇帛書的綴合之後，才重複上述步驟進行另一篇帛書的綴合。這樣操作的好處是每完成一篇帛書的綴合，剩下的殘片總數會越來越少，更重要的是在此過程中殘片的匯集和歸篇十分有序且不易引起混亂，因此後續的工作效率也就越來越高。

以上是我們綴合時的總體步驟，具體到每篇帛書的綴合而言，其操作方式主要是先仔細考察每塊殘片的特點（尤其是那些特異者），努力尋求可以繫聯的拼綴綫索（如殘字筆畫、斷裂形狀等），再根據帛書的內容、印文、行款等特徵加以覆覈，務求在各方面均無抵牾之處，才確定最終的綴合。本章要討論的正是在此過程中的一些實際的操作方法。

需要指出的是，本章每個小節下討論的綴合方法並不可以截然分開，也没有一定的先後順序，它們需要交叉、綜合運用，共同幫助實現帛書的拼綴復原。而且，從另一個角度來説，這些綴合方法也未嘗不可以看作是檢驗帛書綴合是否正確的依據和標準。因此，本章各節按現在這樣安排，既是爲了讓不熟悉帛書綴合的讀者更好地體會綴合的整個思考過程，也是爲了讓篇章結構更加合理緊凑、論述更加方便而采取的權宜之計。

第一節　據字形、筆畫相合拼綴帛書

無論是甲骨、竹簡還是帛書的拼綴，筆畫（包括文字字形、圖形圖案等）的密合都是最直接、最重要和最可靠的拼綴條件。因此進行帛書拼綴工作，首先應該做的是儘快、儘可能多地熟悉和記憶各種殘字字形。對於那些無法提供更多拼綴信息的有字殘片，只要勤看、勤查、勤試，仔細比對、查找字形筆畫能够與之密合者，很多時候是能够實現成功拼綴的。由於帛書的殘字總量、未能綴合的帛片總數都是有限的，因此理論上來説，只要是殘字字形、筆畫相互密合的帛片都是可以全部綴入的。

由於帛書殘字的釋讀本就有一定困難，加之其總數比較大，不可避免地會存在一定的誤釋。因此，利用殘字字形、筆畫相合拼綴帛書，需要我們特别注意殘字釋讀的準確性。有時候，由於正確認出了某個或某些殘字，可以很快地找到能與之綴合的殘片。與此相反的是，對某個或某些殘字的誤釋，往往會造成字形、筆畫綫索的丟失，進而錯失正確的拼綴。總之，殘字的準確釋讀對帛書拼綴十分重要。《集成》釋文對一些殘字的釋讀並不一定十分準確，尤其是那些釋文後標注問號表示疑問者，我們在拼綴帛書時需要特别小心、留意，儘量多去查檢、覆覈。有鑒於此，本書在拼綴帛書之外，還順帶改釋、補釋了馬王堆帛書中的一些殘字，作爲附録三附在文末，供讀者參考。

下面我們以帛書《衷》篇爲例，舉兩個據殘字字形、筆畫相密合拼綴帛書的例子。

《繫辭》至《昭力》卷 36 號殘片如下：

《集成》釋作"无傷也|明(？ 明)矣□□□"。我們認爲這塊殘片應綴入《衷》篇第 33—34 行下，綴合後圖版如下所示：

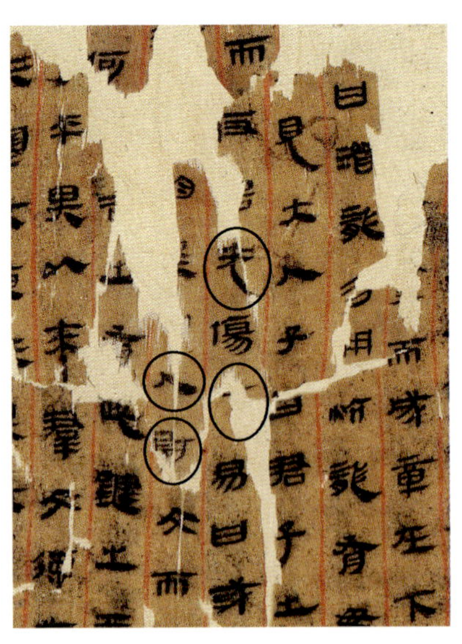

第 33 行"无""也"二字，第 34 行"人""尉"二字筆畫都十分密合(見上舉綴合圖圈出部分)，足證此綴合意見正確可信。據此，原釋文第 33 行下"不用而反，居□【□□】"可補足作"不用而反，居无傷也"。第 34 行下"人尉"之上一字仍殘存有右側的少量筆畫，結合字形及上下文可定爲"耶(聖)"字，整句話

可補作“耶(聖)人尉(蔚)文而薄(溥),齊明(明)而達矣”。“耶(聖)人”之上的“明(明)矣”二字,與“達矣”前後對舉,文意亦頗連貫。值得指出的是,36號殘片與現綴入位置左側的“人尉|之有”殘片,它們原本就共同裝裱在原始圖版二八二頁“帛書帛畫殘片—14”,二者原始位置十分接近,可直接拼綴。

再來看另外一個例子。《繫辭》至《昭力》卷74號殘片如下:

《集成》釋作“無(?)|可教|戒衆”。我們認爲該殘片應綴入《衷》篇第7—9行下,綴合後圖版如下所示:

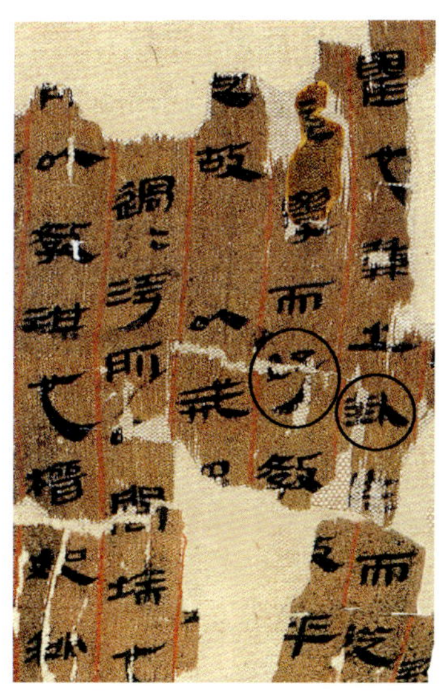

第7行“卦”字、第8行“好”字筆畫都十分密合(見上舉綴合圖圈出部分),可證此綴合意見正確可信。據此可知,該殘片原釋文中的“無(?)”“可”二字其實是“卦”“好”二字的誤釋。同樣值得注意的是,該殘片與現綴入位置上方的大塊帛片共同裝裱在原始圖版二七〇頁“帛書帛畫殘片—2”,二者原始位置鄰近,可直接拼綴。另外可以附帶指出的是,第 8 行下所謂“至”字寫作“ ”,其形與“至”字不合,應改釋爲“亞”。第 2 行“萬物莫不欲長生而亞(惡)死”的“亞”字寫作“ ”(衷 2.12)形,可對比參看。這樣改釋後,第 8 行下“亞”應屬下爲句,讀爲“亞(惡)學而好教”。

以上是據殘字字形、筆畫相合拼綴帛書的例子。帛書中還有一些上面只有圖形、圖案的無字殘片,有時候也可以利用這些圖形、圖案筆畫的密合拼綴帛書。下面試舉一例。帛書《天文氣象雜占》17 號殘片如下:

該殘片上面没有書寫文字,只有部分殘存的赤色圖像。我們認爲這塊殘片應逆時針旋轉 90°再綴入本篇第 4 列第 39 條占辭左側,綴合後圖版如下所示:

該圖像爲日暈而有四個環狀雲氣刺破暈之形,17 號殘片綴入後,左側的兩個環狀雲氣正好可以補足。

上文説字形、筆畫的密合是帛書拼綴最直接、最可靠的證據,也就是説,字形、筆畫的密合與否是檢驗帛書拼綴正確與否的最重要的標準。如果在某條拼綴意見中,字形不能筆筆落實、完全密合,而讓人心存疑慮的話,那麼這個拼綴很有可能是有問題的，需要我們特别留意。下面以《集成》整理圖版中的兩處誤綴爲例説明。

帛書《養生方》第 154—156 行行首整理圖版如下：

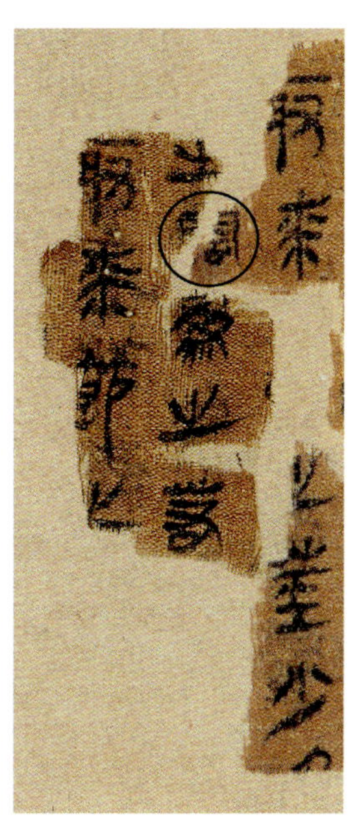

左側“之□爲之若|取桼（漆）節之”殘片最早由帛書原整理者綴入，《集成》整理圖版沿用了這個拼綴意見。大概是由於該殘片與右側帛片拼合處形狀比較吻合，因此歷來没有研究者對此提出疑問。據上揭圖版，第 155 行“爲之若”前一字寫作“”，字形已稍補足，帛書原整理者和《集成》整理者都釋作“間”。細審此字字形，其下方所从實係“口”旁，無論是與“日”旁還是“月”旁都完全不密合。更感可怪的是，“間”字出現的時代比較晚，馬王堆簡帛文字中表示“間”之字全部都寫作“閒”，將此字釋作“間”與文字學知識不合。因此，該殘片係誤綴於此，具體的改綴情況見第二章第三節。

再來看另外一個例子。帛書《陰陽五行》乙篇《刑德占》“刑德解説”第 30—32 行相關圖版如下：

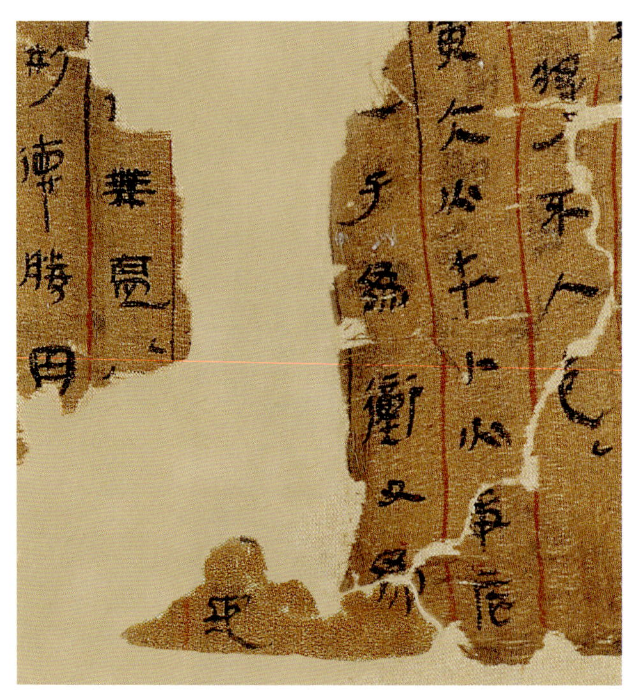

《集成》整理者將“□|地”殘片綴入此處，大概是依據右側第30行“爲”字正好可以拼合。不過這個拼合完整的“爲”字寫作“”，仔細對比本篇“爲”字之作“”（陰乙刑德29.4）、“”（陰乙天一19.8）等形，可知其筆畫並不能完全密合，因此該拼綴意見有誤。我們認爲這塊“□|地”殘片應改綴至本篇《天地》章第6—8行行末，詳見本書第五章第072則。

在以上兩個例子中，拼綴之後的字形已近乎補足，如果熟悉相關字形的寫法並細心比對，便不難看出字形上的不合。在拼綴帛書時，如果殘字的字形都能够補足、密合，這自然是最理想的狀態。不過有的時候，某個或某些殘字只能拼綴上部分筆畫，其字形仍然是不完整的，難以遽定爲何字。這往往會造成拼綴時心存顧慮、疑莫能定，如果能正確地認出字形，那麼拼綴時的障礙也就排除了。下面舉一個這樣的例子。

《繫辭》至《昭力》卷40號殘片如下：

《集成》整理者推測該殘片可以綴入《衷》篇第18行下，現具引如下：

> 殘片中有一存“則亓（？非？）荆”等字者（原裱於帛書帛畫殘片—14；見殘片40號），疑可綴於此處，如附圖一九所示【引者按：參下附綴合圖】。綴合後可補足此行“則”字與下行“學”字右側（參見附圖二〇、二一；“學”字“子”旁横筆頗長略顯特别，不過亦可以《繆和》33下“學”字寫法爲證，見附圖二二）。但此綴合也存在疑點，主要是“則”上之現隸定作“弜”者，綴合後仍頗怪、難識（見附圖二三）。但此處其他諸字相合，特别是帛片間不規則形狀與欄綫之互補情况亦合（右下角殘字亦與17下所存諸殘形殘損情况相近），似又非偶然者。疑莫能定，謹志此備參。①

正如上引注釋指出，將40號殘片綴入其中，各方面都很密合（見下附綴合圖），然而隸定作“弜”者綴合後仍頗怪、難識，因此爲謹慎起見，《集成》整理者並未將該殘片綴入。今按，這個所謂怪字寫作“”，我們認爲其形右上部分係反“弓”之形，全字應釋作“鬻”。② 對比帛書《老子》乙本“鬻”字之“”（老乙61.45）、“”（老乙61.54）等形，可知此字寫法與之相同。既然此字可以釋出，唯一的反證也就得到排除，那麽《集成》整理者提出的這條拼綴意見應該可以肯定下來。相關釋文也應據此重訂。附綴合圖如下：

① 湖南省博物館、復旦大學出土文獻與古文字研究中心編纂，裘錫圭主編《長沙馬王堆漢墓簡帛集成（叁）》，中華書局，2014年6月，第96頁。

② 據下引帛書《老子》乙本61行的兩例“鬻”字用作“俗”來看，《衷》篇的這個“鬻”字很可能也應讀爲“俗”。由於此處上下文缺失較多，文意不明，姑且記此備考。

附：特殊之一例

帛書《衷》篇第5行上有這樣一句話：

《嬬（需）》，成（?）西己而【□】□，見台（始）而知，未騰朕也。

據《集成》整理圖版，"西己而"三字係據新綴入的殘片釋出。拼綴後"西"字更加完整，但其形頗怪，試將同篇相關字形列舉如下：

（"西己而"的"西"字）

（27行上"西"字）　（38行上"西"字）

（5行下"而"字）　（8行下"而"字）

所謂"西己而"的"西"字兩側的兩竪筆並不向上通出至與横筆相接，與"西"字的寫法並不相合。對比本篇"西""而"二字字形，此字更像是雜糅"西"字與"而"字的寫法而成。我們認爲此字應看作是廢棄字。書手抄至此處，因涉下文的"而"字誤將此字也抄成了"而"，發現抄錯後隨即在原字的基礎上添加一横筆，使之不成字，以示廢棄不用。因此若嚴格根據《集成》釋文的體例，這個所謂的"西"字應改釋作"○"。

值得特别指出的是，這種特殊的校改方式在馬王堆帛書中偶爾可見，我們過去有過討論：[①]帛書《老子》乙本卷前古佚書《稱》篇第 8—9 行“·隱忌妒昧賊妾如此者，下亓(其)等而遠其身。不下亓(其)德等，不遠其身，禍乃將起”，其中“不下亓(其)德等”的“德”字寫作“ ”。帛書《相馬經》第 14 行下“力可以負雲山，足可以【載雲[②]。天】下少有，良工所尊”，其中第一個“雲”字寫作“ ”。這兩例“德”“雲”的字形與其常規寫法不同，都是書手在原字基礎上添加多餘的筆畫(或横筆或竪筆)，以示廢棄不用。以往研究者多將上引所謂“德”“雲”二字簡單地看作衍文，是不够準確的。帛書《衷》篇第 5 行上“西已而”的所謂“西”字爲這種校改方式又增一例。

第二節　利用印文拼綴帛書

據第一章第一節所引帛書出土狀況的介紹，帛書出土時主要有卷軸式和折疊式兩種存放方式。無論是哪一種存放方式，帛片之間都會有一定的接觸。由於帛書長時間浸泡在棺液中，相接觸的帛片經過沾染和滲透，不可避免地會形成反印文、滲印文。帛書原整理者和相關研究者很早就注意到了這種現象，過去或稱之爲反印文、倒印文、倒映文、正印文、滲印文等，名稱繁複無定。陳劍先生指出，印文的有關情形非常複雜，很難給相關情況下一個簡潔完備的定義，也難以找到一個簡明精準的術語來概括，可以姑且以“印文”一詞來統一指稱。[③] 我們贊同他的意見，在没有必要詳細區分時，一律稱之爲印文。

印文是拼合帛書、確定帛片位置的重要依據，這是從事帛書拼綴、復原工作的學者的共識。囿於二十世紀七八十年代的科技條件，許多印文在當時無法得到充分有效的利用，這給帛書早期的整理工作留下了不少遺憾。

---

① 鄭健飛《馬王堆帛書殘字釋讀及殘片綴合研究》，復旦大學碩士學位論文(指導教師：劉釗)，2015 年 6 月，第 17 頁，注釋 2。

② 此字帛書原整理者釋文已正確擬補作“雲”，《集成》釋文反誤補作“山”，此徑改。

③ 陳劍《馬王堆帛書“印文”、空白頁和襯頁及折疊情況綜述》，湖南省博物館編《紀念馬王堆漢墓發掘四十週年國際學術研討會論文集》，嶽麓書社，2016 年 10 月，第 270—319 頁。

隨着時代的發展，圖像處理技術的進步爲利用印文進行帛書拼綴提供了極大的便利。可以説，在帛書的拼綴和整理上，印文的利用是我們與帛書原整理者相比最有優勢的地方。《集成》整理圖版正是利用印文新綴、補綴和改綴了大量殘片，取得了很大的綴合成績。不過也應該看到，還有不少帛書印文漫漶不清、難以辨識，加之不同篇目的整理者對印文的重視程度和利用也不盡相同，因此仍有繼續利用印文拼綴、整理帛書的必要。本節我們先舉幾個利用印文拼綴、整理帛書的例子，並附帶談談需要注意的一些問題。

需要指出的是，大多數時候只有在圖像處理軟件上將照片放大、旋轉，並調整亮度或對比度，才能辨認帛書的印文，而印刷顯然無法達到這樣的效果，對照印文製作摹本也很難保證不失真。因此本書在大多數情況下用文字描述印文的具體位置，請讀者自行參看印文圖版。

首先來看一個利用印文糾正《集成》整理圖版錯誤的例子。

帛書《木人占》第57—70行釋文如下：

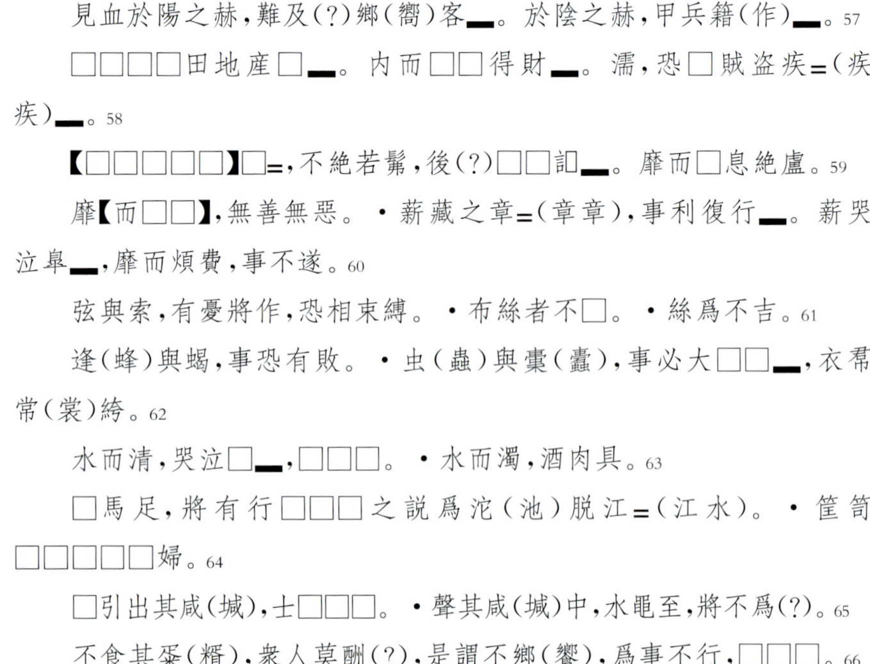

見血於陽之赫，難及(?)鄉(嚮)客▬。於陰之赫，甲兵籍(作)▬。57

□□□□田地産□▬。内而□□得財▬。濡，恐□賊盗疾=(疾疾)▬。58

【□□□□□】□=，不絶若鬚，後(?)□□訨▬。靡而□息絶盧。59

靡【而□□】，無善無惡。·薪藏之章=(章章)，事利復行▬。薪哭泣阜▬，靡而煩費，事不遂。60

弦與索，有憂將作，恐相束縛。·布絲者不□。·絲爲不吉。61

逢(蜂)與蝎，事恐有敗。·虫(蟲)與橐(蠹)，事必大□□▬，衣帬常(裳)綺。62

水而清，哭泣□▬，□□□。·水而濁，酒肉具。63

□馬足，將有行□□□之説爲沱(池)脱江=(江水)。·筐笥□□□□□婦。64

□引出其咸(城)，士□□□。·聲其咸(城)中，水黽至，將不爲(?)。65

不食其粢(糈)，衆人莫酬(?)，是謂不鄉(饗)，爲事不行，□□□。66

番(播)越其粢(糈),名【曰□□,大事不成】,小事枯。·□□不盡食粢(糈),名曰□□,其(?)餌必□,□表67戒。68

人倚其薔(墻),名曰□□,□心輿=(輿輿),今將□其咸(城),死亡不得▃。68

人抵其禺(隅),名曰抵□。憂心且朱,今將□盧□曰。69

上述文字内容位於本篇帛書的下半幅,所列占象比較雜亂,加之很多文字漫漶不清,因此不少文句很難讀通。《集成》整理説明指出,本篇帛書曾上下對折兩次,再左右對折一次,約斷爲八大塊帛片,上下兩段各有一些本篇帛片的反印文。[①] 根據這個折叠方式,上引文字反印在對頁的第10—21行帛片上,試看相關圖版:

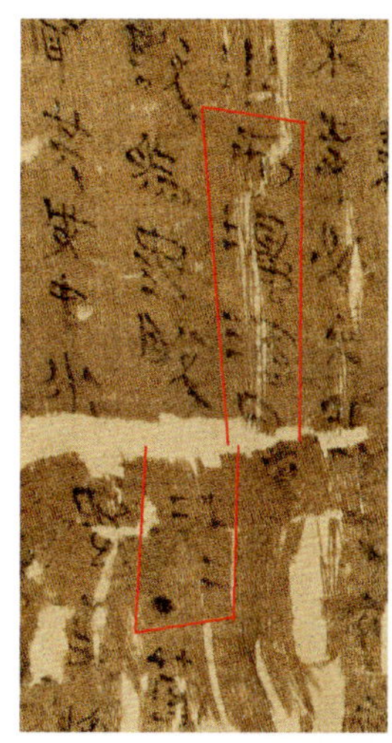

《集成》整理圖版

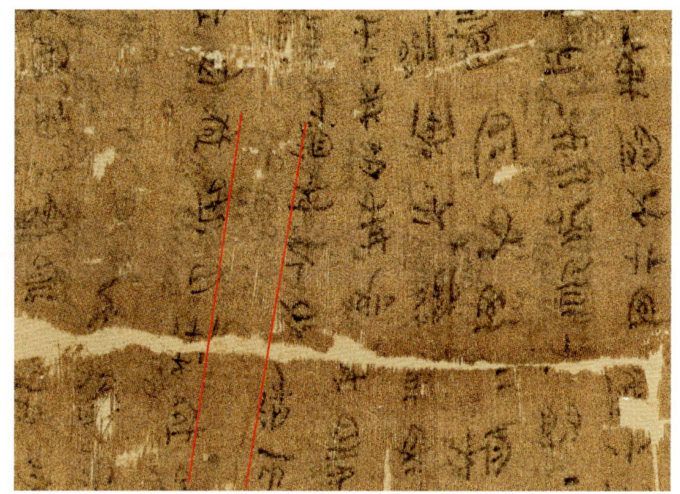

反印文圖版

上揭反印文圖版中兩條斜綫之間的反印文爲"而濁酒□江=·"等字(尤其是最下方的"·"符號十分清晰),根據帛書行款和位置,這些反印文無疑是屬

① 湖南省博物館、復旦大學出土文獻與古文字研究中心編纂,裘錫圭主編《長沙馬王堆漢墓簡帛集成(伍)》,中華書局,2014年6月,第161頁。

於同一行的。而在《集成》整理圖版中,"而濁酒□"和"江=・"却分屬於第63行和第64行。由此可見,《集成》整理圖版中位於斷痕下方的帛片應整體向右移動一行的位置,試對比相關圖版如下:

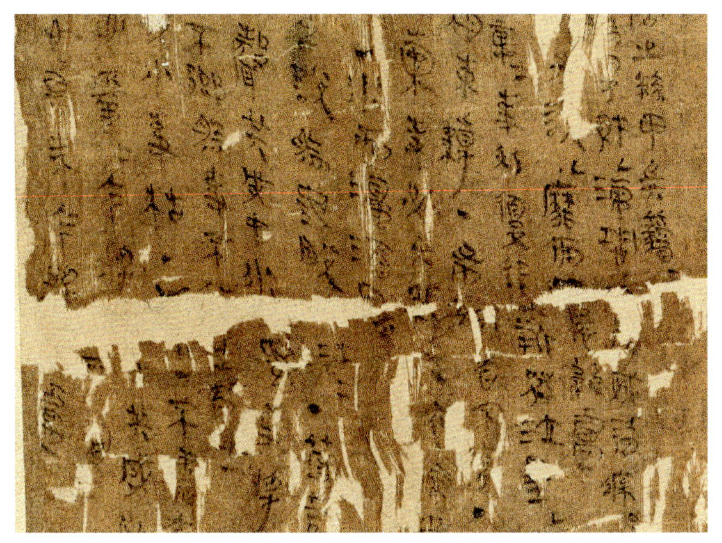

《集成》整理圖版

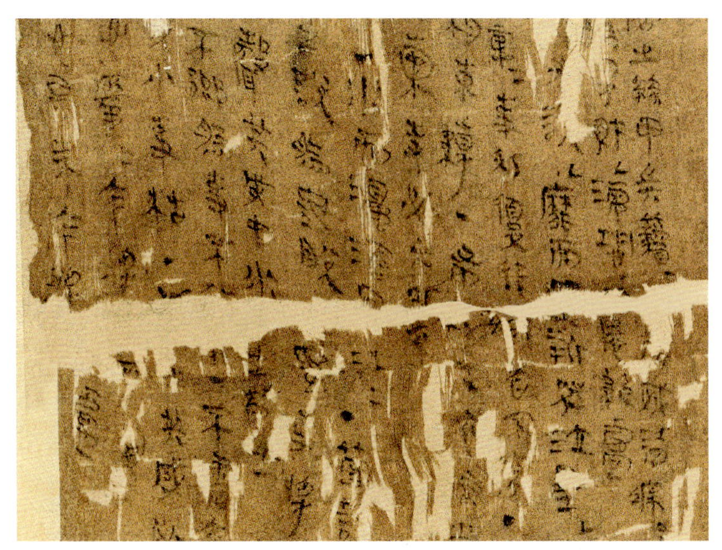

調整後圖版

除反印文的證據之外，作出上述調整的理由還有以下幾點：第一，第69行釋文的最末兩字“□曰”，原本寫在該行的右側，《集成》注釋指出這可能是帛書校改時，需要補入第69行的文字。[1] 今按，這一推測並沒有堅實的證據，蔣文先生在爲本篇所作的釋文批注稿中已指出“□曰”二字不明歸屬。[2] 如果按照我們的上述調整意見，所謂“□曰”（“曰”字的釋讀並不可信）二字應調至第68行。這樣處理後，第68行和第69行文句幾乎完全相同（參看下附新釋文），二者可相互比參，也就不存在這兩個字不明所屬的問題了。第二，第61行釋文下半段的“絲者不□”一句，所謂“絲”字原帛圖版寫作“ ”，釋作“絲”恐不可信，暫存疑待考。未釋字“□”寫作“ ”，應補釋爲“傷”。按照上述調整意見，第60行上半段應與第61行下半段連讀作“・薪藏之章=（章章），事利復行，[3]□者不傷”。其中“章”“行”“傷”諸字同押陽部韻，而這與本篇占辭多爲韻文的特點相合。第三，第59行釋文上半段與第60行下半段可以連讀，新釋文作“靡而□薪哭泣皋（罪）[4]∟。靡而煩費，事不遂”。全句似應在“薪”字下斷開，“靡而□薪，哭泣皋（罪）”與“靡而煩費，事不遂”對舉，句式十分整齊，文辭也更覺通順。第四，第66行釋文上半段與第67行下半段連讀，新釋文作“不食其粱（糈），衆人莫酬（?），是謂不鄉（饗），爲事不行。・不盡食粱（糈），[5]名曰（下略）”。一方面，帛片上下相接處的“行”字筆畫密合；另一方面，占辭先是説“不食其糈”，下文緊接着又説“不盡食糈”，文氣上顯然也更爲連貫。

綜合上述意見，可以將這部分内容重新編行並釋寫如下：

---

① 湖南省博物館、復旦大學出土文獻與古文字研究中心編纂，裘錫圭主編《長沙馬王堆簡帛集成（伍）》，中華書局，2014年6月，第167頁。

② 蔣文先生所作帛書《木人占》釋文批注稿和摹本係未刊稿，蒙程少軒先生惠賜。以下引蔣文先生意見皆出自此未刊稿，不另出注。

③ 據帛書照片，“事利復行”下並無“▬”號。

④ 此字帛書原圖版寫作“ ”（蔣文先生摹作“ ”），字形已有一定程度的殘損，《集成》釋作“皐”。陳劍先生、鄔可晶先生向我們指出此字處於韻脚，應改釋作“皋（罪）”，其説可信。

⑤ 據帛書高清照片，“不盡食”之上顯然是“・”符號。如果《集成》整理圖版、釋文可信的話，那麽此處相關釋文應補作“・□・不盡食粱（糈）”。本篇“・”符號主要是用來區分不同的占辭，而“・□・”的釋文形式顯然是不可能成立的，這也側面説明了《集成》整理圖版和釋文並不準確。

見血於陽之赫，難及（?）鄉（嚮）客∟[①]。於陰之赫，甲兵籍（作）▬。□賊盜疾=（疾疾）▬。57

□□□□田地産□∟。内而□□[②]得財∟。濡，恐□絶盧。58

【□□□□□】□=，不絶若鬣，後（?）□□□∟。靡而□薪，哭泣辠（罪）∟。靡而煩費，事不遂。59

靡【□】，無善無惡。·薪藏之章=（章章），事利復行，□者不傷。·絲爲不吉。60

弦與索，有憂將作，恐相束縛。·布□□衣帬常（裳）絝。61

蓬[③]（蜂）與蝎，事恐大[④]敗。·虫（蟲）與槖（蠹），事必大□。62

水而清，哭泣□∟，□□□·水而濁，酒□[⑤]江=（江水）。·筐筥□□□□□婦。63

□馬足，將有行□□□之説爲沱（池）脱蛇[⑥]，吏（事）[⑦]將不爲。64

□引出其成（城），士□□□。·聲其成（城）中，水□□□。65

不食其粢（糈），衆人莫州（? 酬?）[⑧]，是謂不鄉（饗），爲事不行。·不盡食粢（糈），名曰□□，其（?）餌必□，□表[⑨]66 戒。67

---

① 《集成》釋文作“▬”，據帛書圖版應嚴格釋作“∟”。下文中同樣的情況徑改，不另外説明。

② 這兩個未釋字疑應釋作“乾爲”。“内（入）而乾，爲得財”與下文“濡，恐□絶盧”，以“乾”“濡”相對爲占。

③ 此字《集成》釋作“逢”，將帛片稍作調整後作“ ”，其形最上方明顯有一“艸”頭，應改釋作“蓬”。

④ 此字《集成》釋作“有”，不可信，應從蔣文先生批注稿意見改釋爲“大”。

⑤ 此字《集成》釋作“肉”，不可信，暫存疑待考。

⑥ 此字《集成》釋爲“黽”，不可信。今按，此字原帛寫作“ ”，其形左下方實際上應是“虫”旁（部分筆畫有斷裂、錯位），右上方爲“它”旁，應改釋爲“蛇”。鄔可晶先生向我們指出，將此字釋作“蛇”，正好與下句“吏（事）將不爲”的“爲”字押歌部韻，其説可信。這也正可看作是我們改釋意見的旁證。

⑦ 此字《集成》釋爲“至”，並屬上句讀。今按，此字原帛寫作“ ”，其形下方有一明顯的“又”旁，疑應釋作“吏”。“吏（事）將不爲”與本篇第60行“事不遂”、第66行“爲事不行”文辭相近，可相互比參。

⑧ 《集成》釋文作“酬（?）”，此字原帛寫作“ ”，字形更像是“州”字，因此改釋爲“州（? 酬?）”。

⑨ 此“表”字疑應改釋爲“馬”。

番(播)越其粱(糈),名□□□不成,小事枯。·□[①]其咸(堿),死亡不得。67

人倚其蘠(墻),名曰□□,□心輿=(輿輿),今將□□[②]。68

人抵其禺(隅),名曰抵□。憂心□[③]朱,今將□盧。69

以上我們利用印文糾正了《集成》整理圖版中的一處錯誤,下面再舉兩個利用印文拼綴帛書的例子。

帛書《相馬經》第36—38行:

·法曰:艮(眼)大盈大走,小盈小走。36下大盈而不走何也?是洫(溢)而暴者也。不洫(溢)不暴而不走者何?前不能大扜,艮(眼)不能後傅者也。大扜後【傅】37上而不走者何也?是光澤不善,而動榣(搖)穉(遲)者也。有光澤動榣(搖)疾而不走者何也?是37下【眼】不能反復,時見睫本者也。

第37行行首"大盈"二字在原帛上已殘失,《集成》釋文係據反印文補出。按,這兩個字的反印文(見《相馬經》空白頁—8)作:

應改釋作"今盈"。這段文字句式十分整齊,疑問句中的内容都是對前一句的否定,"今盈而不走何也"中的"盈"字正是總括上文的"大盈""小盈"二者

① 此字疑是"入"字。

② 調整圖版後,本行與第69行文字内容相近句式相同,這也側面證明我們的調整意見應可信。該行最後一字原釋作"曰",然全句至此已完結,顯然不可信,暫存疑待考。

③ 此字原帛寫作"[image]",《集成》釋作"且",字形與之明顯不合,暫存疑待考。

而言。另外，第 38 行行首擬補的“眼”字其反印文（見《相馬經》空白頁一8）作“”，與“眼”字不合。對比本篇“怒”字之寫作“”（相 24.56）、“”（相 40.18）等形，可知此字也應改釋作“怒”。“怒不能反復”與下文第 40 行“有光而不良者何也？光淺，怒不能周，争不能抴者也”一句中的“怒不能周”意義相近，前後照應。認出反印文後，我們在原始圖版二九五頁“帛書帛畫殘片—27”中找到了以下一塊殘片：

《集成》各篇整理圖版皆未收録該殘片。其上文字爲“怒”，而且最上方有黑色界欄。根據這些信息可知，這塊殘片應綴在帛書《相馬經》第 38 行行首。綴合後圖版如下所示：

再來看一個帛書《養生方》的例子。

《養生方》第 90—91 行：

【一曰】：取茀選一斗，二分之，以截漬一分而暴（曝）之冬（終）日。置竈上，令極濆（沸），即出茀選，【□□□□】90 餘如前，即以漬巾，盡其汁。已（已）∟，卧而漬巾，以抿（播）男∟，令牝亦⧄91

周波先生指出本篇 4 號殘片上反印有第 90 行的“出茀”二字，並根據《養生方》各帛頁之間的反印關係，將其綴入第 77—78 行，[①]正確可從。可以稍加補充的是，細審下揭圖版，4 號殘片上不僅反印有第 90 行的“出茀”二字，還反印有 94 號殘片上的文字。尤其是 94 號殘片上左側殘字的反印文十分清晰（見下引殘片圈出部分）：

4 號殘片

94 號殘片

既然明確了 4 號殘片與 94 號殘片的反印關係，再結合上引周波先生的綴合意見，可知 94 號殘片應綴入第 91—92 行，綴合後圖版如下所示：

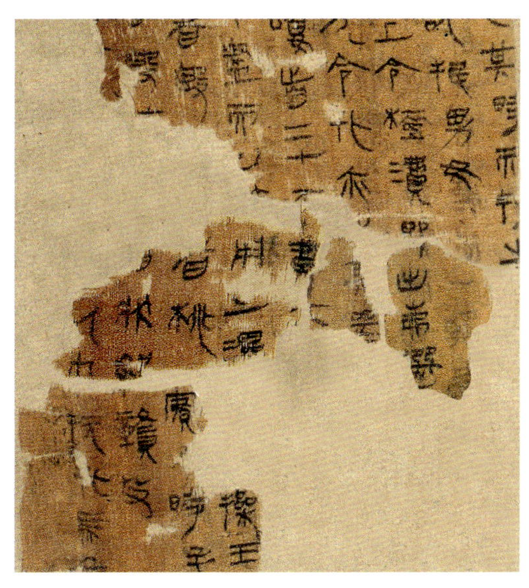

① 周波《馬王堆醫書校讀（三）》，《出土文獻》第十二輯，中西書局，2018 年 4 月，第 216—225 頁。他在文中指出，第 77 行“竿”字中竪下方殘去的筆畫可補齊，且其右方一小筆應爲勾識符號。實際上，《集成》整理圖版中第 77 行“竿”字筆畫已經完足，而 4 號殘片“冒”字之上的殘字仍可看出有兩竪筆，應不太可能是“ㄴ”符號。因此準確地説，第 77 行相關釋文應修訂作“而係縣（懸）竿□冒【□□】雞靡（摩）逢（蜂）房一大者”。

附帶指出，第90行"即出茀選"之下的帛片已缺失，而與之反印的那塊帛片（即頁6第77—79行末帛片）仍比較完整。從上面的反印文來看，第90行"即出茀選"之下可補"更入其"三字，而第91行"其器"二字之下已無其他文字。

因此綜合以上意見，上引釋文可重新修訂作：

> **【一曰】**：取茀選一斗，二分之，以截漬一分而暴（曝）之冬（終）日。置竈上，令極瀆（沸），即出茀選，更入，其90餘如前，即以漬巾，盡其汁。巳（已）ㄴ，卧而漬巾，以抿（播）男ㄴ，令牝亦□其器。91

附：利用印文拼綴帛書需要注意的問題

以上是我們利用印文拼綴帛書的一些新嘗試。類似的例子還有不少，本節不再過多舉例，更多利用印文拼綴帛書的例子詳見本書第五章。下面簡單談談利用印文拼綴帛書需要注意的一些問題。

利用印文拼綴帛書，首先要確保對印文的辨識是準確無誤的。印文是反印/滲印/倒印在其他帛片上的帛書正文，具有模糊不清、難以辨識的天然劣勢。除此之外，不少帛片還存在斷裂、粘連、皺縮、扭曲、變形、裝裱錯誤等情況，這進一步加大了印文辨識的難度。因此在整理帛書的過程中，有時候不可避免地會出現認錯印文的情況。一旦出現這種錯誤，以之爲前提的帛書拼綴也就不可信了。下面來看一個因爲認錯印文而導致誤綴的例子。

帛書《春秋事語》第1行有以下一塊殘片：

該殘片係《集成》整理者首次綴入，並注釋如下：

> "繆公"二字據第10行反印文【引者按：帛書《春秋事語》係卷軸式存放，現存印文爲滲印所致，稱之爲反印文不太準確】及所綴"繆"字殘片釋。惠公之入國與秦穆公關係密切，且下文又提到秦晉韓之戰，穆公亦與此役，所以此處出現"繆公"兩字是合理的。①

按，作爲綴合依據的第10行印文圖版如下（框出部分）：

從該行與左側下行印文的相對位置來看，第一個印文的左側已經没有空間書寫"繆"字所从的"糸"旁，將其釋作"繆"字恐不可信。另外，第二個印文有一較清晰的長橫筆，這也與"公"字的寫法不合。因此這條綴合是有問題的，該殘片應從此處剔除。我們翻檢到帛書《繫辭》至《昭力》卷145號殘片如下：

① 湖南省博物館、復旦大學出土文獻與古文字研究中心編纂，裘錫圭主編《長沙馬王堆漢墓簡帛集成（叁）》，中華書局，2014年6月，第169頁。

其上文字爲"易才",字體風格與帛書《春秋事語》一致。仔細對比上引印文圖版可知,該殘片應遥綴在此處。附最新的綴合圖版如下:

在拼綴帛書的過程中,我們常常有這樣的體會,即如果帛片甲、乙是具有印文關係的兩塊帛片,那麽它們的綴合大概只有兩種情況:一種是帛片甲、乙都無法確定其綴入位置;一種是帛片甲、乙可以同時確定各自的綴入位置。尤其值得注意的是第二種情況,帛片甲/乙一旦能够正確地拼綴上其中一塊,與之有印文關係的帛片乙/甲也就能很快確定其綴入位置。不過這種情況有一個重要的前提,那就是帛片甲/乙中最先被綴入的那塊帛片其拼綴必須是正確無誤的。我們可以稱之爲拼綴時的"定點"。如果這個"定點"不是很牢靠,就極有可能造成後續拼綴上的錯誤。下面就以《集成》整理圖版中的兩處誤綴爲例,具體談談這個問題,希望引起大家的重視。

帛書《春秋事語》第3行有以下一塊殘片:

該殘片係由《集成》整理者首次綴入，並注釋如下：

> “福憂”二字殘片是據第12行反印文【引者按：應稱之爲滲印文更準確】遥綴。“福”“憂”二字之間也有可能應該斷讀，因上下殘損太甚，文義不清，姑不加標點。《國語·晉語三》：“惠公入而背外内之賂。輿人誦之……公隕於韓。郭偃曰：‘善哉！夫衆口禍福之門，是以君子省衆而動……’”不知帛書“福憂”等語與此是否有關。①

據此可知，《集成》整理者係據第12行的印文將“福憂”二字殘片綴入第3行。今按，滲印有“福憂”二字的第12行殘片如下：

① 湖南省博物館、復旦大學出土文獻與古文字研究中心編纂，裘錫圭主編《長沙馬王堆漢墓簡帛集成(叁)》，中華書局，2014年6月，第170頁。

這塊殘片的左側確實滲印有第 3 行殘片上的“福憂”二字，這看似可以證實上述拼綴意見的合理。但正如上文所説，該拼綴成立的前提是這塊殘片的位置本身是正確無誤的。該殘片最早由帛書原整理者綴在第 12 行，《集成》整理圖版沿用了這一拼綴意見，事實上其綴合本身就存在問題。核查帛書照片，我們認爲第 12 行殘片應改綴至第 18—20 行（參見綴合圖 1），其中“佐”字筆畫十分密合；與之有印文關係的“福憂”二字殘片應改綴至第 11 行（參見綴合圖 2），“憂”字筆畫也十分密合。綴合圖版如下：

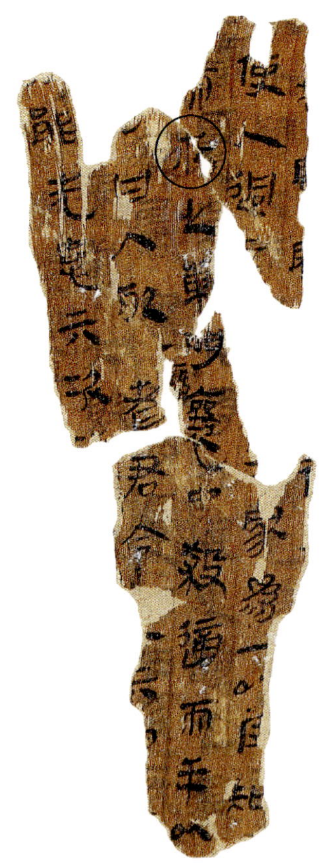

綴合圖 1

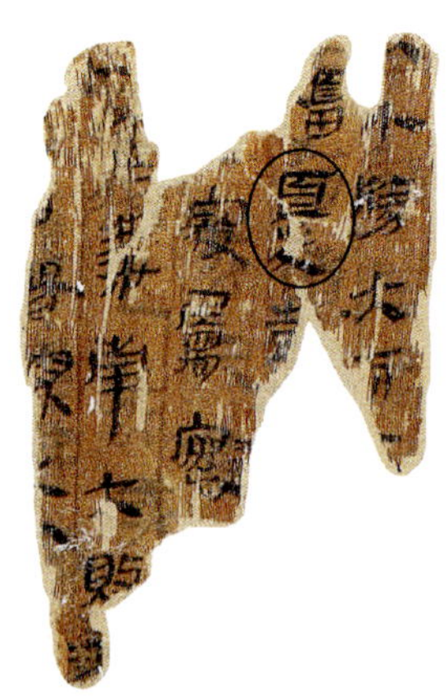

綴合圖 2

確定了以上綴合之後，下揭 54 號殘片、第 27 行殘片的位置都應該作出相應調整：首先，“福憂”二字殘片上清晰地滲印有 54 號殘片上的“臣有”二字(這兩塊殘片的形狀也比較相似),根據印文關係可確定 54 號殘片應綴入第 2 行(參見綴合圖 3);其次,第 27 行殘片上滲印有綴合圖 1 帛片上的文字,細審相關印文可知,這塊殘片應上提至與其上方的帛片相接(參見綴合圖 4)。

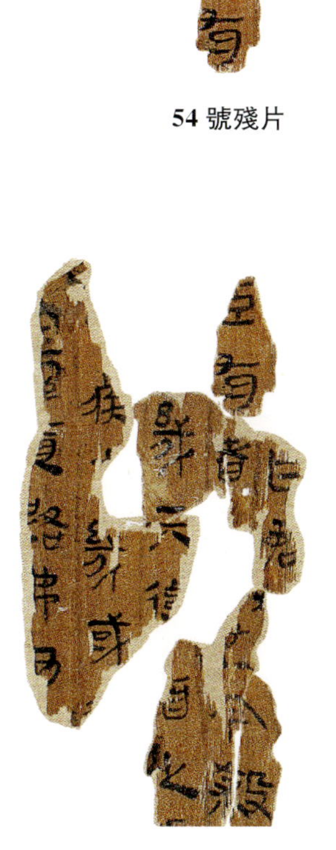

54 號殘片　　**第 27 行殘片**

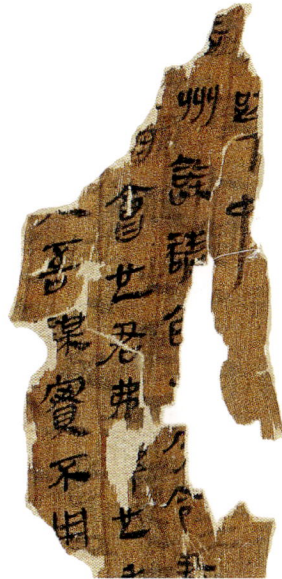

綴合圖 3　　**綴合圖 4**

據以上綴合意見,《集成》相關釋文應重訂。第 27 行相關釋文作"東門襄中(仲)殺而貍(埋)□路□□中",《集成》整理者認爲"貍(埋)"字與"中"字之間有四個字的位置，並將从“足”旁的這個殘字釋作“路”。然而，根據上舉綴合圖 4，“貍(埋)”字與“中”字之間實際上只有兩個字的位置。因此，上引釋文應重新修訂作“東門襄中(仲)殺而貍(埋)□□中”。此句屬《春秋事語・魯文公卒章》，記魯文公卒，叔仲惠伯立其嫡子爲君，東門襄仲殺嫡立庶(即魯宣公)，詐以君命召惠伯而殺之之事。上引釋文在《左傳》文公十八年作“殺而埋之馬矢之中”。帛書中“貍(埋)”字之下一字寫作“ ”，其左下方仍殘有少量筆畫，與“之”字不合，疑是“於”字。从“足”旁之字寫作“ ”，由於位於本章結尾，字形寫得比較修長，《集成》將其釋作“路”應不可信，暫存此待考。

下面再來看一個帛書《養生方》誤綴的例子。

帛書《養生方》第 40 行和第 121 行分别有以下兩塊殘片：

第 40 行殘片

第 121 行殘片

這兩塊殘片原本共同裝裱在原始圖版二四九頁“養生方—13”，第 40 行殘片上文字可釋作“而冶之晦”，第 121 行殘片上文字暫釋作“□□□”。周波先生最早將“□□□”殘片綴入第 121 行，並指出上引兩塊殘片係反印關係，進而將“而冶之晦”殘片綴入第 40 行。① 《集成》整理圖版采用了他的這一綴合意見。現在看來恐怕是有問題的：首先，“□□□”殘片綴入第 121 行，“爲”“後”二字筆畫並不密合，這意味着這組綴合的“定點”可能本就不牢靠。其次，

① 周波《馬王堆簡帛〈養生方〉〈雜禁方〉校讀》，《文史》2012 年第 2 輯。

《養生方》頁 3 和頁 9 是互相反印的兩頁，其中頁 3 上的反印文十分清晰，而頁 9 上的反印文則不太清晰。如果將"□□□"殘片綴入第 121 行，這與頁 9 上反印文不清晰的特徵不合，"而冶之晦"殘片綴入第 40 行也與此同理。由以上兩點來看，上揭兩塊殘片現在的綴入位置恐有誤，應從中剔除，暫歸入待綴殘片。

以上我們利用印文拼綴了帛書的一些殘片，並附帶指出了需要注意的問題。下面總結利用印文拼綴帛書帶給我們的啓示：首先是要有組合思維。每個具有印文關係的組合都包含兩塊帛片，只要正確地拼綴上其中一塊，根據帛頁的叠印關係，就能很快地確定另外一塊帛片的綴入位置。這無疑可以極大地提高我們的綴合效率。多數情況下，這些帛片組合可能暫時還無法準確綴入，但是我們仍應儘可能多、儘可能全地找出、標注和記録這些具有印文關係的帛片組合，留待日後尋求拼綴的可能。其次是要確保印文的準確辨識，這是利用印文進行帛書拼綴工作的重要基礎和前提。除此之外，如果某塊帛片已經被拼綴上，在綴入與之有印文關係的另外一塊帛片時，也要注意覆覈已綴帛片的位置是否可信。尤其是那些根據印文綴入後游離於大塊帛片之外，也即所謂遥綴者，更是要慎之又慎。

第三節　利用今本或傳世文獻有相關內容者拼綴帛書

馬王堆帛書內容豐富，篇目衆多，其中不少篇目有今本傳世。例如《周易》《繫辭》《老子》《戰國縱横家書》(與之相同或相近的內容多見於《戰國策》《史記》)等都屬於這種情況。這些有今本可以對照者，可以利用今本的內容拼綴、復原帛書。其具體做法主要是，如果帛書本有殘失，就對照傳世今本先將殘失的文字內容擬補出來，然後再去殘片中尋找與之相合者。由於有今本內容可以對照，殘片拼綴的限制性没有那麽强，往往會出現不少遥綴的情況。同時由於殘片的總數是有限的，因此凡是有今本可以對照者，是完全有可能將相關殘片全部綴入的。上舉那些有傳世本可以對照的帛書篇目，《集成》整理者在重新整理時，大多都已將與之相關的殘片收羅殆盡，最大程度地實現了對帛書的拼接、復原，留給我們綴合的空間並不大。不過在多次查看、覆覈現存所有殘片後，我們發現仍有少量可以補綴者。

下面就以帛書《老子》甲本爲例具體説明。

今本《老子》"德經"四十一章如下：

上士聞道，勤而行之。中士聞道，若存若亡。下士聞道，大笑。不笑，不足以爲道。故建言有之：明道若昧，進道若退，夷道若纇。上德若谷，大白若辱。廣德若不足，建德若偷。質真若渝。大方無隅，大器晚成，大音希聲，大象無形，道隱無名。夫唯道，善貸且成。

此章帛書《老子》乙本作：

上【士$_{4上}$聞】道，堇能行之。中士聞道，若存若亡。下士聞道，大芺(笑)之。弗芺(笑)，【不足】以爲道∟。是以建$_{4下}$言有之曰：明(明)道如費，進道如𢓜(退)，夷道如類(纇)。上德如浴(谷)，大白如辱(黷)，廣德如不足，建德如揄(偷)，質【真$_{5上}$如】□(渝)，大方无(無)禺(隅)，大器免成，大音希聲，天象无(無)刑(形)，道段〈殷〉无(無)名∟。夫唯道，善始且善$_{5下}$成。

帛書《老子》甲本作：

【上士聞】道，▨【是以建$_{9}$言有】之：明(明)【道如□】▨$_{10}$▨【夫唯】道，善【始且$_{11}$善成。】

此章内容帛書乙本比較完整，而帛書甲本絶大部分却已完全殘失，不知其原貌。幸運的是，最近湖南省博物館新發現的帛書殘片中有以下兩塊有字殘片(DSC02624、DSC02625 爲殘片照片的原始編號)：①

① 此爲未公開發表的資料，蒙湖南省博物館喻燕姣先生提供。

DSC02624 殘片

DSC02625 殘片

我們認爲這兩塊殘片可以互相拼綴成新殘片如下：

將其綴入帛書《老子》甲本第 9—11 行，正好可以補本章内容之缺。新殘片上的第一行文字爲"弗哭不足以爲道是"，其中"不足"二字雖有殘損，但其釋字仍可確定。這與上引今本、帛書乙本釋文標有下劃綫的文字相合。唯一的不同之處在於，今本"不笑"、帛書乙本"弗芙(笑)"的"芙(笑)"字，帛書甲本寫作“哭”，這應該是帛書甲本書手抄寫錯誤而造成的。① 秦至西漢早期文字中“哭”“笑”二字皆从“犬”作，意義又正好相反，因此二者多有互相抄錯的現象，如帛書《繫辭》第14行“先號逃（啕）而後哭〈笑〉”，“笑”字誤寫作“哭”，情況即與此相同。新殘片上的第二行文字爲“若辱□德若”，對照今本、帛書乙本可補足作“【大白】若辱，【廣】德若【不足】”。帛書甲本寫作“若”，與今本同，而帛書乙本、北大漢簡本皆作“如”。新殘片上的第三行文字殘存有少量筆畫，從上到下其形也正好與標有下劃綫的“道”“名”“夫”等字相合。

與此同時，我們又在原始圖版三〇一頁“帛書帛畫殘片—33”中找到了以下一塊殘片：

該殘片右側一行有一“退”字，左側一行有兩字殘有少量筆畫，我們認爲應係“大器”二字。帛書《老子》甲本每行大約抄寫三十至三十三字，據此可定該殘片應遥綴在上揭新殘片上提約十字的位置，其上文字正好對應標有雙層下劃綫的“退”“大器”等字。

另外稍可補充的是，原始圖版二九〇頁“帛書帛畫殘片—22”中間偏左位置裝裱有以下兩塊殘片：

① 帛書《老子》甲本書手抄錯的情況十分多見，第37行“終曰〈日〉號而不发（憂—嚘）”，將“日”字抄錯成“曰”字；第57行“【作於】亳（犒—毫）未〈末〉”，將“末”字抄錯成“未”字；第64行“使民重死而遠送〈徙〉”，將“徙”字錯抄成“送”字。皆是其例。

《集成》注釋引陳劍先生意見，指出第一塊殘片應綴入《老子》甲本第 9—10 兩行近開頭處，[①]其説可信。不過在第一塊殘片原始位置的正下方還裝裱有第二塊殘片，我們認爲它應直接拼綴在第一塊殘片下方，作以下新殘片之形：

帛片斷裂邊緣的形狀、左側欄綫等都十分密合。新殘片中“道”字之下一字殘有一“艸”頭，應係“若”字。據此補綴意見，第 10 行原釋文“明【道如□】”中擬補的“道”字可直接釋出，“如”字應改釋作“若”。另外，新殘片最左側一行殘有兩字，根據帛書行款和每行容字數量，我們認爲應係下文“質真若[②]渝”的“質真”二字。第一個字殘有一豎筆(上方筆畫係誤粘在此)，應係“質”字右側所从的“斤”旁。第二個字殘留有右側的少量筆畫，馬王堆帛書中“真”字寫作“”(老甲 133.27)、“”(陰乙三合 2.10)等形，可與之相參看。

綜合以上意見，帛書《老子》甲本第 9—11 行釋文可重訂作：

> 【上士聞】道，▨弗哭〈笑〉，不足以爲道，是【以建9言有】之：明(明)道若▨退▨【大】白若辱，【廣】德若【不足】▨10▨質真▨大器▨道【殷无】名，夫【唯】道，善【始且11善成。】

---

① 湖南省博物館、復旦大學出土文獻與古文字研究中心編纂，裘錫圭主編《長沙馬王堆漢墓簡帛集成(肆)》，中華書局，2014 年 6 月，第 10 頁，注釋二三。

② 這段内容帛書乙本作“如”者，帛書甲本大多作“若”，因此這個缺字更有可能是寫作“若”而非“如”。

帛書中也有不少篇目或章節雖然並沒有今本可以直接對讀，不過却可以在傳世文獻中找到與之内容相關者。因此也可以利用傳世文獻有相關内容者拼綴帛書。下面舉一個這樣的例子。

帛書《繆和》篇第 7—11 行有以下一段文字：

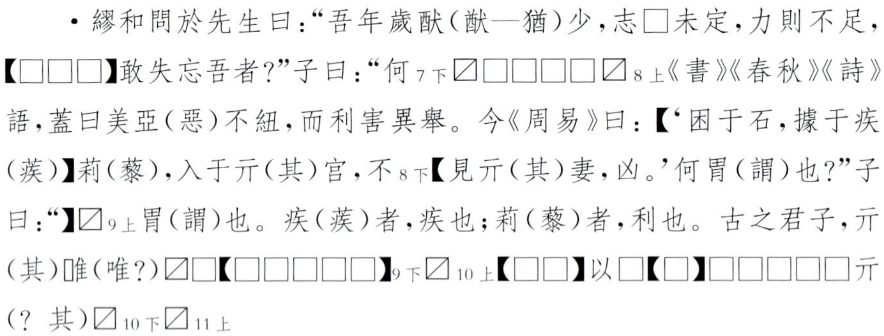

·繆和問於先生曰："吾年歲猷（猷—猶）少，志□未定，力則不足，【□□□】敢失忘吾者？"子曰："何 7下 ☑□□□□☑ 8上《書》《春秋》《詩》語，蓋曰美亞（惡）不紐，而利害異舉。今《周易》曰：【'困于石，據于疾（蒺）】莉（藜），入于亓（其）宫，不 8下【見亓（其）妻，凶。'何胃（謂）也？"子曰："】☑ 9上 胃（謂）也。疾（蒺）者，疾也；莉（藜）者，利也。古之君子，亓（其）□隹（唯？）☑□【□□□□□】9下 ☑ 10上【□□】以□【□】□□□□□亓（？其）☑ 10下 ☑ 11上

上述内容中第 10 行以下的文字已近乎全部缺失，《集成》對此有十分詳盡的注釋，具引如下：

第 11 行諸家釋文皆無。其上半段已全殘，下半段反印文（易傳襯頁—9 右半）尚存多字，但均已難以辨識。此處應係論述《周易·困》之六三，其内容殘失頗多（有兩三行位置），可據《韓詩外傳》卷六相關内容作一些推測："《易》曰：'困于石，據于蒺藜，入于其宫，不見其妻，凶。'此言困而不見據賢人者也。昔者，秦繆公困於殽，疾據五羖大夫、蹇叔、公孫支而小霸。晉文困於驪氏，疾據咎犯、趙衰、介子推而遂爲君。越王勾踐困於會稽，疾據范蠡、大夫種而霸南國。齊桓公困於長勺，疾據管仲、甯戚、隰朋而匡天下。此皆困而知疾據賢人者也。夫困而不知疾據賢人，而不亡者，未嘗有之也。《詩》曰：'人之云亡，邦國殄瘁。'無善人之謂也。"帛書殘片中有"【晉文】君困於驪【氏/是】"（原裱於帛書帛畫殘片—22；見殘片 97 號）、"趙衰、介【子隼（推）】"（原裱於帛書帛畫殘片—6；見殘片 83 號）、"□據於筦（管）中（仲）"（原裱於

帛書帛畫殘片—14；見殘片35號）、“能疾據賢人者”（原裱於帛書帛畫殘片—2，由兩小片新綴合；見殘片72號），與上文對照可知應該就是屬於此處者。但因殘缺過甚，已難以連綴成文，綴入此處復原。此外，帛書殘片中還有“且夫知困”（原裱於帛書帛畫殘片—14；見殘片55號）、“身困名”（原裱於帛書帛畫殘片—14；見殘片31號）、“【非其所】困而困焉，名|□□□而□”（原裱於帛書帛畫殘片—14；見殘片58號）、“矣而念|得見”（原裱於帛書帛畫殘片—8；見殘片85號），疑亦本屬於此處者。前者疑可與前述“能疾據賢人者”連讀爲“且夫知困【而】能疾據賢人者”，後兩片可參看《繫辭》40下—41上：“《易》曰：‘【困于石，據】于疾（蒺）利（蔾）；入于亓（其）宫，不見亓（其）妻，凶。’子曰：‘非亓（其）所困而困焉，名必辱；非亓（其）所勮（據）而據焉，身必危。既辱且危。死亓（其）將至，妻可得見【與（歟）？’……”而且“困而困焉，名|□□□而□”，“而”上之字殘存右方“戈”旁，據前引《韓詩外傳》“齊桓公困於長勺，疾據管仲、甯戚、隰朋而匡天下”，頗疑此字就是“甯戚”之“戚”，其後“而”下殘形與“匡”也相合。“隰朋”帛書或本無之，或本在管仲與甯戚之間，與《韓詩外傳》順序不同。[①]

該注釋利用《韓詩外傳》卷六中與帛書内容相近的語句，將可能與之相關的殘片匯攏，並提出了十分精彩的綴合復原的猜測。這正是利用傳世文獻有相關内容者拼綴、復原帛書的典型例子。我們順着上引注釋的思路，在排比、核查相關殘片後發現，這段缺失的内容可實現部分復原，下面試作説明。

《繫辭》至《昭力》卷57號殘片如下：

① 湖南省博物館、復旦大學出土文獻與古文字研究中心編纂，裘錫圭主編《長沙馬王堆漢墓簡帛集成（叁）》，中華書局，2014年6月，第125頁。

《集成》注釋指出，該殘片上"能"字左半原裱在"帛書帛畫殘片—6""相祝慶者"（即《繫辭》至《昭力》卷 79 號殘片）之下，今將其拆分出重綴於此。[①] 今按，這一處理是有問題的，該"能"字左半仍應放回 79 號殘片之下。將其從此處剔除後，57 號新殘片和上引注釋中提及的 55、72 號殘片如下：

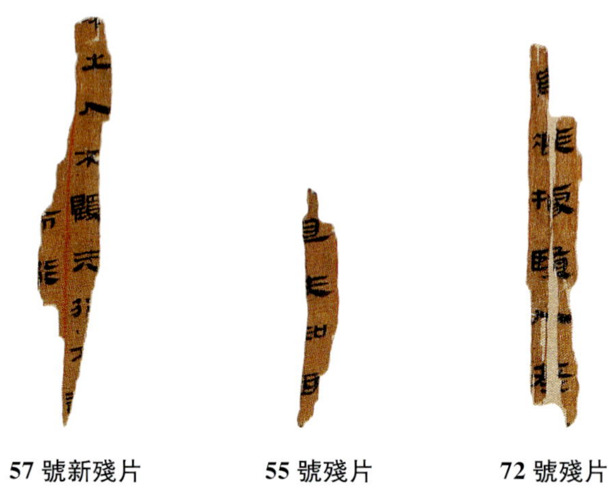

57 號新殘片　　**55 號殘片**　　**72 號殘片**

這三塊殘片可以拼綴成下揭新拼合殘片，左側下行的"而""能"二字筆畫都能够密合，且 55 號和 57 號新殘片邊緣撕裂的形狀也完全相合（二者本就共

① 湖南省博物館、復旦大學出土文獻與古文字研究中心編纂，裘錫圭主編《長沙馬王堆漢墓簡帛集成（叁）》，中華書局，2014 年 6 月，第 157 頁。

同裝裱在原始圖版二八二頁“帛書帛畫殘片—14”)，可證此拼合意見正確可信。我們認爲這塊新拼合殘片應整體綴入《繆和》篇第 10—11 行下，相關圖版如下：

新拼合殘片

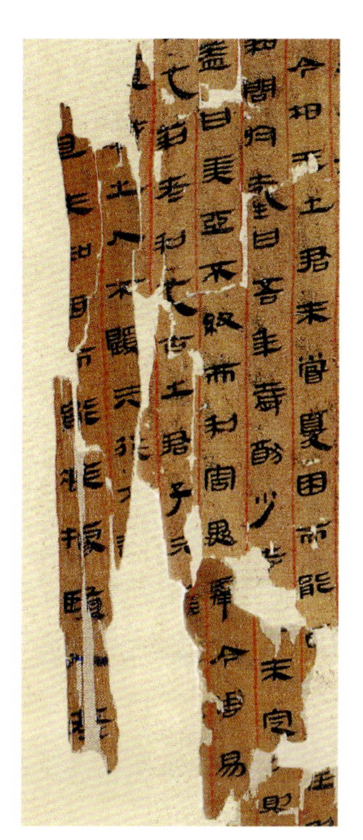

綴合後圖版

第 10 行下“之”“人”“不”“行”[①]等字筆畫都十分密合。上引注釋已指出，這部分内容的反印文(位於易傳襯頁—9 右半)尚存多字，但均已難以辨識。將這塊新拼合殘片綴入後，與原本難以辨識的反印文對照着來看，可以説是正好完全對應。另外，該行“之人”之上一字仍可看出从“戈”“心”，疑是“惑”字。據此綴合意見，《繆和》篇第 10—11 行相關釋文應重訂。

① 此字原僅存右半筆畫，過去研究者多釋作“亓”，不確。

第四節　利用出土他本或同篇有相關内容者拼綴帛書

近年來大批秦漢簡帛不斷出土，其中有不少文獻與馬王堆帛書部分篇目的性質、成書年代都很相近，因此常常有相同或相近的内容。這些新出材料不僅可以用來校補帛書釋文，還可以爲帛書的拼綴提供依據。本書第一章第二節在概述帛書綴合歷史時指出，帛書《陰陽五行》甲篇《堪輿》章殘損十分嚴重，《集成》整理圖版中的拼綴復原有誤，後來該篇整理者程少軒先生參照當時尚未正式發表的北大漢簡《堪輿》篇的相關内容，重新對帛書此章進行了準確的復原。[①] 這就是利用出土他本有相關内容者拼綴帛書的一個很好的例子。

還有一些暫未發表的簡帛資料，或許也能爲帛書的拼綴提供新機遇。舉例來説，北京大學藏西漢竹簡中有大量的醫簡，文字完整，内容十分豐富。據整理者介紹，這些醫簡中的一些醫方和帛書《五十二病方》内容相同，爲校讀《五十二病方》提供了絶佳材料。[②] 帛書《五十二病方》有些内容殘損嚴重，没有拼綴上的殘片總數也不少，因此利用北大醫簡拼綴帛書是完全有可能的。

又如，湖北江陵張家山 M336 也出土了大量西漢竹簡，在這批材料尚未發表時，據整理者介紹，其中有一篇名爲《徹穀食氣》的文獻。該篇由《綦氏》《載氏》《擇氣》三章組成，文字保留較爲完整。其中《擇氣》章的部分文字與帛書《去穀食氣》篇後半部分内容極爲接近，二者對讀可補帛書之缺失。[③] 在看到此文後，我們徹查了帛書所有殘片後發現，原始圖版（如二九一頁"帛書帛畫殘片—23"、二九二頁"帛書帛畫殘片—24"、二九五頁"帛書帛畫殘片—

① 程少軒《馬王堆帛書〈陰陽五行〉甲篇〈堪輿〉章的重新復原》，湖南省博物館編《紀念馬王堆漢墓發掘四十週年國際學術研討會論文集》，嶽麓書社，2016 年 10 月，第 200—205 頁。

② 李家浩、楊澤生《北京大學藏漢代醫簡簡介》，《文物》2011 年第 6 期。

③ 荆州博物館《湖北江陵張家山 M336 出土西漢竹簡概述》，《文物》2022 年第 9 期。

27”等)中有不少殘碎片都應歸入帛書《去穀食氣》,但由於殘損十分嚴重未能成功綴合。所幸張家山 M336 出土竹簡的照片和釋文現已正式發表,[①]對讀這兩批材料我們發現竹簡本《徹穀食氣》篇的《擇氣》章確能爲帛書《去穀食氣》幾處帛片的綴合、調整提供依據。下面試作説明。

帛書《去穀食氣》第 3—6 行有以下内容:

> 【□□】□3【□□□□】四塞,清風折首者也。·霜霚(霧)者,【□□□□□□也】。·濁陽者,黑四塞,天之乳(亂)氣也,及日出而霚(霧)也。【湯風者】,□風也,熱而中人者也,日【□凌陰】者,入骨4【□□也。此五】者不可食也。5
>
> ·朝暇(霞)者,□【□□□□□□□□□□□也。□□】者,日出二干,春爲濁【□□□□】□雲如蓋,蔽【□□□□】者【也。□□】者,苑5【□□□□□□】夏昏(昏)清風也。6

第一段内容是説不可食之“五氣”,與之相近的文字又見於張家山漢簡《徹穀食氣》篇《擇氣》章第 83—88 號簡:

> 凌陰者,黑四、寒,清風折首者也。83 霜霚(霧)者,秋之殺氣也。84(涿—濁)陽者,黑四、寒、減,天之亂氣也。85 湯風者,風而熱中人者也。86 日失(昳)以下者,菀氣也。87 凡此五氣者,不可食也。88

竹簡本内容完整,可據以校改帛書《去穀食氣》。尤其值得注意的是,帛書《去穀食氣》第 4—5 行“日【□凌陰】者,入塞[②]【□□也。】”一句,張家山漢簡

---

① 荆州博物館編,彭浩主編《張家山漢墓竹簡〔三三六號墓〕》,文物出版社,2022 年 11 月。

② 此字原帛圖版寫作“ ”,《集成》整理者從帛書原整理者意見將此字釋作“骨”,恐有問題。我們認爲此字最初確有可能是寫作“骨”(可能涉下文而誤),抄手在發現抄錯後在原字基礎上改成了“塞”字。從出土秦漢簡帛材料的用字來看,此“塞”字很有可能是“寒”字之誤。由於上下文殘缺嚴重文意不明,暫不括注。

《徹穀食氣》中作“日失(昳)以下者,菀氣也”,二者文字差别較大。我們認爲《集成》整理者在“日”與“者”字之間補“□凌陰”三字恐怕根據不足,此處所缺文字更有可能應據張家山漢簡《徹穀食氣》補作“失(昳)以下”三字。與此同時我們注意到,帛書《去穀食氣》第 5 行行末有“者苑”二字,且其上下文大都已殘缺。據此,我們認爲《集成》整理圖版很有可能存在錯位、竄行的問題,也即原第 5 行行末的“者苑”二字應移歸在第 4 行行末。若此説可信,綜合以上意見,帛書《去穀食氣》第 4—5 行相關釋文可重訂作“日【失(昳)以下】者,苑【氣也。】”,與張家山漢簡《徹穀食氣》文句完全相同。

原始圖版二八八頁中間位置偏左上方和原始圖版二九五頁左側分别裝裱有以下兩塊殘片:

《集成》各篇整理圖版皆未收録這兩塊殘片。我們認爲它們可以互相拼綴作以下新殘片:

右側一行“陰”字的筆畫、烏絲欄綫等都十分密合。左側一行有“□以下”三字,第一個殘字寫作“”,我們認爲應釋作“失”,讀爲“昳”。本篇“失”字寫作“”(去 8.12)、“”(去 8.22)之形,可對比參看。“失(昳)以下”三字正好可補足上引帛書《去穀食氣》第 4—5 行重訂後釋文中的缺字。因此,上揭新殘片應綴入帛書《去穀食氣》第3—4行。另外，第2行行末“朝暇(霞)”的“暇”字筆畫密合，其左側的竪筆正好可以稍作補足。“朝暇(霞)”二字之下的殘字尚存一“彳”旁，結合文意可定爲“行(沆)暨(瀣)”的“行”字。凡此皆可證以上綴合意見可信，相關釋文也應據此重訂。

需要特别説明的是，在張家山M336出土竹簡資料發表後，盧林鑫先生也正確地指出“行|者入塞|者苑”帛片應向右移一行，並成功拼綴了“陰|下”殘片。[①] 我們的拼綴與之不謀而合，這正可説明利用出土他本有相關内容者拼綴帛書的方法是行之有效的。不過考慮到其文尚未指出“陰|失(昳)以”殘片也可以拼綴在此，因此本節的此條綴合仍予以保留，暫不廢棄，可看作是對她意見的補充。附相關圖版如下：

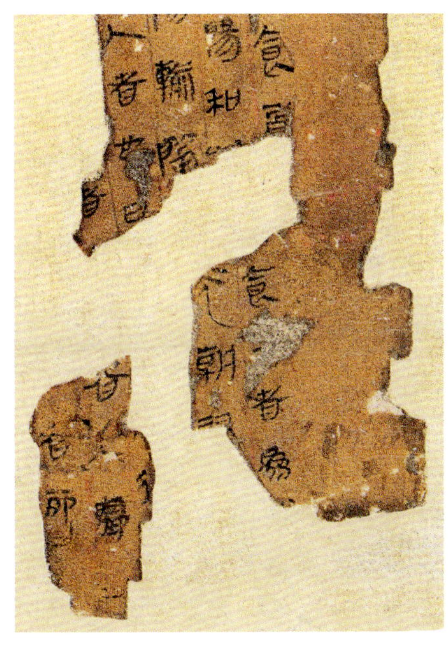

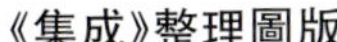

《集成》整理圖版

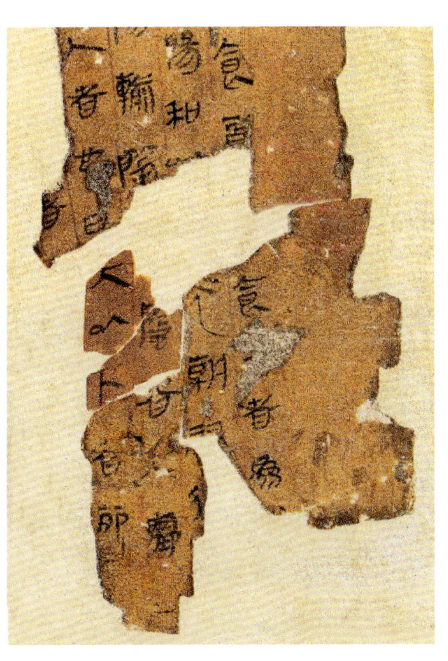

調整重綴後圖版

① 盧林鑫《戰國秦漢時期辟穀及導引行氣相關出土文獻整理與研究》，復旦大學碩士學位論文(指導教師：周波)，2023年5月，第189—191頁。相關内容又可參見周波、盧林鑫《馬王堆帛書〈去穀食氣〉〈導引圖〉拼綴及相關文字補説》，第二届古文字與出土文獻青年學者西湖論壇會議論文，中國美術學院，2023年5月26—27日，第219—232頁。

又如，帛書《去穀食氣》第 7—9 行内容如下：

·【□□□□□□□□□□□□□□□□□□□□□】則和以端陽。夏氣□【□□□□□□□□□□□□】□多陰，日夜分□7【□□□□□□□□□□□□□□□□□□□□□□□□□□□□失氣】爲青＝附＝（青附，青附）即多朝暇（霞）。朝日失氣爲白＝【附＝】（白附，白附）即多銧光。昏（昏）失氣爲黑＝附＝（黑附，黑附）即多輸8【□。□□□□□□□□】□食毋□☒9

這段文字原帛圖版殘缺比較嚴重，《集成》整理者據文例在第 8 行“爲青附”之上擬補“失氣”二字。《集成》出版以後，周波先生又在原始圖版二九五頁“帛書帛畫殘片—27”上找到了一塊寫有“鳴失氣”三字的殘片，並將其綴入此處，[①]十分正確。與上引帛書内容相近者又見於張家山 M336 出土竹簡《徹穀食氣》篇《擇氣》章第 91—93 號簡：

·夜半失氣爲黄附，雞鳴失氣爲倉（蒼）附，朝日失氣爲白附，閻（陷）日失氣爲黑附。91 黄附則多正陽，倉（蒼）附則多朝蝦（霞），白附則多泠（閻）光，黑附則多俞（渝）陽。陰雨疾風，92 少食；日月薄食，毋食。93

張家山竹簡本内容完整，句式整齊。據此並結合周波先生的綴合意見，可將上引帛書《去穀食氣》第 8—9 行的相關内容擬補、重訂如下：

【夜半失氣爲黄＝附＝（黄附，黄附）即多端[②]陽。雞】鳴失氣爲青＝附＝（青附，青附）即多朝暇（霞）。朝日失氣爲白＝【附＝】（白附，白附）即多銧光。昏（昏）失氣爲黑＝附＝（黑附，黑附）即多輸8【陽[③]。陰雨疾風，少食，

---

① 周波《馬王堆漢墓簡帛醫書及相關文字補説》，《復旦學報（社會科學版）》2019 年第 4 期。

② 張家山漢簡《徹穀食氣》中的“正陽”，帛書本寫作“端陽”（第 7 行），因此我們將此字補作“端”。

③ 此字過去研究者有補釋爲“陰”或“陽”兩種意見，據張家山竹簡本《徹穀食氣》應補釋作“陽”。

日月】薄食，毋食。[①] 9

根據這段重訂後的文字，我們在原始圖版二八八頁左上方找到以下一塊殘片：

《集成》各篇整理圖版皆未收録該殘片。殘片上有兩個殘字，我們認爲應係上引重訂釋文中第 8 行擬補的“夜半失氣”的“夜半”二字。據帛書行款和每行的容字數，該殘片可遥綴在帛書《去穀食氣》第 8 行靠近行首的位置。

除新出的簡帛材料外，馬王堆帛書内也有不少性質相近、内容相關的篇目，可以互相對讀。其中比較突出的是幾篇術數類文獻。例如，帛書《陰陽五行》乙篇與《刑德》甲篇、《刑德》乙篇、《刑德》丙篇以及《陰陽五行》甲篇關係均十分密切，不少章節的文字内容接近，可互相校補。《陰陽五行》乙篇《太陰刑德大游圖》式圖西方“德在金”一段文字作：

• 此【之謂】清【明(明)】，求【將繕兵，先者昌，後者亡，攻城伐邑，將衛(帥)】有【慶】，而【無】後【盎(殃)。】

這段文字殘損十分嚴重，不過相同的内容又見於《刑德》乙篇《刑德占》，《集成》整理者據此將缺文補出。根據補出的文字内容，我們在原始圖版二八三頁“帛書帛畫殘片—15”和二九一頁“帛書帛畫殘片—23”中找到了以下兩塊殘片：

---

① “薄食，毋食”四字，《集成》釋作“□食毋□☑”。“食”字之前未釋字和“毋”字之後未釋字原圖版分别寫作“”“”，對比張家山 M336 漢簡《徹穀食氣》可知，這兩個殘字應分别釋作“薄”“食”。而且整句話在第二個“食”字處已完結，《集成》釋文中的“☑”符號當刪去。

《集成》各篇整理圖版皆未收録這兩塊殘片。其中第一塊殘片上有"後|亡|城"三字,第二塊殘片上有"攻|伐|將"三字。它們與上引釋文中的擬補文字相對應,據此可將上揭兩塊殘片綴入。綴合後圖版如下所示:

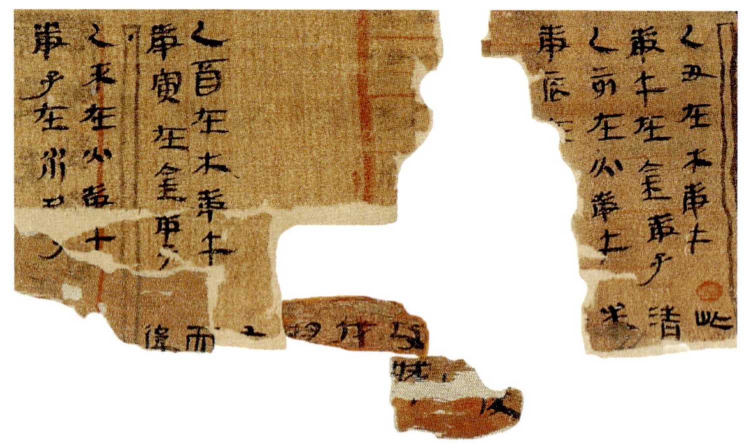

有些帛書篇目,比如醫書和星占類文獻,多爲相同或相近内容的彙編,因此同篇内通常會有不少文句和辭例十分相似,可以前後對讀。對於這類性質的帛書文獻,如果某些内容殘失,往往可以根據同篇上下文出現過的辭例,揣度或意補殘缺的文字内容,並在殘片中尋找與之相合者。下面試舉一例。

帛書《五星占》第25行:"(上略)營(熒)或(惑)所留久者,三年而發。其與它星遇而25上【□□□□】□。"《集成》注釋如下:

> "它"字整理小組釋爲"心"。劉樂賢(2004:46)將"心"改釋爲"它",並將"遇"後之字釋爲"而"。今按:劉釋確。《漢書・天文志》講辰星時説:"與它星遇而鬭,天下大亂。"此句最末一字還存有殘筆,似是"兵"字。[①]

① 湖南省博物館、復旦大學出土文獻與古文字研究中心編纂,裘錫圭主編《長沙馬王堆漢墓簡帛集成(肆)》,中華書局,2014年6月,第229頁。

第25行的這句話是以火星與其他行星相遇爲占，同篇34行下"【辰星】[①]與它星遇而斲（鬭），天下大乳（亂）"則是以水星與他星相遇而鬭爲占。按照傳世星占類文獻的分類原則，它們都屬"五星相犯占"類。二者文獻性質相同，辭例也很接近，因此我們可以推測第25行下所缺失的内容很可能和第34行下一樣也包含有"鬭""天下"等文字。原始圖版二七一頁"帛書帛畫殘片—3"上就有以下兩塊位置鄰近的殘片（第一塊殘片原誤裱倒）：

《集成》各篇整理圖版皆未收録這兩塊殘片。從文字風格看，兩塊殘片均應屬《五星占》。第一塊殘片上的第一個字寫作""，對比本篇"斲"字寫作""（星34.33）、""（星65.38）等形，可知也應釋作"斲"。第二個字是"天"字。我們認爲這兩塊殘片可以拼綴成以下新殘片，並綴入第25行。相關圖版如下：

新殘片

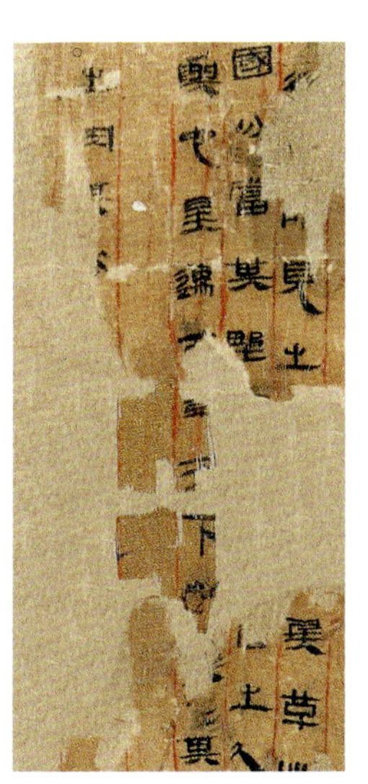

綴合後圖版

---

① "辰星"二字原缺，此從任達先生意見擬補，詳見任達《馬王堆帛書〈五星占〉研究》，吉林大學博士學位論文（指導教師：馮勝君），2020年9月，第132頁。

"其與它星遇而25上【□□□□】□"中的最末一字原帛圖版寫作"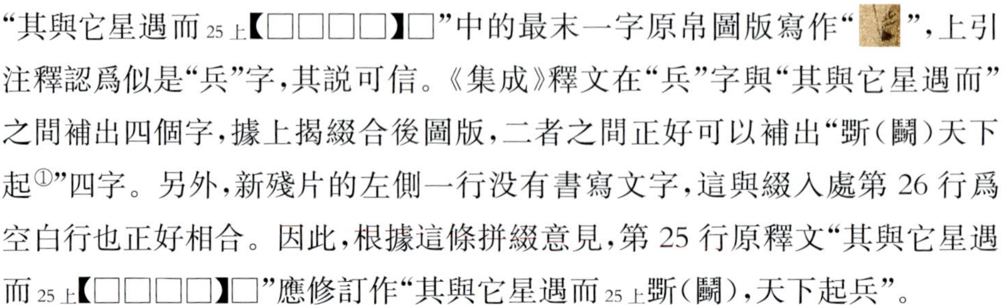",上引注釋認爲似是"兵"字,其説可信。《集成》釋文在"兵"字與"其與它星遇而"之間補出四個字,據上揭綴合後圖版,二者之間正好可以補出"斲(鬭)天下起[①]"四字。另外,新殘片的左側一行没有書寫文字,這與綴入處第26行爲空白行也正好相合。因此,根據這條拼綴意見,第25行原釋文"其與它星遇而25上【□□□□】□"應修訂作"其與它星遇而25上斲(鬭),天下起兵"。

第五節　利用帛片的形態特徵拼綴帛書

研究綴合的學者,不僅要研究文字,也要研究文字所依附的材料載體及其形態,這是古文字學者的共識。帛書的形態特徵,是指其外在呈現出來的所有物理性特徵。如果進行類比的話,大致相當於甲骨學界對"甲骨形態學"的定義和描述。[②] 我們認爲,帛片的形態特徵包括但不限於形狀、顔色、纖維、經緯、斷邊、欄綫(主要包括横、縱兩向和朱、黑兩色)、書寫空行、留白、字間距、行距、天頭地脚、叠印痕迹、墨點、污痕、紋路,等等。總之,帛片上的一切非文字信息都可以稱爲形態特徵。

在拼綴帛書的過程中,我們常常有這樣的體會:有時候文字内容(也即本章前四節討論和涉及者)無法直接用作拼綴的綫索,或者説其指向性、證據性不强,但是如果我們轉而尋求帛片形態上的某個或某些限定性、特異性特徵,往往可以極大地縮小拼綴範圍,進而導向最終的綴合。

利用帛片的形態特徵拼綴帛書,需要我們瞭解和熟悉各篇帛書的形制。只有這樣,在面對某些具有區别性特徵的帛片時,才能更準確地判斷其所屬篇目或大致的拼綴範圍。舉例來説,帛書《天文氣象雜占》全篇共有32片帛頁,其中只有頁3上與頁14上有多條自上而下的雙層平行竪綫(頁3上與頁14上是反印關係),十分特别。陳松長先生認爲這些竪綫是帛書的污痕,稱之爲"水

① 從帛書照片看,此字下半部分覆蓋有另外一小塊殘片,應剔除。該字右半部分和左半部分最上方殘存的筆畫都與"起"字相合,從上下文文意來看,釋作"起"字也十分合適。

② 黄天樹《甲骨形態學》,《甲骨拼合集》附録三,學苑出版社,2010年8月,第514頁。

流紋”，並據此成功拼綴了幾塊具有相同特徵的無字殘片。[①] 這就是利用帛片的形態特徵拼綴帛書很好的例子。下面再舉幾個帛書醫書拼綴的例子。[②]

帛書《五十二病方》55 號殘片如下：

《集成》釋作“病□|熘□|以”。“熘”字之下一字殘損嚴重，未能釋出，無法提供更多字形上的拼綴信息。我們轉而注意到，該殘片上部有大量空白，應是位於帛書的最上端，也即某塊帛頁上的行首位置，這大大縮小了拼綴範圍。根據這一綫索，可以確定該殘片應綴入本篇第 397—399 行。綴合後圖版如下所示：

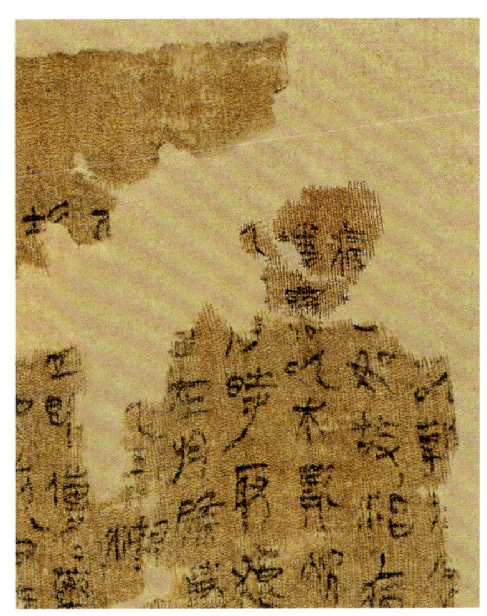

① 陳松長、劉紹剛、王樹金《帛書〈天文氣象雜占〉釋文再補》，《出土文獻研究》第八輯，上海古籍出版社，2007 年 11 月，第 44 頁。不過這些豎綫是否是帛書的污痕，還值得進一步研究。

② 需要特別指出的是，本節要討論的拼綴，尤其是那些没有字形、文意可以驗證，或者説驗證性較弱者，相比前幾節所列的拼綴意見，其可靠性是有所下降的。因此嚴格來説，以下拼綴有的只能稱爲試綴，留待日後更多的驗證。不過爲了讓大家更好地體會本節所論，我們仍打算將這些綴合意見寫出來，供大家參考。

根據上揭綴合後圖版，第 397 行行首擬補的“病”字可徑釋，其下“巳”字筆畫也能相合。第 398 行“礜”字筆畫也十分密合。“礜”即礦物礜石，馬王堆醫書中十分常見（例如本篇第 60 行“冶礜與橐莫”、第 360 行“燔礜”等）。值得注意的是，行首“燔礜”二字之上並無起提示“又方”作用的符號“一”，因此我們傾向於認爲第 398 行的文字内容與第 397 行應同屬一個病方。另外，第 399 行“時取狼牙根”之前應補“以□月”三字。

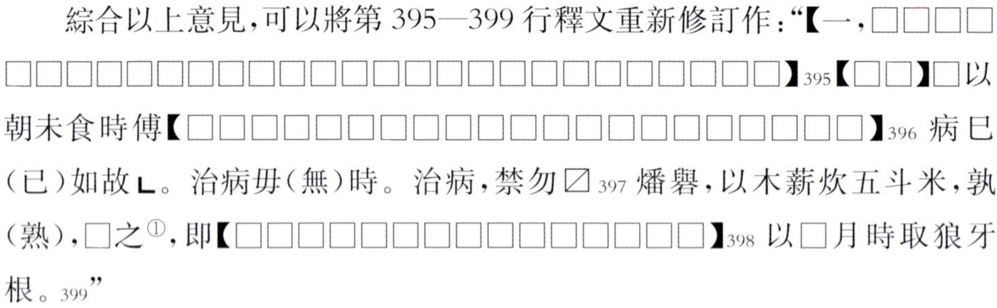

綜合以上意見，可以將第 395—399 行釋文重新修訂作：“【一，□□□□□□□□□□□□□□□□□□□□□□□□□□□□□】395【□□】□以朝未食時傅【□□□□□□□□□□□□□□□□□□□□□】396 病巳（已）如故ㄴ。治病毋（無）時。治病，禁勿〼397 燔礜，以木薪炊五斗米，孰（熟），□之①，即【□□□□□□□□□□□□□□□】398 以□月時取狼牙根。399”

再來看另外一個例子。

原始圖版二八一頁“帛書帛畫殘片—13”右側裱有以下兩塊殘片：

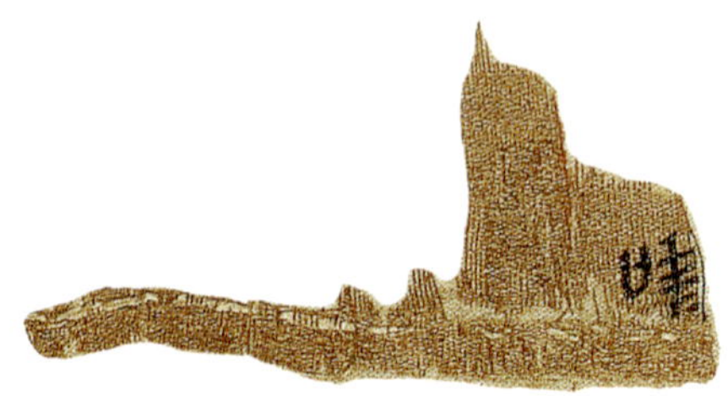

《集成》各篇整理圖版皆未收録這兩塊殘片，其中第一塊殘片原誤裱倒，現已翻正。二者各存有一字，分别是“前”“𣈅”。從文字風格看，它們都應屬於《房内記》。如果只根據以上這些信息，仍無法確定其準確的綴入位置。不過我們注意到，第一塊殘片上没有朱絲欄，而第二塊殘片上朱絲欄也已至末端，而且下方邊緣比較整齊。據此關鍵性特徵，可以判斷這兩塊殘片應一併綴入《房内記》第 22—26 行行末，試看綴合後圖版：

① 此“之”字原帛寫作“ ”，疑應改釋爲“止”。

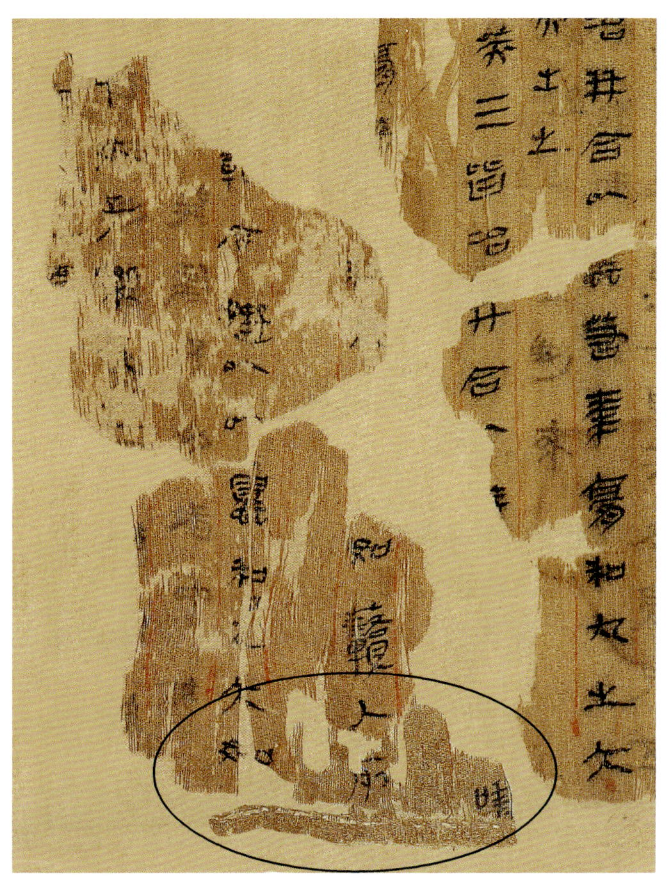

這兩塊殘片的左側是空白行，綴入處第 23、25 行正好也都是空白行。根據以上綴合意見，第 22—23 行釋文中的"以棗【膏】□□□22 前，知而出之"應修訂作"以疏【繒/布裹以】嗛 22 前，[1]知而出之"。第 24—25 行釋文中的"以棗膏和，丸【之，大】如蘏（蘏），入□□□24□如孰（熟）食頃，即□□□□□□□□□庳中"應修訂作"以棗膏□【□】和，丸【之，大】如蘏（蘏），

① "疏【繒裹以】"等字的釋讀、擬補從劉建民先生意見，詳見劉建民《讀馬王堆古醫書札記（五則）》，《簡帛》第十三輯，上海古籍出版社，2016 年 11 月，第 185—186 頁。不過擬補的"繒"字也有可能是"布"字，《養生方》第 45—46 行"裹以疏布，入中"，辭例即與之相近。

入前₂₄中，如孰（熟）食頃，即☐₂₅”。[①] 由於這兩塊殘片都綴在行末，22/23、24/25 上下行語句銜接連貫，文意也十分通順，因此我們作出以上拼綴。

最後再來看帛書《養生方》的一例試綴。

原始圖版二七二頁“帛書帛畫殘片—4”左側裱有以下兩塊殘片：

《集成》整理圖版收録有第一塊殘片（也即《養生方》82 號殘片），而漏收了第二塊殘片。第一塊殘片和第二塊殘片原始位置相鄰，文字内容、保存狀況也都比較接近，且左側一行同爲空白行，二者的關係應該比較密切。我們注意到第二塊殘片上“女子”二字之間及左側位置有紅色顏料染過的淺淡痕迹。根據陳劍先生的研究，《房内記》頁 4（也即《集成》第貳册一三一頁）與《養生方》頁 5（也即《集成》第貳册一一二頁）有滲印關係，[②]因此《養生方》全篇只有頁 5 有可能印有《房内記》上的朱絲欄。據此，沾染有紅色印迹的第二塊殘片只能歸屬於《養生方》頁 5。再結合第一塊殘片和第二塊殘片的形狀、色澤來看，我們認爲它們應一併綴入《養生方》第 57—58 行[③]，綴合後圖版如下所示：

---

① 《集成》整理圖版上此處有一塊“令庫中|暴乾”殘片，我們已將其改綴至帛書《養生方》第 47—48 行行末，詳見第五章第 106 則。

② 陳劍《馬王堆帛書“印文”、空白頁和襯頁及折叠情況綜述》，湖南省博物館編《紀念馬王堆漢墓發掘四十週年國際學術研討會論文集》，嶽麓書社，2016 年 10 月，第 311—312 頁。

③ 此爲調整後的新行號，與《集成》整理圖版的行號有所不同。另外，劉建民先生認爲殘片 1（也即《養生方》82 號殘片）應遥綴在本篇第 19—20 行行末，可與第 20 行行首的“力善行”連讀爲“男子益力善行”，詳見劉建民《馬王堆漢墓醫書〈養生方〉綴合五則》，《江漢考古》2018 年第 3 期。我們的綴合意見與之不同。

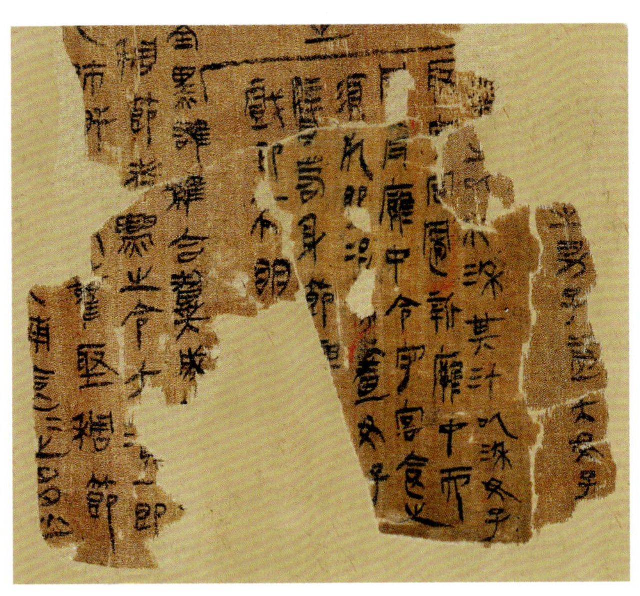

綴入處左側有一增益病方，係本篇書手抄完全篇之後附録補抄於此。此增益病方所在的大塊帛片其右側顔色更深，上面有紅色顔料沾染的痕迹，這與兩塊殘片的特徵都相合。更重要的是，拼綴處帛片斷裂邊緣的形狀極爲密合。另外，《養生方》頁 8（也即《集成》第貳册一一五頁）第 117—120 行原有一塊帛片，其上文字爲"取汁置籥中壯□｜以豬膏大如手令逢｜小節弗欲洶之"，上引陳劍先生文章已將其改綴至頁 5 右上角。綜合陳劍先生的改綴意見和我們上述補綴意見，頁 5 新編爲第 57—58 行者其釋文可重訂作："以豬膏大如手，令逢（蜂）▨之，男子益大，女子□57 小，節（即）弗欲，洶（洗）之。58"第 57 行與第 58 行連接處"大""小"二字意義相關，文句銜接亦頗連貫。這也側面證明了以上試綴意見有其合理性。至於該綴合意見是否一定可信，我們不敢言必，記此備參。

第四章　馬王堆帛書綴合需要注意的幾個問題

第一節　充分重視舊著録圖版和原整理者的綴合成果

在無法接觸到帛書實物的情況下，帛書拼綴只能依靠現已發表的各種著録圖版。根據本書第一章第一節對帛書整理情況的概述，現可供參考使用的各種帛書著録圖版主要有《馬[壹]》《馬[叁]》《馬[肆]》等書著録的黑白圖版、湘博本剪貼圖版、《集成》整理圖版和原始圖版等。除這三種之外，還有《馬王堆漢墓文物》《馬王堆帛書藝術》《馬王堆帛書〈周易〉經傳校讀》《馬王堆帛書〈刑德〉研究論稿》等一些圖書著録的照片也可參考。不過由於這些圖書著録的篇目不是很完備，已著録的篇目有些只是發表部分照片，而且清晰程度也不及後出的《集成》高清彩色照片，因此本書主要參考的仍是前面所述的三種著録圖版。

絶大多數情況下，後出的彩色高清圖版包含的信息遠比舊著録的黑白照片更豐富，可以爲帛書拼綴提供更多的綫索和依據。不過由於帛書出土年代久遠，保存狀況不佳，少數帛片在高清彩色圖版中早已漫漶不清，反而在舊著録的黑白圖版中更清晰。這樣的例子在馬王堆帛書中雖然不是很多，但其絶對數量不少。針對這種情況，《集成》整理者大多是將更清晰的黑白照片附録在注釋中，並加以文字説明。這提示我們，現存的各種著録圖版各有短長，拼綴帛書時應對比、參照使用，不可偏廢。總之，在拼綴帛書時，應充分重視各種舊著録圖版和原整理者的拼綴成果，儘量避免以不誤爲誤。

本書第一章第三節指出，湘博本早已收録帛書《戰國縱横家書》的幾塊殘片，但《集成》整理者因未參照湘博本而導致漏收。這正是由於未重視舊著録圖版而造成的疏忽。除殘片漏收以外，不重視舊著録圖版還會造成殘片漏綴。一些殘片在舊著録圖版中已被正確拼綴上，但是《集成》整理圖版却未加以吸收反映。例如帛書《老子》甲本第 29—32 行相關圖版如下：

《馬[壹]》圖版

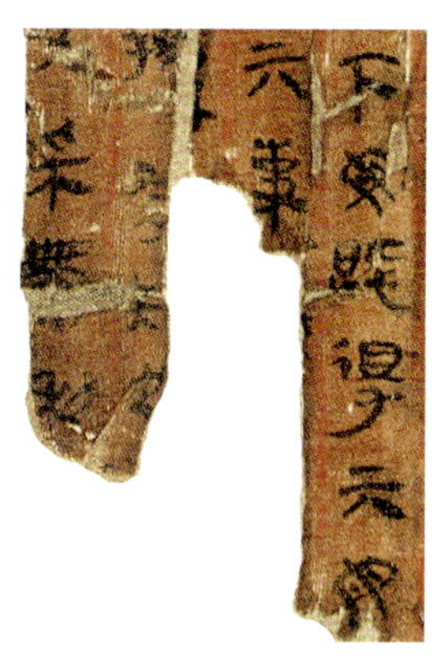
《集成》整理圖版

兩相對比可知，《集成》整理圖版中漏綴了"終身"二字所在的那塊殘片，很可能是《集成》整理者重新剪貼時由於疏忽將其漏掉了，應據原整理者意見補綴。

帛書《春秋事語》20、57 號殘片也是同樣的情況，試看相關圖版：

20 號殘片

57 號殘片

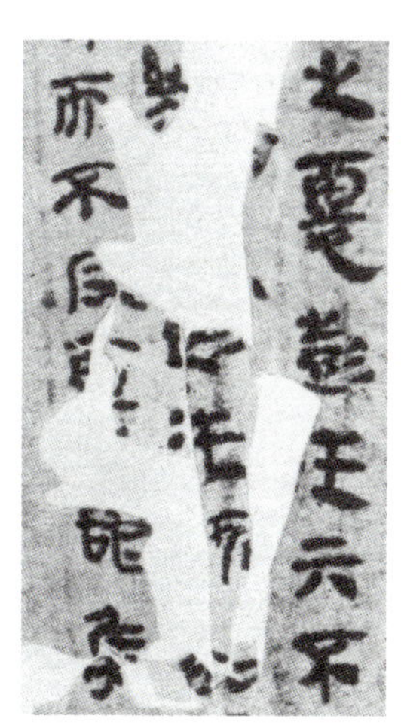
第 95—97 行

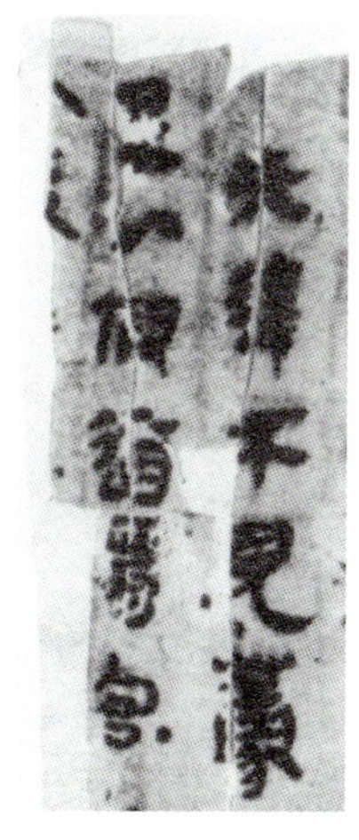
第 50—52 行

20 號殘片係誤裱反，應水平鏡像翻正，其上文字可釋作“彭生而”。核舊著録圖版，帛書原整理者早已正確地將這兩塊殘片分别拼綴在本篇第 96 行、第 51—52 行。由於未重視帛書的舊著録圖版和原整理者的拼綴成果，《集成》整理圖版漏綴了這兩塊殘片，應據此補綴。①

除漏綴以外，有時候還會造成帛片的誤剪。例如《春秋事語》第 28—29 行有一塊殘片，該殘片與同篇 24 號殘片共同裝裱在原始圖版三七頁“春秋事語—2”，二者原本同屬一塊帛片(即下揭新殘片)：

第 28—29 行殘片

24 號殘片

新殘片

試對比相關圖版如下：

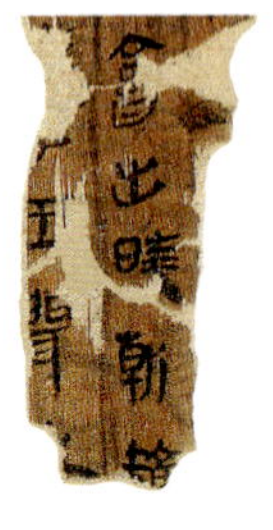

《集成》整理圖版

《馬[叁]》整理圖版

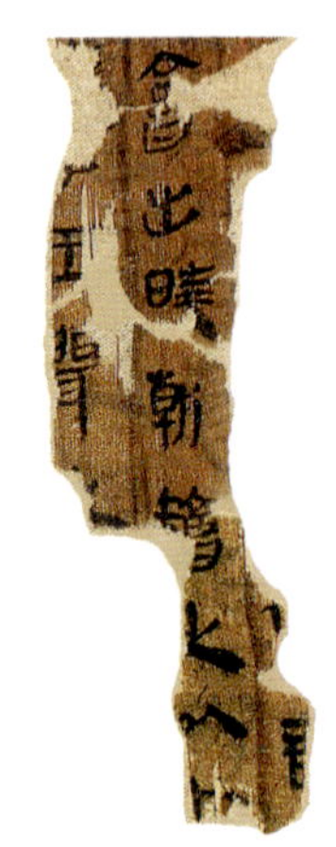
重綴圖版

① 周波先生也已指出 57 號殘片應從帛書原整理者意見拼綴，參見周波《〈長沙馬王堆漢墓簡帛集成〉校讀札記》，《上古漢語研究》第二輯，商務印書館，2018 年 6 月，第 47 頁。

帛書原整理者早在《馬[叁]》一書中就已正確拼綴，《集成》整理者反而以不誤爲誤，將這塊殘片誤剪爲二，並向下移動約兩個字的位置。據此，《集成》整理圖版應從帛書原整理者意見重綴。

由於出土時間久遠、保存狀況不佳，有些殘片上的文字早已漫漶不清，可用的拼綴綫索也隨之湮滅。如果能充分利用過去著録的更清晰的照片，獲取更多的拼綴信息，往往會給帛書拼綴帶來一定的幫助。下面舉一個這樣的例子。

帛書《養生方》130 號殘片如下：

《集成》收録殘片

《馬[肆]》收録殘片

該殘片上的文字現已漫漶不清，《集成》釋作"□□去|□□□"。據更清晰的黑白照片，其上文字可重新釋作"有頃去|□□巳(已)矣"。補釋出"有頃"二字之後，我們認爲該殘片應綴入《養生方》第 96—97 行，相關圖版對比如下：

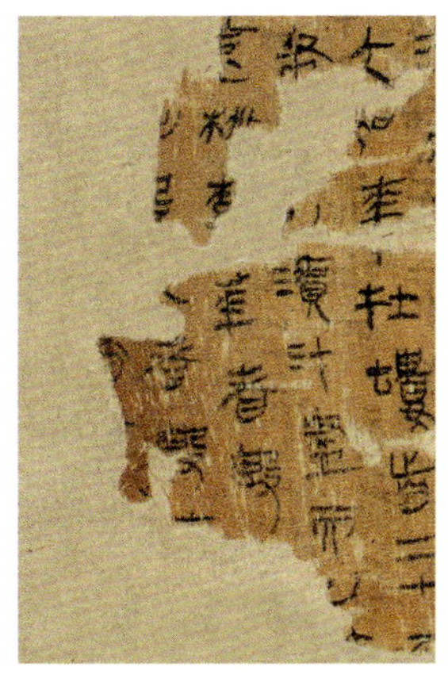

《集成》整理圖版

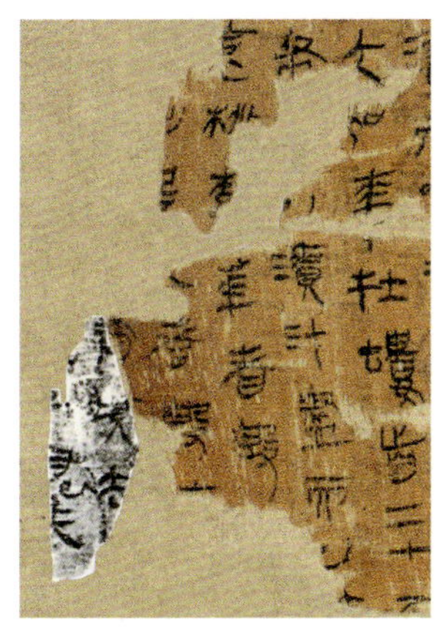

綴合後圖版

《集成》整理圖版中第96行“有□”二字的正下方裱有一小塊殘片，係誤粘於此，應從中剔除。剔除後，將130號殘片綴入此處，第96行“有”“頃”二字筆畫都很密合。拼接處帛片的邊緣十分規整，形狀也極爲吻合。另外值得一提的是，該殘片最左側一行有一“巳（已）”字，係以小字補寫在旁邊的空隙處。“巳（已）”字之下一字仍殘存有右半部分筆畫，我們認爲應釋作“矣”。“巳（已）矣”的說法常見於帛書醫書病方的末尾，如《五十二病方》第56行“取其靡（磨）如麋（糜）者，以傅犬所齧者，巳（已）矣”、第388—389行“勿盡傅，圜一寸。乾，復傅之，而以湯洒去藥，巳（已）矣”。如果此字釋作“矣”不誤，我們推測很可能此方至此已經抄寫結束。這和綴入處正下方第96行“以巾抏牝馬㲉”等字左側爲一空白行正好相合（見《集成》第貳册一一四頁）。這也可看作是我們上述拼綴意見的一個旁證。

第二節　優先考慮裱於同版册頁的帛片之間的關係

帛書裝裱往往能够忠實地反映各帛片的位置，因此現裝裱於同一版的帛片往往有着更爲密切的關係。《集成》原始圖版全彩色印刷，十分清晰，最大程度地保留了帛書裝裱時的位置信息，有利於我們準確判斷同版帛片之間的關係。這也正是陳劍先生提出“現裝裱於同一大幅的，儘量先在本幅内尋找拼綴綫索，其次是相鄰的幾幅”“現集中裝裱於殘片的，大部分也可以看出其原本相鄰的關係，應首先注意在本幅中、本幅殘片主要所屬篇目中尋找拼綴綫索”等説法的原因所在。[①]

從我們的拼綴實踐來看，現裱於同一版的帛片之間的關係主要有兩種：一種是鄰近關係，一種是反印關係。

① 陳劍《簡帛古書拼綴雜談》，復旦大學出土文獻與古文字研究中心講座，復旦大學，2010年6月28日。

先來看第一種情況。裝裱於同一版的帛片之間有可能是鄰近關係，這提示我們：如果某塊殘片未能拼綴上，儘量先去查找、覆覈裝裱的原始圖版，很有可能在上面可以找到與之直接拼綴的帛片。本書第二章第二節、第三章第一節在討論《繫辭》至《昭力》卷 14、36 和 74 號殘片的拼綴時，都曾特别指出它們與各自綴入的大塊帛片裱於同版、原始位置相近，就是很好的證明。下面我們再舉帛書《導引圖》和《天文氣象雜占》的兩例拼綴，藉此加深大家對這種現象的認識。

帛書《導引圖》4 號（軀幹）殘片如下：

《集成》注釋指出，該殘片上畫的當是藍色長服。其右邊有題記殘字五個，殘缺嚴重，難以釋讀。現存的圖中没有符合此條件的圖。[①] 按，該殘片裝裱在原始圖版二八七頁“帛書帛畫殘片—19”左側，在同版的最右側又裱有以下一塊長條形殘片（原誤裱倒）：

---

① 湖南省博物館、復旦大學出土文獻與古文字研究中心編纂，裘錫圭主編《長沙馬王堆漢墓簡帛集成（陸）》，中華書局，2014 年 6 月，第 32 頁。

長條形殘片　　新殘片

《集成》各篇整理圖版皆未收録該殘片。我們認爲它可以與 4 號(軀幹)殘片拼合成上揭新殘片,再一併綴入本篇圖 4,試對比綴合後圖版和復原圖:①

① 該復原圖出自《馬王堆漢墓帛書 導引圖》一書中的《馬王堆三號漢墓出土導引圖復原圖》(原大彩色摹本),此徑引自湖南省博物館、復旦大學出土文獻與古文字研究中心編纂,裘錫圭主編《長沙馬王堆漢墓簡帛集成(陸)》,中華書局,2014 年 6 月,第 17 頁。題記文字的摹本係廣瀨薰雄先生爲本篇釋文注釋撰寫修訂稿時所製。

綴合後圖版

復原圖

人形上身及左臂的藍色衣物正好可以補足，這與復原圖幾乎完全相同。據綴合後圖版可知，該圖原已缺失的題記位於人形腋下。《集成》注釋認爲該題記殘有五字，我們認爲實際上只有四個字。下面就其字形分别加以説明。

第一個字寫作“”（摹本作“”），對比本篇“引”字寫作“”（圖23“引䣙痛”）、“”（圖37“坐引八維”）等形可知，此字也應釋作“引”。第二個字寫作“”（摹本作“”），字形雖已較漫漶，但據整體輪廓不難判斷應是“目”字。第三個字寫作“”（摹本作“”），左半爲“文”旁，右半爲“攴”旁（摹本有少量筆畫漏摹），我們認爲應釋作“效”。“效”字本从“交”，此形却寫作从“文”，應看作形訛。秦至西漢早期文字中，“交”“文”二字字形相近，因此有時候“交”或从“交”之字會訛寫作“文”。帛書《刑德》乙篇第65行：“月交軍（暈），一黄一赤，亓（其）國白衣受地，名城也。月交軍（暈），盡赤，二主遇，起兵，既日爲疾。”其中第一個“交”字寫作“”（刑乙65.9），而第二個“交”字寫作“”（刑乙65.25），已誤作“文”形。[①] 最近公布的北京

① 此例蒙聶菲先生提示。

大學藏秦簡《教女》篇 60 號簡“效人不出”的“效”字寫作“”，[1]左半的“交”旁也訛寫作“文”形，與《導引圖》此字的寫法相同。第四個字寫作“”（摹本作“”），由於右半部分漫漶嚴重，無法辨認，暫無法摹出。我們認爲此字很有可能應釋作“射”，馬王堆帛書中“射”字寫作“”（射 6.4）、“”（射 12.10）等形，可與之對比參看。

如果上述釋字意見不誤的話，那麽此圖的題記文字可釋作“引目，效射”，“效”即仿效、效仿之義，其内容正好與圖像中人形兩臂平肩作拉弓射箭之狀相合。另外，張家山漢簡《引書》90 號簡有“引目痛”，[2]不過其導引動作與帛書的圖像、文字都有較大差異，可參考。

下面再來看一個帛書《天文氣象雜占》的例子。

原始圖版三〇三頁“帛書帛畫殘片—35”裝裱有以下兩塊殘片：

這兩塊殘片同裱一版，其文字風格、保存狀況、外在形態等都十分接近，二者關係應該比較密切。第一塊殘片現已被綴入帛書《天文氣象雜占》後半幅末段的第 2 列，[3]我們認爲第二塊殘片（《集成》各篇整理圖版皆未收録）應補綴在第一塊殘片的右側，試看綴合後圖版：

---

① 北京大學出土文獻與古代文明研究所編《北京大學藏秦簡牘（壹）》，上海古籍出版社，2023 年 4 月，第 28 頁。

② 張家山二四七號漢墓竹簡整理小組編著《張家山漢墓竹簡〔二四七號墓〕》，文物出版社，2001 年 11 月，第 297 頁。

③ 由於該殘片有皺縮變形，因此其綴入《集成》整理圖版中位置並不十分準確。我們重綴時已將該殘片稍向左移動，並與下方的帛片相接，參見下附綴合後圖版。

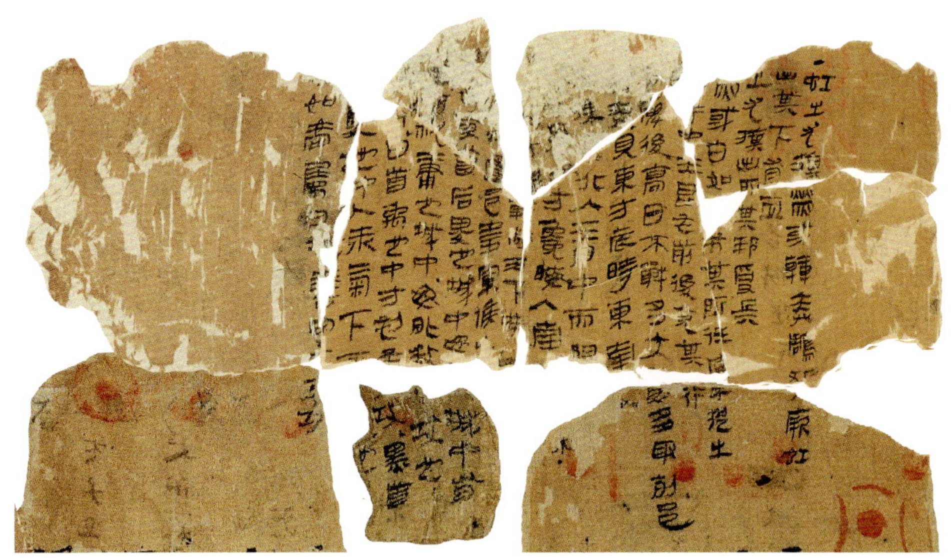

第6行“庳”、第11行“圍”、第12行“首”、第13行“祝”等字筆畫都十分密合，殘片撕裂的形狀也相合，因此將這兩塊殘片共同綴入此處是十分合適的。據此綴合意見，相關釋文可作相應修訂，下面分别説明：第7行“見東方”之上一字寫作“”，對比上文第1行“韓弈”的“弈”字寫作“”，可知此字也應釋作“弈”。其上缺文很可能也是“韓”字，“韓弈”的具體含義存疑待考。第11行“邑韋（圍）軍侯”前一字寫作“”，應釋作“圍”。第12行“后旻（稷）也”之上一字，《集成》釋作“首”，並標問號表示疑問。據綴合後圖版，這個字寫作“”，爲“首”字無疑。“首”字之上一字寫作“”，據其殘形及文例可定爲表顏色之“黄”字。第13行“祝庸（融）”之上二字殘損嚴重，其反印文（位於本篇第4列第4條占辭右上方）分别寫作“”“”，應釋作“赤首”，與“黄首”“黑首”相對。另外，第16行原釋文作“□如鹿屬日，□善□□□”。“善”字之前一字寫作“”，反印文作“”，應釋作“城”。“善”字之後一字原未釋，《集成》注釋引陳劍先生意見疑釋爲“包”。按，該字寫作“”，其形與“包”字不合，應釋作“守”，整句話可重訂作“□如鹿屬日，城善守，不可攻【ㄴ】”。①

第二種情況，裱於同版的帛片之間有可能是反印關係。裱於同版的帛片，如果其保存狀況、外在形態十分接近，尤其是形狀比較一致者，很有可能具有反印關係，需要特別留意。下面就以帛書《養生方》的兩處拼綴爲例説明。

原始圖版二九一頁“帛書帛畫殘片—23”左上方裝裱有以下兩塊殘片：

第一塊殘片《集成》各篇整理圖版皆未收録，第二塊殘片則被《養生方》收録爲 163 號殘片。細審這兩塊殘片，第一塊殘片“中”字下方反印有“煮”字，第二塊殘片“煮”字上方反印有“中”字（見上引圖版圈出部分）。它們原始裝裱位置相近，殘損形狀也很一致，顯然是互相反印的關係。因此第一塊殘片也應歸入《養生方》。該殘片首行爲“□中”二字，從上下文字間距來看，“中”字之下已無其他文字，可知其原屬位置只有兩種可能：一種是位於正文某病方的結尾處；一種是屬於目録頁中的某病方標題。循此考慮，我們認爲第一塊殘片應綴入該篇目録頁“治力”標題的左側，綴合後圖版如下所示：②

① 此條占辭至此已完結，因此“可攻”二字之後很可能還抄寫有“ㄴ”。需要指出的是，此處《集成》整理圖版存在竄行的錯誤。據帛書高清照片，“可攻”二字所在帛片與其右側“黑首”諸字所在殘片並不具備直接拼綴的條件，我們認爲“可攻”二字與“如鹿屬日”等字應同屬一行，因此其右側殘片需相應地向右移動約一行的位置，可參看上揭綴合後圖版。

② 周波先生向我們指出，綴入殘片的最左側有一“一”形殘筆，其所在帛片可能屬他處粘連於此，或應剔除。從殘片的外在形態來看，其説有一定的道理。不過“一”形殘筆屬於“除中”之後的標題名的可能性並不能完全排除，因此綴合圖版暫不作剔除處理。

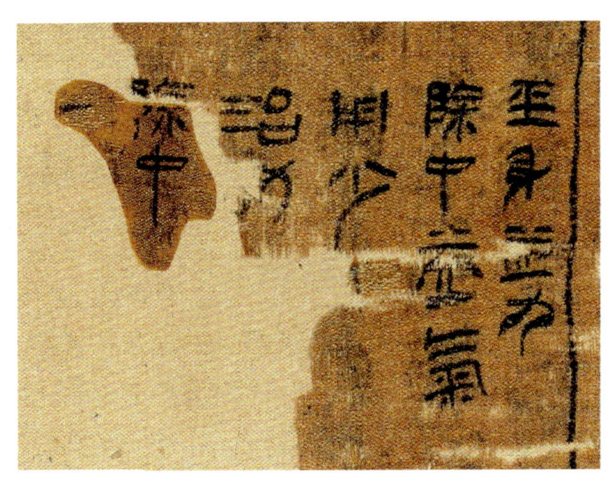

“治力”左側的標題名原已殘缺,《集成》釋作“□▨”,並在注釋中指出,首字據殘筆疑是“腹”字。① 劉建民先生對比相關字形,認爲該殘字並非“腹”字,而應改釋爲“除”。② 據上揭綴合後圖版,該字筆畫已補足作“ ”,可證其改釋意見可信。該殘片既已綴入,與之有反印關係的第二塊殘片位置也可確定,應綴入第162—163行。第163行釋文“爲醪ㄴ,細斬漆ㄴ、節各一斗,以水五【□□□□】浚(下略)”中“以水五”之下的缺文正好可以補釋爲第二塊殘片上的“□煮”二字,“以水五□煮【□□】浚(下略)”是説以水五升(或斗)煮某某藥物後浚(取其汁),③文意十分通順。綜上所述,帛書《養生方》目録應新增“除中”這一標題名。④

值得注意的是,原始圖版二八五頁“帛書帛畫殘片—17”左下方有以下一小塊殘片:

---

① 湖南省博物館、復旦大學出土文獻與古文字研究中心編纂,裘錫圭主編《長沙馬王堆簡帛集成(陸)》,中華書局,2014年6月,第37頁。

② 劉建民《馬王堆帛書〈養生方〉殘字考釋五則》,張勇安主編《醫療社會史研究》第二輯,中國社會科學出版社,2017年6月。

③ 第二塊殘片“煮”字上一字雖難以辨識,但從其位於第一塊殘片上的反印文來看,應爲“斗”或“升”字無疑。

④ 本篇已有“除中益氣”標題,此處又新增“除中”標題,似有重複之嫌。我們認爲這並不能構成上述綴合意見的反證。本篇標題名中既有“【不】起”,又有“老不起”,二者就十分接近。更有甚者,本篇目録頁第一列已有“治”標題,第三列又出現“治”標題。由此可見,本篇既有“除中益氣”標題,又有“除中”標題是完全可以成立的,很有可能只是這兩個標題的側重點不同而已。

《集成》各篇整理圖版皆未收録該殘片。從文字風格來看，它顯然應屬於《養生方》。其上文字可釋作"☐有|除中取☐"，"除中"二字之下爲"取"字，這提示我們，這塊殘片上的"除中"二字很可能就是正文中位於帛書天頭位置的病方標題，[①]這對我們以上綴合意見也是一個積極的證據。

再來看帛書《養生方》另一處帛片的調整。原始圖版二四五頁"養生方—9"右側裝裱有以下兩塊殘片：

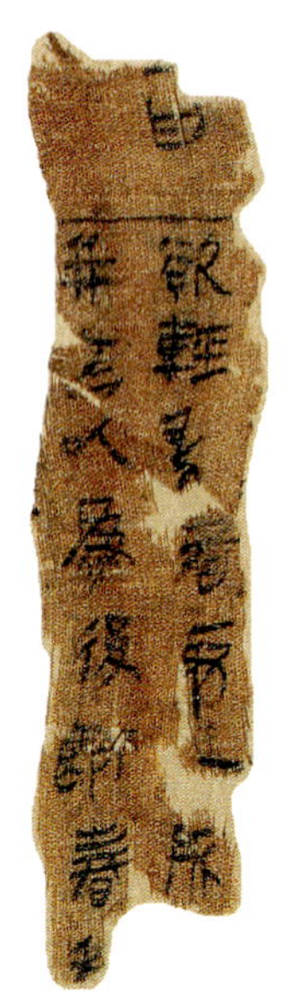

① 馬王堆醫書中正文多是先在帛書天頭位置抄寫病方標題名，緊接着再抄寫取某某藥物云云，帛書《養生方》第195行"疾行"即其例。因此這塊殘片很可能也與之相同，是正文中"除中"標題名所在的帛片。由於正文中的標題名多已殘失，我們只能根據目録頁與正文標題的對應關係，推知這塊殘片大致應綴入原編爲頁10者，但已無法確定綴入的準確位置。

這兩塊殘片裝裱時本就互相粘連，其保存情況、外在形態（色澤、形狀、界欄）等也都比較接近。仔細辨認高清照片可知，第一塊殘片上的“漬”“松”二字，第二塊殘片上的“後”“飯”二字，它們位於對方殘片上的反印文仍清晰可辨，因此二者是互相反印的關係。在《集成》整理圖版中，這兩塊殘片被分别放置在第 41—43 行、第 98—100 行。據帛書《養生方》各片帛頁的叠印關係，這兩處位置並不具備反印關係，因此必有誤綴。第一塊殘片界欄之上“曰”字左側有一殘字，顯係標題名“洒（洗）男”的“男”字（所从“力”旁尚存部分殘筆），將其放置在第 41—43 行正確無疑。因此，根據帛頁的反印關係可知，第二塊殘片應改綴至第 118—119 行，試對比相關圖版如下：

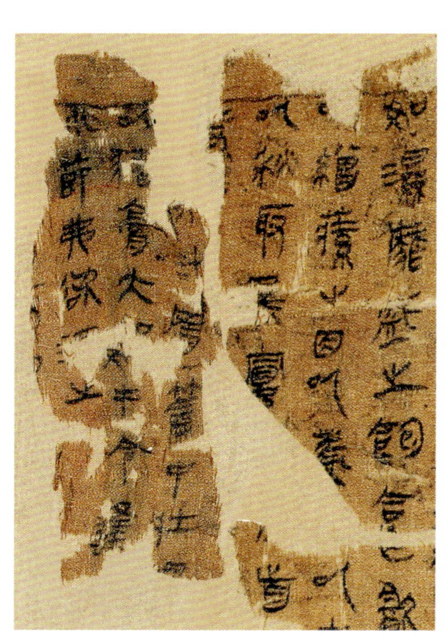

《集成》整理圖版

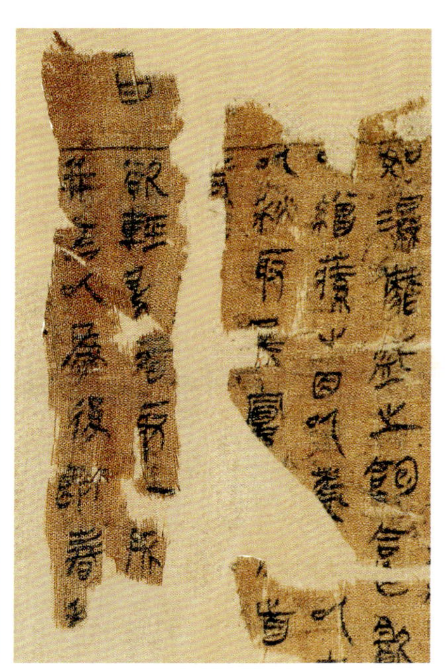

重綴後圖版

現綴入位置原有另一大塊帛片，其上文字爲“取汁置籥中壯□|以豬膏大如手令逢|小節弗欲洒之”，陳劍先生已將其改綴至第 59 行右側，①空缺出來的

① 陳劍《馬王堆帛書“印文”、空白頁和襯頁及折叠情況綜述》，湖南省博物館編《紀念馬王堆漢墓發掘四十週年國際學術研討會論文集》，嶽麓書社，2016 年 10 月，第 311—312 頁。

位置正好綴入上揭第二塊殘片。據此，第 118—119 行釋文應重訂作“一曰：欲輕身者，取人所□□□□□二升，莫[1]石二升，烏豙（喙）□□，淳（醇）曹（糟）四斗，善治，118 并合，以爲後飯，春秋〼 119”，第 118 行與第 119 行連接處語句通順、文意連貫，與之相近的文例在馬王堆醫書中十分常見。凡此皆可證上述改綴意見應可信。

第三節 重視對帛書折叠方式的復原和反印規律的認識

對於那些折叠式存放的帛書，復原其整體結構和折叠方式是帛書整理中十分重要的工作。[2] 一方面，殘碎帛片拼綴上的越多、越全，越能幫助確定各大塊帛頁之間的相對關係，這有利於帛書整體結構和折叠方式的復原。另一方面，如果能正確地復原出帛書的整體結構和折叠方式，反過來也可以幫助我們拼綴上更多的帛書殘片，或者發現過去整理上的一些問題和錯誤。二者本爲一體，是相輔相成的關係。因此，我們在拼綴帛書時，要充分重視對帛書折叠方式和反印關係的復原。

折叠式存放的帛書所形成的斷頁與其印文有其特有的規律，陳劍先生對此曾有很好的揭示：

> 凡以半幅帛抄寫並左右折叠而非卷軸式存放者，某幅帛的所有斷片數一般爲偶數。凡以整幅帛抄寫者，至少經過了一次左右折叠和一次上下折叠（次序可相反），則帛的所有斷片數一般爲 4 的倍數。
>
> 凡本爲左右相連的斷頁，一定只有一頁上有清晰的“反印文”，或者説折叠後只能有一頁是位於下方的；同樣，凡本爲上下相連的斷頁，也一定只有一頁上有清晰的“倒印文”，或者説折叠後只能有一頁是位於

---

① 據帛書高清照片，此字也有可能應改釋爲“與”，讀爲“礜”。

② 作卷軸裝存放的帛書其印文情況相對比較簡單，主要係滲印文，如帛書《春秋事語》等，因此本節只討論折叠式存放的帛書。

下方的。以上兩點表現，在將斷頁復原爲長卷後來看，即半幅帛有清晰反印文或者被反印的頁面，一定是相間出現的，作“1、3、5……”或“2、4、6……”的形式；整幅帛則一定作“1 上、2 下、3 上、4 下……”或“1 下、2 上、3 下、4 上……”的形式。①

如果某篇或某幅帛書的有關情況與以上規律不合，那麽其復原很有可能是有問題的。因此，正確地認識並重視這些規律，可以幫助我們發現過去帛書拼綴上的一些問題。上引陳劍先生文章對《療射工毒方》部分帛片的重新復原就是很好的例子。在此認識的基礎上，他全面討論了其他各篇帛書的折叠方式，並糾正了不少拼綴上的錯誤，讀者可詳細參考。本書第三章第二節曾指出《養生方》第 40 行和第 121 行的兩塊殘片係誤綴，其主要依據便是，這兩塊殘片上反印文的清晰程度與其綴入帛頁上反印文的清晰程度是相矛盾的，這也正是利用了上引陳劍先生指出的反印文規律。

除此之外，過去有學者指出，有反印文關係的互相叠壓在一起的帛片，往往殘損的形狀也是一致的。有叠壓關係的兩塊帛片，如果其中一片的某個位置缺少了另一片相對位置的部分帛片，那就很有可能在現存殘片裏找到本該拼入的相應那塊帛片。② 這在馬王堆帛書中是十分普遍的規律性現象。這條規律反過來也提示我們：有叠壓反印關係的兩塊帛片，如果其中一片的某個位置上多出了另一片相對位置所没有的帛片，尤其是當這些帛片多爲遥綴時，那麽它們的拼綴很有可能是有問題的，需要我們特别留意。

下面舉兩個利用帛書折叠、反印規律糾正《集成》整理圖版錯誤的例子。

《物則有形圖》左側有以下一塊帛片：

---

① 陳劍《馬王堆帛書“印文”、空白頁和襯頁及折叠情況綜述》，湖南省博物館編《紀念馬王堆漢墓發掘四十週年國際學術研討會論文集》，嶽麓書社，2016 年 10 月，第 274 頁。

② 郭永秉《馬王堆帛書〈戰國縱横家書〉整理瑣記（三題）》，《文史》2012 年第 2 輯。

該帛片裝裱在原始圖版二九七頁“帛書帛畫殘片—29”(原作倒置之形),《集成》整理者引陳劍先生意見將其綴入《物則有形圖》左側,並指出中間斷裂的地方正好位於整幅帛圖上下對折的折痕處,這是十分正確的意見。本篇整理説明指出,該帛圖上下對折一次,因此在上半部分能看到下半部分的一些反印文。[①] 根據這個折疊方式可知,該帛圖中折痕以下的下半部分是不可能出現清晰反印文的。而與此相矛盾的是,上揭帛片中位於下方的那塊殘片上却清晰地反印有上方殘片的“者以智”三字(見上揭圖版中圈出部分),[②]因

① 湖南省博物館、復旦大學出土文獻與古文字研究中心編纂,裘錫圭主編《長沙馬王堆漢墓簡帛集成(肆)》,中華書局,2014 年 6 月,第 217 頁。

② “者”字在原帛上仍殘有少量筆畫,《集成》未釋,此據反印文補釋。

此現有的復原意見必有誤。我們認爲這塊帛片中的上下兩塊殘片應互相調換位置，重綴作如下之形：[①]

據此，該帛圖赤色方框内側的文字可重訂如下：[②]

物則有刑（形）∟，物則有名∟，物則有言＝（言，言）則可言＝（言，言）有【所】□□□□【自】＝（自自）明∟，□□□□□者以智□□□當∟，

① 除反印文的證據外，在《集成》整理圖版中，左側紅色界欄位於上方者是單綫，而位於下方者已分離爲雙綫，二者是無法上下相接的，而重綴後圖版並不存在這個問題，這也可看作是我們作出以上調整的一個旁證。

② 缺文字數係據外側赤色方框的範圍大致擬補，可能與實際情況有出入。

分=(分分)誅(? 謀?)[1]□□□以智□□□□貝(實?)[2]□所歸。

《集成》釋文中“分”“當”二字連言,該篇整理者董珊先生曾引陳劍先生意見指出,“分”是《莊子》一書中常見的概念,後人注釋《莊子》“當分”“當其分”的説法數見,出現於此有其道理。[3] 今按,細審帛書高清照片,“當”“分”二字中間的偏右位置抄寫有一個句讀符“ㄴ”,仍清晰可辨,《集成》釋文漏釋。據此,我們認爲這句話應在“當”字下斷句,“當”字正與上文“明”字合韻。不過由於這部分内容殘缺文字較多,文意難明,暫存此待考。

下面再來看一個帛書《天文氣象雜占》的例子。

帛書《天文氣象雜占》共有32片帛頁。據陳劍先生研究,該篇的折叠方式爲先左右對折4次,再上下對折。有關印文情況如下表所示:[4]

16 上	15 上	14 上	13 上	12 上	11 上	10 上	9 上	8 上	7 上	6 上	5 上	4 上	3 上	2 上	1 上
16 下	15 下	14 下	13 下	12 下	11 下	10 下	9 下	8 下	7 下	6 下	5 下	4 下	3 下	2 下	1 下

這32片帛頁的反印關係爲:頁1上反印頁16上,頁15上反印頁2上……依此類推。其折叠方式爲馬王堆帛書中一般常見者。根據上引印文情況

[1] 此字左邊的“言”旁字形完整,右邊的偏旁部分筆畫殘失,從其左右兩邊偏旁的相對位置來看,釋作“謀”字的可能性很小。

[2] 此从“貝”之殘字的旁邊原粘連有一寫有“无”字的殘片(見原始圖版八四頁“物則有形圖”),陳松長先生最早將這塊“无”字殘片改綴至對頁與之有反印關係的位置(詳參看陳松長《馬王堆帛書“物則有形”圖初探》,《文物》2006年第6期),《集成》整理圖版從其説。今按,此調整意見的根據似嫌不足,該殘片或仍應放置在其原始位置。若此,所謂从“貝”之殘字筆畫可稍補足作“ ”,我們認爲應係寫法稍有簡省的“尊(尊)”字。帛書《老子》甲本卷後古佚書《五行》篇“尊(尊)”字或作“ ”(五 20.30)、“ ”(五 39.18)之形,寫法與之相同。不過此幅帛圖殘損嚴重,復原難度較大,我們的意見是否合乎事實尚無法肯定,暫録此備考。

[3] 董珊《馬王堆帛書“物則有形”圖與道家“應物”學説》,《文史》2012年第2輯。

[4] 此表轉引自陳劍《馬王堆帛書“印文”、空白頁和襯頁及折叠情況綜述》,湖南省博物館編《紀念馬王堆漢墓發掘四十週年國際學術研討會論文集》,嶽麓書社,2016年10月,第275頁。表格中有深色陰影者表示其上有清晰反印文。

表，頁 14 下與頁 3 下是互相反印的關係。上文已指出，具有疊印關係的兩片帛頁其殘損形狀往往比較一致。而與此規律相矛盾的是，本篇頁 3 下的上半部分帛片現已幾近全部缺失，而頁 14 下的上半部分却遥綴有以下五塊殘片：

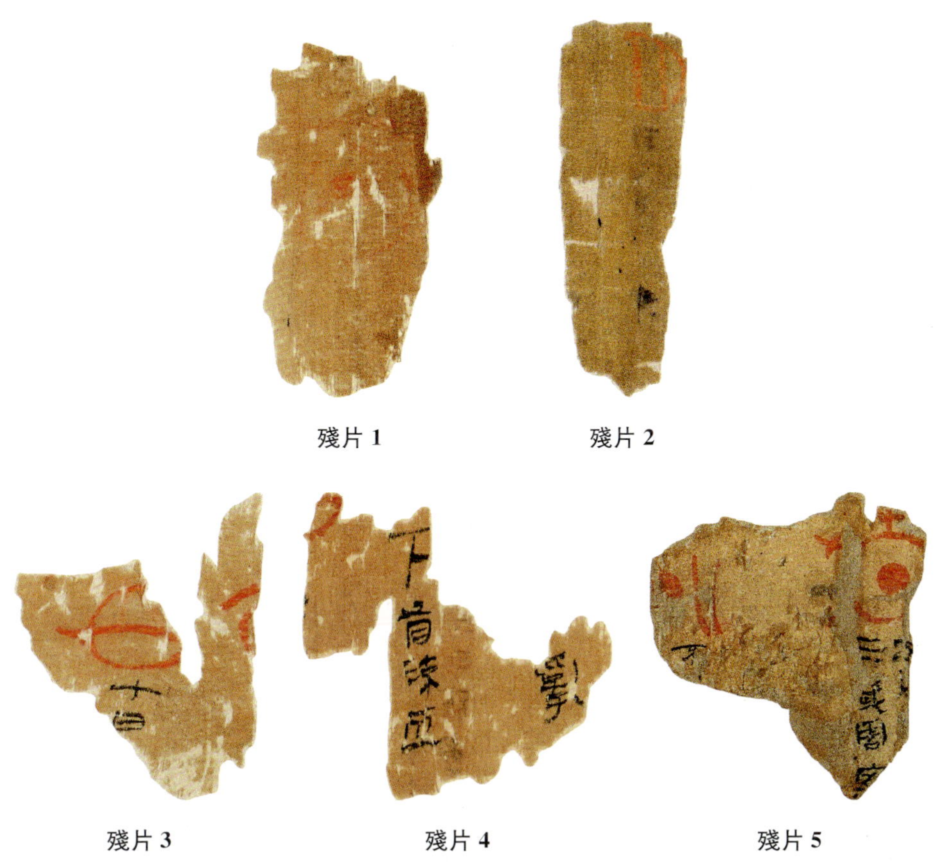

殘片 1　**殘片 2**

殘片 3　**殘片 4**　**殘片 5**

我們認爲以上五塊殘片放在現在的位置很有可能都是有問題的，下面分别説明。

殘片 1 和殘片 2 是無字殘片，但都有比較清晰的反印痕迹。頁 3 下與殘片 1 反印的位置帛片現已不存，因此將殘片 1 放在現在的位置並没有什麽根據。與殘片 2 反印的位置上是一塊寫有“邦又關任氏”的殘片，它原本裝裱在原始圖版二九六頁“帛書帛畫殘片—28”右下角，相關圖版如下：

頁 3 下“邦又關任氏”殘片

原始圖版殘片

細審殘片 2 上的反印痕迹，無論是圖像還是文字，與“邦又關任氏”殘片都不相同。這兩塊殘片並非反印關係，因此現有綴合也是有問題的。我們認爲上揭原始圖版殘片本就是一塊，不應將其拆分爲兩塊。因此，頁 3 下“邦又關任氏”殘片應改綴至頁 2 上第 3 列第 6 條占辭左側（見綴合圖 1），而殘片 2 的綴入位置暫無法確定。

殘片 3 和殘片 4 放在現在的位置也没有充分的理由。我們認爲，殘片 3 應改綴至頁 7 上與頁 8 上之間（見綴合圖 2），圖像正好可以補足；殘片 4 上有反印文，但比較模糊已難辨識，其綴入位置暫時無法確定。

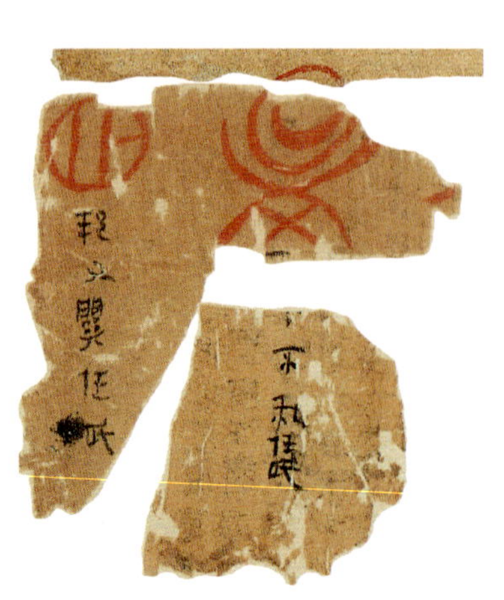

綴合圖 1

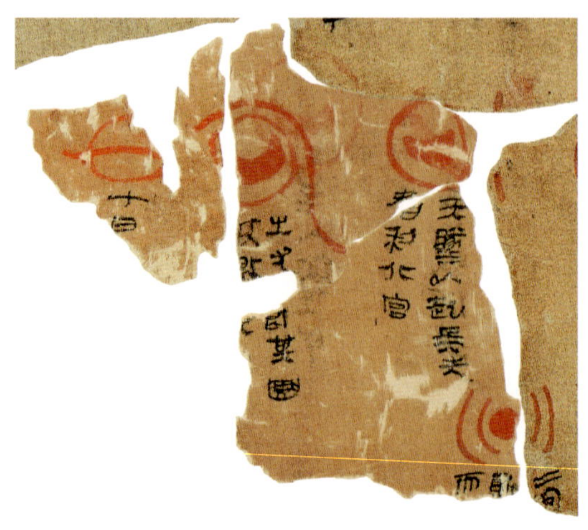

綴合圖 2

殘片 5 也應從現在的位置移走，下面先將有關殘片羅列如下：

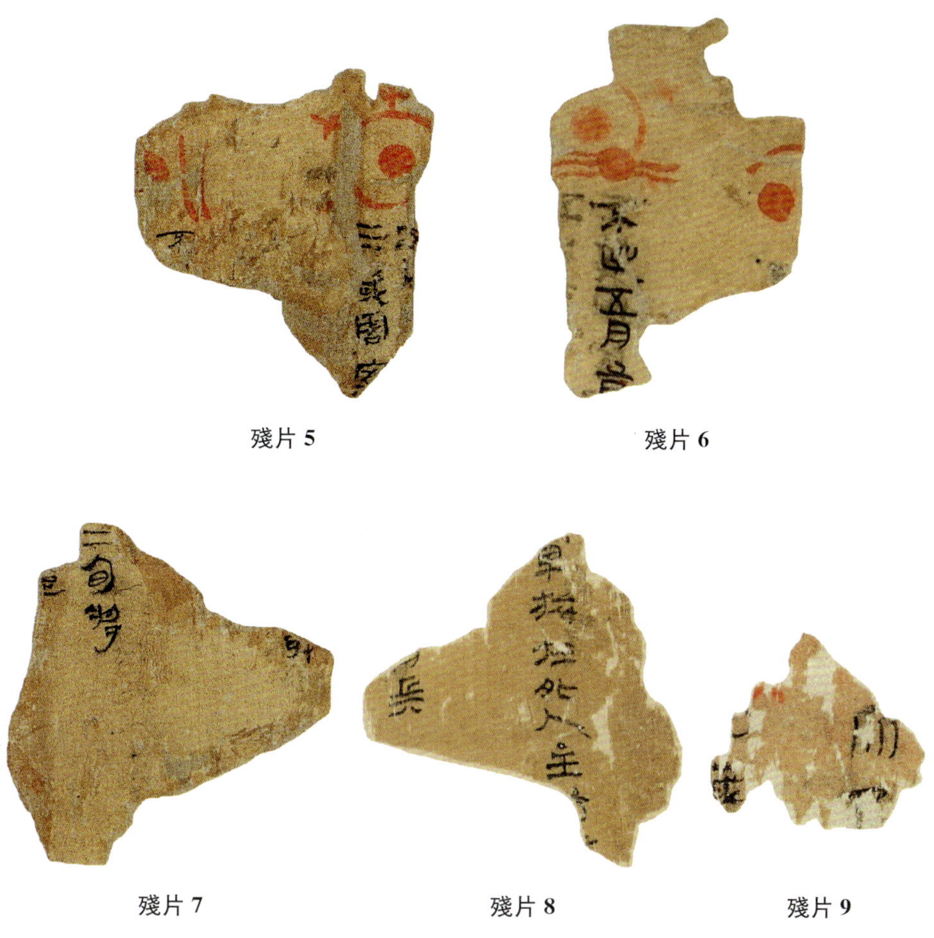

殘片 5　殘片 6

殘片 7　殘片 8　殘片 9

據帛書高清照片可知，殘片 5 與殘片 6 是互相反印的關係，殘片 6 的左上方反印有殘片 5 右側的圖像，十分清晰；殘片 7 與殘片 8 形狀對稱，反印文也仍可辨識，二者也是互相反印的關係。《集成》整理圖版已將殘片 6 與殘片 8 互相拼綴（第 4 列 19、20 條），因此殘片 5 與殘片 7（第 4 列 29 條）也應互相拼綴。我們認爲殘片 5 和殘片 7 拼綴後，還可加綴上殘片 9（第 4 列 16、17 條），綴合後圖版如下所示：

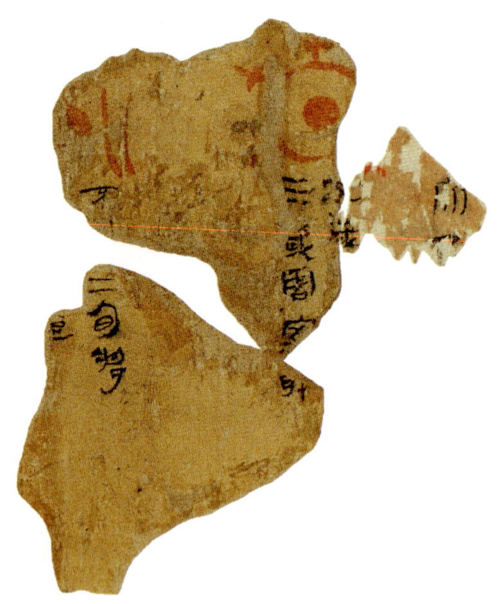

殘片 5 與殘片 9 拼合處的“五”[①]“歲”二字筆畫都很密合。除此之外，殘片 5 右上方圖像作日暈的圈形外沿均匀分布有五個“十”字之形，而殘片 9 上殘存的赤色筆畫正好就是其中一個“十”字形，可以補足該圖像。凡此皆可證以上拼綴意見應可信。據上舉綴合後圖版，其上三條占辭可分别重訂作“☒所[②]□☒”“五歲☒三歲，周室□[③]”“不【出】二旬，將☒□”。

上文已指出，殘片 6 + 殘片 8 與殘片 5 + 殘片 7 + 殘片 9 具有反印關係。《集成》整理圖版中，殘片 6 + 殘片 8 被綴在頁 6 下，而與之反印的位置（頁 11 下）已有其他帛片，[④]明顯没有空間容下殘片 5 + 殘片 7 + 殘片 9。另外，殘片 6 + 殘片 8 放在現在的位置本就没有十足的證據。因此我們認爲，殘片 6 +

① 此字在殘片 6 上的反印文清晰可辨，應釋作“五”。《集成》釋作“三”，不確。

② 此字暫從《集成》釋作“所”，其形與“所”字差别較大，存此待考。

③ 此字《集成》釋作“戰”，並標問號表示疑問。按，此字仍存大半，其形與“戰”字明顯不合，疑是“取”字，存疑待考。

④ 此處《集成》整理圖版上有一誤粘在此的“□丨得地”殘片，本書第五章第 045 則已將其改綴。即使將這塊殘片移走，此處仍然没有足够的位置容下殘片 5 + 殘片 7 + 殘片 9。

殘片 8 應從現在的位置剔除，它和殘片 5＋殘片 7＋殘片 9 的綴入位置待考。[①]

第四節　注意區分同篇帛書中不同的書風特徵

根據文字的書風特徵將帛片進行歸類和分篇，這是帛書拼綴首先要做的基礎工作。絶大多數情況下，不同帛書篇目的書風特徵差異較大，比較容易區分。不過即便如此，有時候也還是會出現不同的帛書篇目誤收録同一塊殘片的情況（例如本書第一章第三節指出的《天文氣象雜占》4 號殘片）。由此可見，區分帛書文字的書風特徵對帛書的拼綴、整理工作十分重要。

與不同帛書篇目書風特徵差異較大不同，大多數帛書同篇之内其書風特徵往往比較一致。不過尤其值得重視的是，有時候同一篇帛書由兩個或兩個以上不同的書手抄寫，或者同一個書手在不同時間内抄寫，這些情況下同一篇帛書往往呈現出不同的書風特徵。注意區分同篇帛書中不同的書風特徵，可以爲我們提供更多的拼綴綫索。比較典型者，如帛書《戰國縱横家書》主要有三種書風明顯不同的筆迹，該篇的整理者郭永秉先生在拼綴殘損嚴重的卷尾時，根據書風特徵找到一塊裝裱在原始圖版二七〇頁“帛書帛畫殘片—2”的“疑是三|□上□□”殘片，[②]從而實現成功拼綴。

下面也舉一個這樣的例子。

原始圖版二九一頁“帛書帛畫殘片—23”中間位置有以下一塊殘片：

① 殘片 6＋殘片 8 現放置在第 4 列第 19、20 條，第 19 條占辭爲“軍旅在外，人主有喜”。其中“喜”字寫作“”，僅殘存有右上方的少量筆畫。需要特别指出的是，現第 4 列第 42 條占辭所在帛片的正下方殘存有一字，其形作“”。此字過去幾次整理時都未被注意到，我們認爲也應是“喜”字，或可與上舉第 19 條占辭的“喜”字拼綴，筆畫正好可稍補足。若此意見可信，那麽殘片 6＋殘片 8 可能就應綴在此處，而現第 4 列第 42 條占辭所在帛片則需整體移走，由於調整較大我們暫時也無法肯定，謹志此備參。

② 郭永秉《馬王堆帛書〈戰國縱横家書〉整理瑣記（三題）》，《文史》2012 年第 2 輯。

其上文字爲"□□|□與",《集成》各篇整理圖版皆未收録該殘片。可能是因爲這塊殘片上文字的書風和《養生方》正文有明顯區别(尤其是"與"字),所以我們最初並没有考慮它被拼入《養生方》的可能。不過後來我們注意到,《養生方》"戲"題下空白處有一增益病方,係書手抄完全篇後補抄於此。這段文字的書風特徵與正文相比,仍可看出明顯區别,應該是同一抄手在不同時候抄寫的。[①]通過仔細觀察、對比可知,上揭殘片上的字體、書風與這段增益病方文字是完全吻合的。試看綴合後圖版:

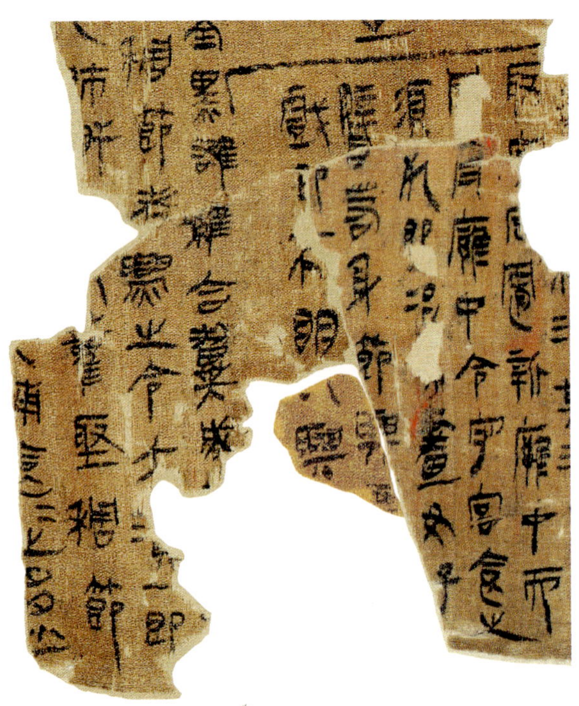

① 陳劍先生認爲此增益病方的文字與正文文字雖不一定出自兩人之手,但完全可能係同一人在不同時候抄寫。綜合各方面的情況推測,實際情況更可能是在本篇已抄成之後,書手見到另有同類方子,而相應的此題之處正好帛面有空白可以容下,遂附録補抄於此。詳見陳劍《馬王堆帛書"印文"、空白頁和襯頁及折叠情況綜述》,湖南省博物館編《紀念馬王堆漢墓發掘四十週年國際學術研討會論文集》,嶽麓書社,2016年10月,第317頁。我們贊同係同一人抄寫的意見,其與正文文字相比只是在筆畫粗細、筆鋒走勢上稍有差異(可能是前後兩次抄寫時所用的毛筆不同造成),二者總體的書風仍然是十分接近的。

殘片撕裂形狀、拼接處“與”字筆畫都十分密合，原擬補的“男”字也正好可以釋出（只殘存“田”旁），凡此皆可證此綴合意見應可信。據此，原釋文“取守宮置新甂（甕）中，而置丹甂（甕）中，令守宮食之。須死，即冶，涂（塗）畫女子臂若身。節（即）與【男子】戲，即不明〼”應修訂作“取守宮置新甂（甕）中，而置丹甂（甕）中，令守宮食之。須死，即冶，涂（塗）畫女子臂若身。節（即）與男【子】戲，即不明。以與〼”。新釋出的“以與”二字承上文“節（即）與”而言，文意的銜接也很連貫。

有時候，由於未能注意區分同篇帛書中相鄰文字不同的書風特徵，容易導致帛書整理時出錯。下面舉一個這樣的例子。

帛書《五十二病方》第483—485行有以下一塊殘片：

該殘片上的文字爲“□|□擣之一斗”，原裝裱在原始圖版二一六頁“五十二病方—9”中間左側（也即《集成》整理圖版第152—154行）。《集成》注釋指出，根據字體，這塊殘片當屬於本篇卷尾的附方。[①] 帛書《五十二病方》第1—467行是其主體部分，自第467行以後的附方則是在全篇抄成後補寫在卷尾的，因此二者字體風格差異很大。《集成》整理者據此將這塊殘片改綴入卷末的第483—485行，現在看來這一處理恐怕是有問題的。我們認爲這塊殘片仍應放置在其原始位置，試看相關圖版：

① 湖南省博物館、復旦大學出土文獻與古文字研究中心編纂，裘錫圭主編《長沙馬王堆漢墓簡帛集成（伍）》，中華書局，2014年6月，第243頁。

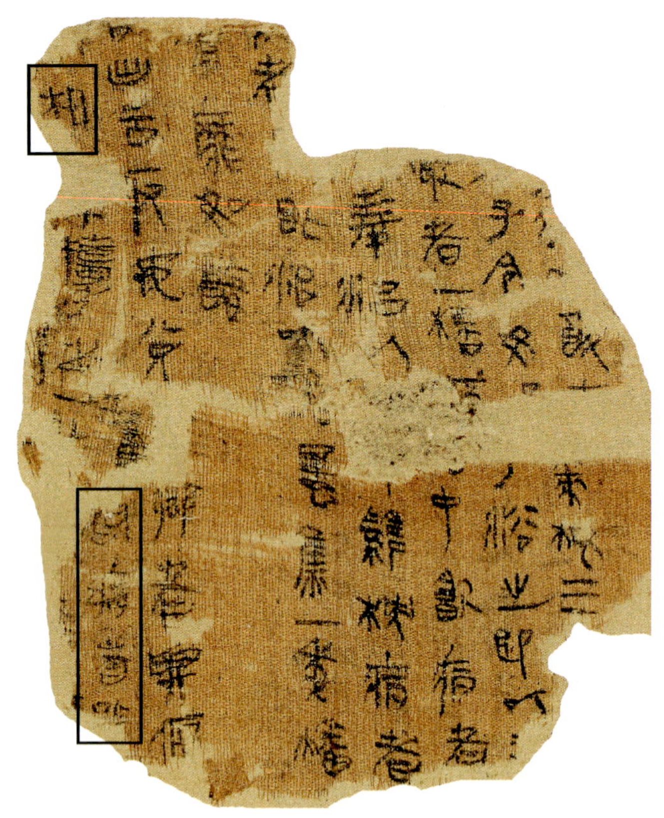

《集成》整理者没有注意到的是，第 153 行的“柏”字、“□病者能”等字（上揭圖版中框出部分）與原本就在此處的“□|□擣之一斗”等字，和卷末附方的字體完全相同，都是由同一書手抄寫。這也就是説，本篇第 1—152 行本來是由書手甲抄寫，抄至第 153 行時換由書手乙抄寫，在抄寫幾行後（缺行具體數量不明），重新换回書手甲繼續抄寫至第 467 行，第 468 行之後的附方又再次换回由書手乙抄寫。這種同一篇帛書由兩位書手接續、交替抄寫的現象頗值得注意並進一步研究。

第五章　馬王堆帛書新綴合成果

在前面的四章中，我們主要討論了帛書拼綴的意義、方法和需要注意的一些問題，並列舉了自己的一些拼綴意見。在此基礎上，本章嘗試對馬王堆帛書現存的所有殘片進行綴合。

需要指出的是，本章收録的拼綴意見側重於將已識的字形拼合完整，或將原擬補的釋文直接補出，因此有些綴合意見對帛書文字考釋、文本復原的作用可能比較有限。不過考慮到《集成》整理圖版已幾近完善，以後大概也很少會有研究者專門去重複帛書的拼綴、復原工作，因此我們仍打算將這些綴合意見寫出來。無論其作用大小和重要與否，只要是能成功拼綴上，使《集成》整理圖版更加準確、完善，本章都加以收録（包括無字殘片）。除此之外，有些殘片暫時無法綴入正文，但可以與其他殘片互相拼合的，本章也酌情收録，供後來的研究者參考。爲方便檢索和查看，本章的拼綴意見先按照《集成》整理篇目的順序分篇，各篇之下再按編號排列。

《周易》經傳

001

《周易》與《二三子問》卷 8 號殘片如下：

《集成》整理者在爲《二三子問》第 10 行下釋文所作的注釋中對該殘片有以下説明：

> 殘片中有“亓(其)飢也不”小片(原裱於帛書帛畫殘片—5；見殘片第 8 號)，廖名春(1998：260、2008：371)將其綴合於此處，釋爲“(上略)武，公【不勝】亓飢也，□□□□焉不得食亓肉”。今按：該片確實很可能應在此處，但其具體位置、上下文實難定，今暫不綴入。又“也”字下係“不”字，如其本在此處，則原文更可能應作“……亓(其)飢也，不【亦宜乎】”之類，而非如上引廖名春(1998：260、2008：371)所擬補。①

核查相關反印文(易傳襯頁—7)，我們認爲廖名春先生的意見應可信。試對比相關圖版如下：

反印文圖版

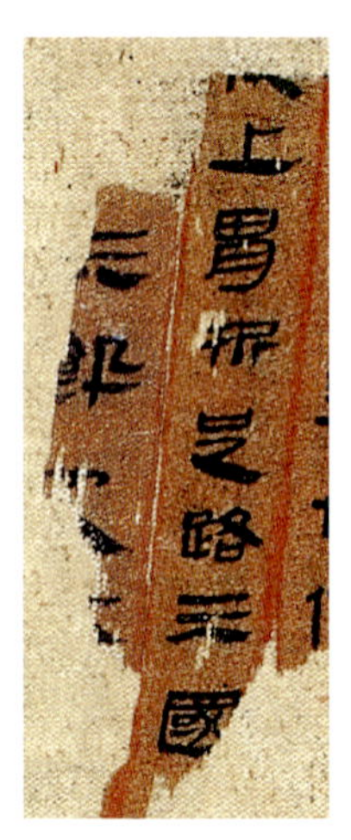

綴合後圖版

細審上揭反印文圖版，“亓”“飢”二字(位於“胃”“折”左側)仍可辨，另外 8 號殘片右側邊緣係沿欄綫撕裂，其形狀極爲規整，綴入此處十分合適。綴合後，根

① 湖南省博物館、復旦大學出土文獻與古文字研究中心編纂，裘錫圭主編《長沙馬王堆漢墓簡帛集成(叁)》，中華書局，2014 年 6 月，第 44 頁。

據帛書行款可知，“亓飢也不”與上文“武(?)公”之間正好可以容下三個字的位置，而與其下“焉不得食亓肉∟”之間則缺失兩字。據此，相關釋文可修訂作“(上略)武(?)公□8上□□亓(其)飢也，不□□焉，不得食亓(其)肉∟(下略)”。

002

《周易》與《二三子問》卷 11 號殘片如下：

《集成》釋作“扌□者”。今按，該殘片上係“接者”二字，應綴入《二三子問》第13 行上、下相接處，綴合後圖版如下所示：

“者”字筆畫密合。據此，原釋文“‘晝日三【接】’者”中擬補的“接”字可直接釋出。

003

原始圖版二八八頁“帛書帛畫殘片—20”左下方有以下一塊殘片：

該殘片原誤裱反，其上有"鼎元"二字。根據文字内容和字體風格可知，應綴入《周易》第80行行首，綴合圖如下所示：

據此，第80行上原釋文"☲☴【鼎，元吉，亨】。初六，鼎填（顛）止（趾），利【出】不（否），得妾以亓（其）子，无咎ㄥ"中擬補的"鼎""元"二字可直接釋出。

004

《衷》篇第8行下有以下一段内容：

> □至，學而好□，吱乎□□也。《大過》之卦，不忠身失量，故曰慎而侍（待）也。8下

這段内容部分文字殘失，《集成》注釋如下：

> 此“忠”上之字張釋作“其”。原形僅存部分，但仍可看出其上方較“亓”字少一横。今據反印文（易傳襯頁—20）改釋作“不”。“乎”與“木”字間諸字原已完全殘失，反印文尚存。前“□□也”三字僅“也”字可辨識。其下四字中“大過之卦”四字尚略可辨，結合文意可定。又殘片56號爲“《【□】過》之卦不”，文例與此處相同，很可能本即在前8上缺文中（與此處“《大過》之卦，不”不合，如綴入此，則末字“大”【引者按：應是“不”字之誤植】將有部分重疊）。[①]

今按，56號殘片上“不”字所在的帛片有斷裂、移位，將其稍作調整後如下引56號新殘片所示，綴入第8行下，正好可以補足“不”字的筆畫，並不存在上引注釋所説有部分重疊的問題。與此同時，細審下引反印文圖版，我們認爲上引注釋中提及的“□□也”應即65號殘片上的“知戒也”三字（見反印文圖版圈出部分），其中“知”字所在帛片有斷裂，但仍可以看出左“矢”右“口”之形。綜上所述，《繫辭》至《昭力》卷56號和65號殘片應一併綴入《衷》篇第7—9行下，重綴後圖版如下所示。據此，上引釋文應重訂作：“□亞（惡）學而好教，[②]□乎知戒也。《大過》之卦，不忠身失量，故曰慎而侍（待）也。8下”附相關圖版如下：

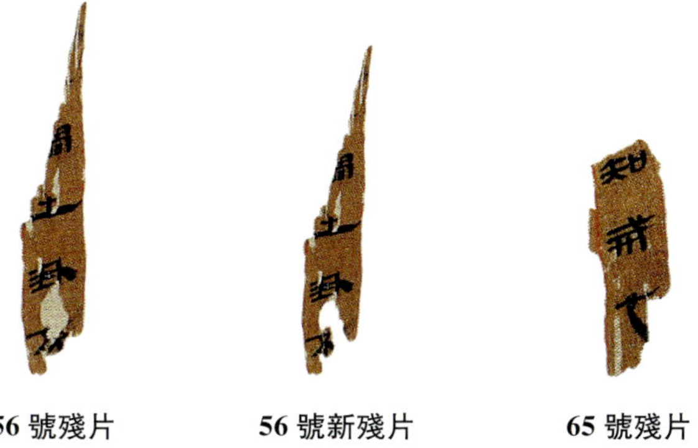

56號殘片　　56號新殘片　　65號殘片

---

① 湖南省博物館、復旦大學出土文獻與古文字研究中心編纂，裘錫圭主編《長沙馬王堆漢墓簡帛集成（叁）》，中華書局，2014年6月，第93頁。

② “好教”二字所在殘片（也即《繫辭》至《昭力》卷74號殘片）的綴合、原“至”字改釋爲“亞”等詳見第三章第一節。

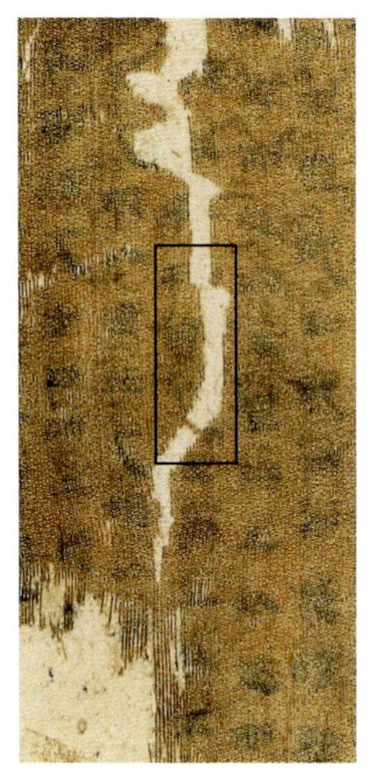

反印文圖版

重綴後圖版

005

《繫辭》至《昭力》卷 14 號殘片已綴入《繆和》篇第 7 行上,詳見第二章第二節。

006

《繫辭》至《昭力》卷 36 號殘片已綴入《衷》篇第 33—34 行下,詳見第三章第一節。

007

《繫辭》至《昭力》卷 40 號殘片已綴入《衷》篇第 17—19 行下，詳見第三章第一節。

008

《繫辭》至《昭力》卷 55、57 和 72 號殘片已一併綴入《繆和》篇第 10—11 行下，詳見第三章第三節。

009

《繫辭》至《昭力》卷 64 號殘片如下：

《集成》釋作"□也，故｜同亓（其）□"。按，該殘片或應綴入《衷》篇第 33—34 行帛片上、下相接處，綴合後圖版如下所示：

由於第34行上帛書裝裱有重疊，其左方帛片被掩蓋，因此上舉綴合圖已無法密合。不過將64號殘片綴入此處，第33行"見"字筆畫十分密合，且帛片拼接處上下斷裂的形狀也很相合。若此綴合意見可信，第33行原釋文"人不淵不躍(躍)，則不見【□。□】33上淵不錮，不用而反，居□【□□】"應修訂作"人不淵不躍(躍)，則不見也。故33上淵不錮[1]，不用而反，居无傷也[2]"。第34行原釋文也可據此補出"同亓(其)"二字。

010

《繫辭》至《昭力》卷74號殘片已綴入《衷》篇第7—9行下，詳見第三章第一節。

011

《繫辭》至《昭力》卷108號殘片如下：

《集成》釋作"□以(?)致(?)"。按，應改釋作"九四思(思—悔)"。根據文字內容可知，該殘片應綴入《周易》第64行下。可以附帶指出的是，《周易》第53行下綴有如下一小塊殘片：

① "錮"字，《集成》釋文未破讀。研究者或認爲應讀作"涸"，詳見侯乃峰、劉剛《讀〈長沙馬王堆漢墓簡帛集成〉散札(上)》，《長沙馬王堆漢墓簡帛集成》修訂國際學術研討會會議論文，復旦大學出土文獻與古文字研究中心，2015年6月27—28日；又刊載於《出土文獻綜合研究集刊》第十二輯，巴蜀書社，2020年12月，第79—95頁。陳劍先生指出，這句話中的"淵"字應看作動詞，"錮"字應理解成"(被)禁錮"義，文句本就頗直接、自然。其說有理，故不括注。

② "无傷也"三字補釋詳見本書第三章第一節。

按照《集成》的綴合意見，第 53 行“休”字的筆畫並不密合，其左側形體與“亻”旁寫法不類。考慮到這塊殘片與 108 號殘片外在形態相似，原始位置相近（共同裝裱在原始圖版二九二頁“帛書帛畫殘片—24”），我們認爲這兩個殘字應是“有復”，該殘片也應一併綴入第 64 行下。綴合後圖版如下所示（可對比位於右側的反印文）：

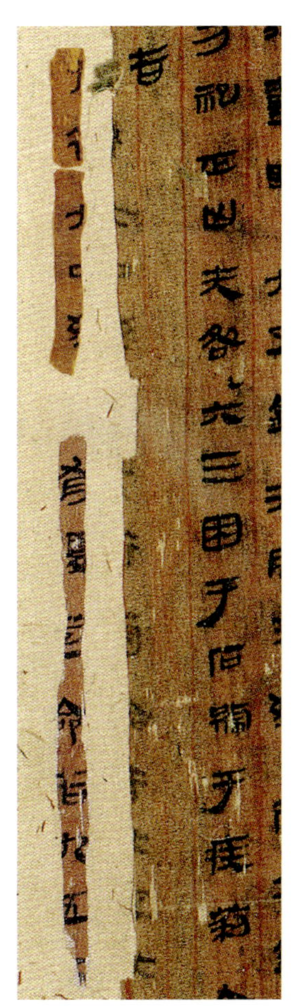

012

《繫辭》至《昭力》卷 145 號殘片已綴入《春秋事語・殺里克章》第 1 行，詳見第三章第二節。

013

原始圖版二八八頁"帛書帛畫殘片—20"中間位置有以下一塊殘片：

《集成》各篇整理圖版皆未收録該殘片。我們認爲應綴入《要》篇第 2 行下，綴合後圖版如下：

"要"字筆畫密合，其下擬補的"无"字也正好可以補足。原釋文"亓(其)要【无咎】，此之胃(謂)《易》【之道也】"中擬補的"无"字可據此徑釋。

《春秋事語》

014

《戰國縱横家書》1 號殘片如下：

《集成》釋作“薛公”。從文字風格、外在形態（上有竪向的黑色欄綫）看，該殘片不應歸入《戰國縱横家書》，而應屬《春秋事語》，所謂“薛”字應改釋爲“宰”。綜合以上信息，該殘片應綴入《春秋事語·魯文公卒章》第21行，綴合後圖版如下：

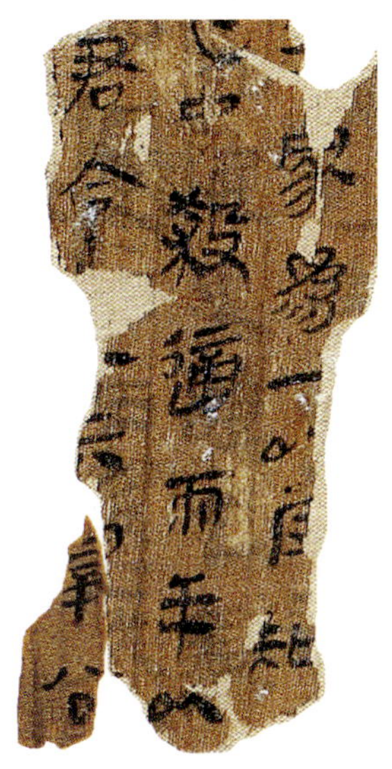

“宰”“公”二字筆畫都十分密合。

015

《春秋事語》15號殘片已綴入《衛獻公出亡章》第54行，詳見第二章第三節。

016

《春秋事語》16號殘片如下：

《集成》釋作"吾"。按,其形與"吾"字不合,應改釋作"喜"。該殘片應綴入《吴人會諸侯章》第62行,綴合後圖版如下所示:

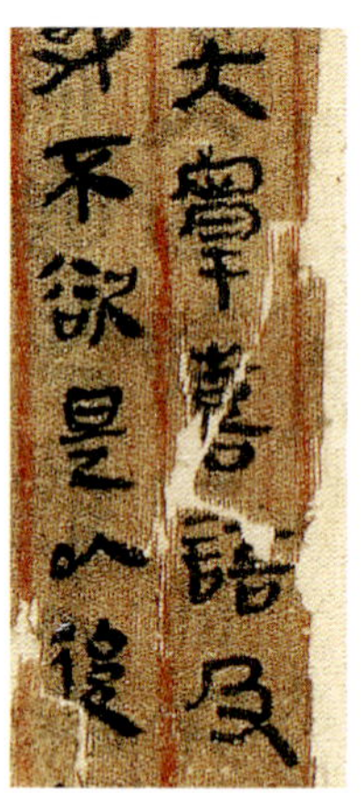

"喜""語"二字筆畫以及右側欄綫等都十分密合。

017

《春秋事語》20號殘片應從帛書原整理者意見綴入該篇《魯亘(桓)公與文羌(姜)會齊侯于樂章》第96行,詳見第四章第一節。

018

《春秋事語》22號殘片已綴入該篇《伯有章》第36行,詳見第二章第一節。

019

《春秋事語》24號殘片已綴入該篇《晉獻公欲得遀(隨)會章》第29行,詳見第四章第一節。

020

《春秋事語》54號殘片已綴入該篇《殺里克章》第2行，詳見第三章第二節。

021

《春秋事語》57號殘片應從帛書原整理者意見綴入該篇《晉獻公欲襲郭(虢)章》第50—51行，詳見第四章第一節。

022

原始圖版二九一頁“帛書帛畫殘片—23”中間有以下兩塊殘片：

二者原始裝裱位置鄰近。第一塊殘片已被綴入第13—14行，第二塊殘片《集成》各篇整理圖版皆未收録。細審圖版可知，第一塊殘片的右上方滲印有第二塊殘片上的“公”字。據該篇帛片的印文關係可知，第二塊殘片應綴入第4行“死忠者”三字之下。綴合後圖版如下所示：

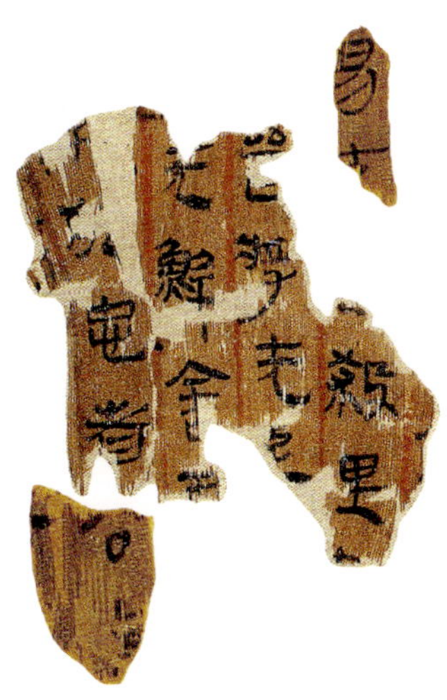

第4行原釋文作“□□□者死，忠者□□□疾之”，“死”字前一字原帛寫作“ ”，《集成》釋作“者”不確。該字印文位於第13—14行之間，寫作“ ”，應改釋爲“前”。據此，上引釋文應重訂作“□□□前死忠者公□□疾之”。《集成》釋文在“忠者”前斷句，我們認爲“死忠者”也有可能應連讀。由於此處上下文殘缺過甚，暫不標點斷句。

《戰國縱横家書》

023

《戰國縱横家書》2號殘片如下：

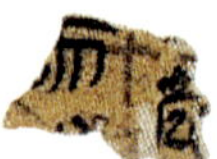

今按，該殘片應綴入《朱己謂魏王章》第165—166行（參見下附綴合後圖版）。綴合後，第166行“必”字筆畫密合，其上擬補的“而”字可以補足，相關反印文也正好相合（該殘片上反印文係第160行“五入囿中”的“入”字、第161行“【北至乎】監（闞）”的“乎”字）。凡此皆可證此綴合應可信。除此之外，在上揭2號殘片原始位置（原始圖版二七〇頁“帛書帛畫殘片—2”）的左上方裱有以下兩塊小殘片（原皆誤裱倒）：

《集成》各篇整理圖版皆未收録這兩塊殘片。我們認爲第一塊殘片上的文字可釋作“北至|兄（況）”，應綴入第161、162兩行。綴合後，第161行“東至虖（乎）陶、衛〈衛〉之【郊，北至乎】監（闞）”中擬補的“北至”二字可徑釋出；第162行“【又況於使】秦无（無）韓（韓）”中擬補的“況”字也應據此釋作“兄（況）”。第二塊殘片上現存一“趙”字，它與原始圖版二八八頁“帛書帛畫殘片—20”正上方中間位置的一小塊殘片互爲反印關係：

該殘片上文字係“楚魏”二字，應綴入第 163 行。綴合處“魏”字筆畫十分密合，其上擬補的“楚”字可直接釋出。與此同時，上引“趙”字殘片也應綴入與之相鄰的第 164 行，原釋文“【楚、趙】必疾兵”中擬補的“趙”字也可據此直接釋出。綜上所述，相關釋文可作相應修訂，附綴合後圖版如下：

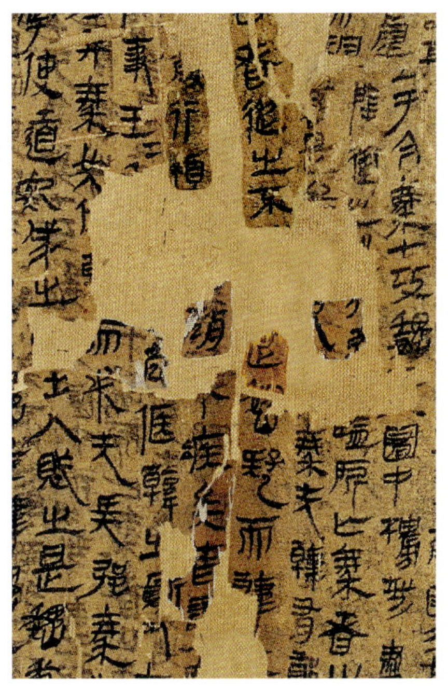

024

原始圖版二七〇頁“帛書帛畫殘片—2”右上方有一塊“而”字殘片（原誤裱倒）：

今按，該殘片應綴入《朱己謂魏王章》第165行末尾處，“而”字筆畫密合（見綴合圖1）。另外，該殘片上有較爲清晰的反印文，係第162—163行“无（無）【河】162山而闌之”中擬補的“河”字，據此可直接釋出。另外可以補充指出的是，“而”字殘片現綴入位置其原始圖版四五頁“戰國縱横家書—4”上本來有一誤裱倒的“亡”字殘片：

該殘片現已不見於《集成》整理圖版。我們認爲這塊“亡”字殘片應移綴至第158行（見綴合圖2），原釋文“大粱（梁）必【亡】”中擬補的“亡”字可據此直接釋出。附綴合後圖版如下：

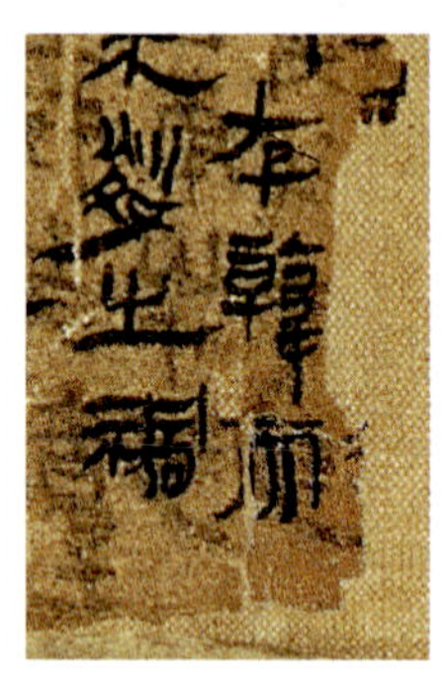

綴合圖1

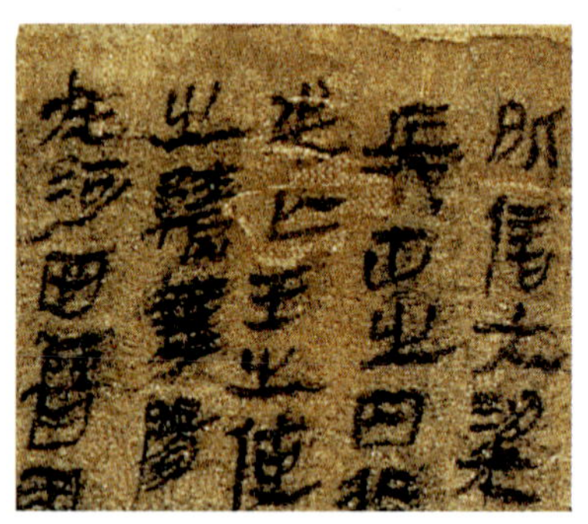

綴合圖2

025

原始圖版二七〇頁“帛書帛畫殘片—2”右側有以下一塊殘片（原誤裱倒）：

《集成》各篇整理圖版皆未收録該殘片。我們認爲該殘片應綴入《蘇秦自齊獻書於燕王章》第30—31行。第30—31行原釋文：“臣受教任齊交五年，齊兵數出，未嘗謀燕。齊勺（趙）之交，壹美壹30惡，壹合壹離。燕非與齊謀勺（趙），則與趙謀齊=（齊。齊）之信燕也，虚北地而【行】其甲。”該殘片右側殘形係第30行“未嘗謀燕”的“謀”字所从“言”旁，左側殘形則是“虛北地而【行】其甲”的“而”“行”二字。據此，第30行原擬補的“行”字可直接釋出。與此同時，我們在原始圖版二九二頁“帛書帛畫殘片—24”左下方和右下方又找到了以下兩塊殘片：

《集成》各篇整理圖版皆未收録這兩塊殘片。它們也應一同綴入第31行，綴合後第31行“則”“趙”“謀”“齊”“之”“信”等字筆畫都十分密合。附新的綴合圖如下：

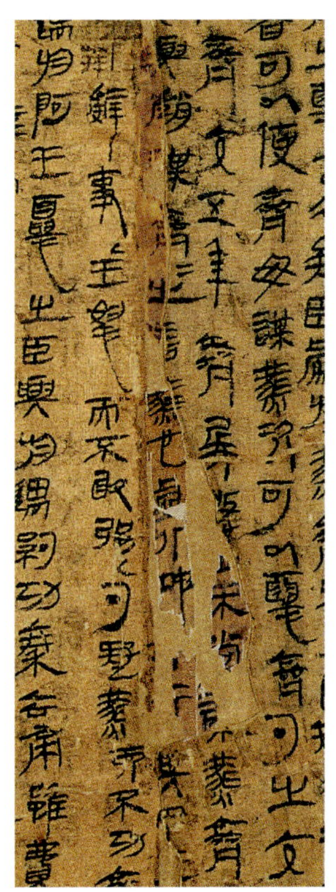

026

原始圖版二八八頁“帛書帛畫殘片—20”中間偏右位置有以下一塊殘片：

《集成》各篇整理圖版皆未收録該殘片。我們認爲應綴入《見田僕於梁南章》第307—308行，綴合後圖版如下所示：

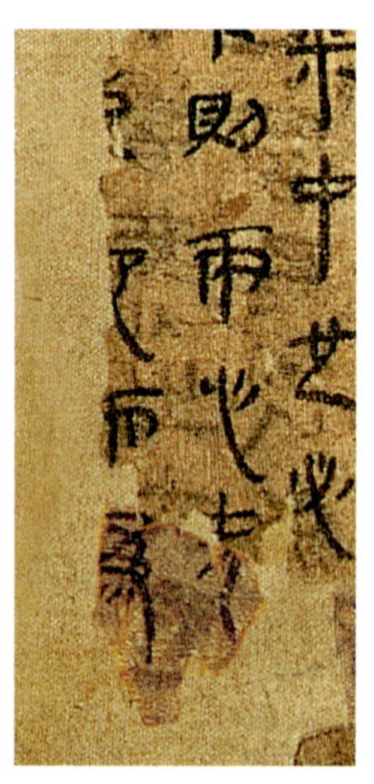

綴入此處的理由主要有以下兩點：首先，第307行“无”字、第308行“爲”字筆畫都很密合；其次，該殘片上的反印文正好是與之有反印關係的第23行“燕之大過（禍）”的“過”字。據此綴合意見，原釋文第308行“无（無）以救東地而☐”的“而”之下可補一“爲”字。

027

原始圖版二八八頁“帛書帛畫殘片—20”最上方中間位置有以下一塊殘片（原誤裱倒）：

《集成》各篇整理圖版皆未收録該殘片。按，應綴入《蘇秦自趙獻書於齊王章(二)》第109—110行，綴合後圖版如下所示：

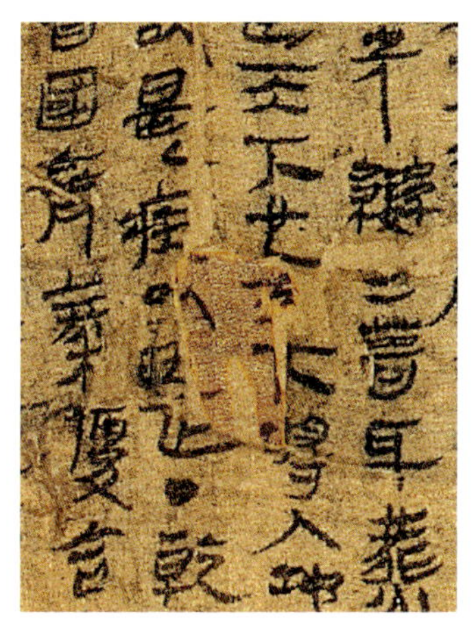

第109行"下""將"二字，第110行"疾""以""是"三字筆畫都十分密合。據此，第109行原釋文"【天】下將入地牙(與)重摯(質)於秦"中擬補的"天"字應直接釋出。

028

原始圖版二九二頁"帛書帛畫殘片—24"右上方有以下一塊殘片(原誤裱倒)：

《集成》各篇整理圖版皆未收録該殘片。按，應綴入《蘇秦謂齊王章(二)》第82行，綴合後圖版如下所示：

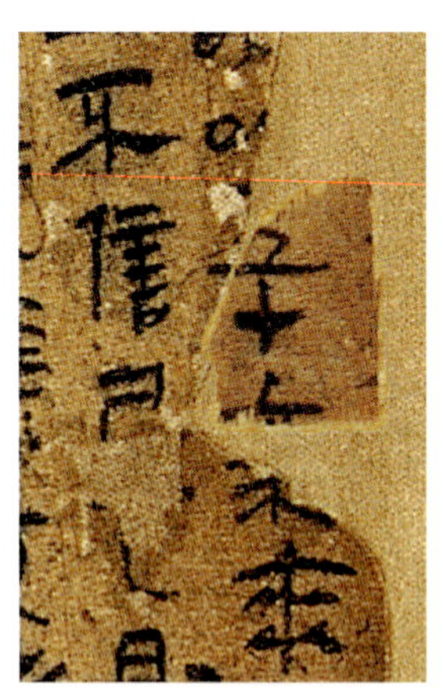

“五”“乘”二字筆畫皆密合，且“五十”二字寫作合文。據此，第82行原釋文“若不欲□□□請以五【十】乘來”應修訂作“若不欲□□□請以卒(五十)乘來”。

029

原始圖版二九二頁“帛書帛畫殘片—24”中間偏左位置有以下一塊殘片：

《集成》各篇整理圖版皆未收録該殘片。我們認爲應綴入《觸龍見趙太后章》第191行，綴合後圖版如下所示：

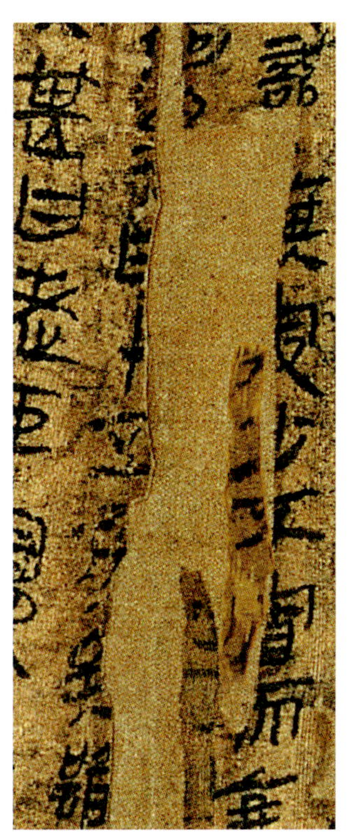

“最”“少”“不”“宵”等字筆畫都十分密合。

030

原始圖版二七四頁“帛書帛畫殘片—6”和二八八頁“帛書帛畫殘片—20”分别有以下兩塊殘片(第一塊殘片原誤裱倒):

《集成》各篇整理圖版皆未收録這兩塊殘片。我們認爲應綴入《蘇秦使盛慶獻書於燕王章》第 19 行,綴合後圖版如下所示:

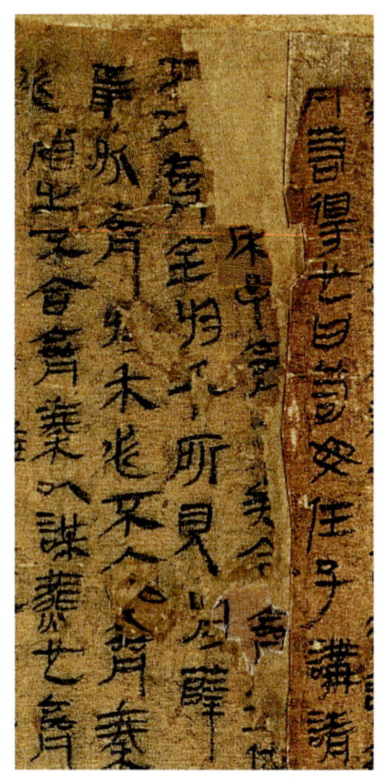

之所以這樣綴合，其依據主要有二：首先，兩塊殘片的形狀與綴入位置所缺帛片的形狀相合；其次，“宋予”二字殘片綴入後，“予”字筆畫密合。“齊於”二字殘片綴入後，第 19 行“今【齊】王使宋竅〈竅〉詔臣曰”中擬補的“齊”字可據此徑釋，第 20 行“所見於薛公”的“於”字筆畫正好補足。據此綴合意見，19 行原釋文“□□□□予齊、勺(趙)矣”中“予”字上方可補一“宋”字。

031

原始圖版四五頁“戰國縱横家書—4”最下方的中間位置有以下一塊殘片(原誤裱反)：

該殘片現已不見於《集成》整理圖版，係整理者誤剪除。我們認爲該殘片應綴在其原始位置（第177、178兩行行末），綴合後圖版如下：

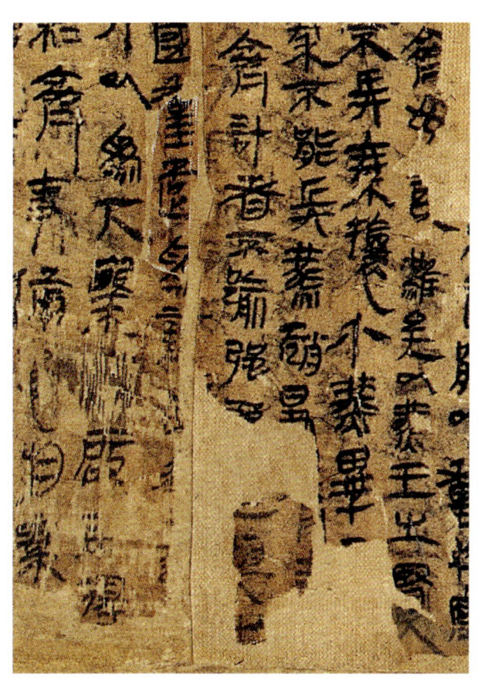

第177—180行相關釋文作："趙取濟西，以方（防）河東，燕趙共相，二國爲一，兵全以臨齊，則秦不能兵〈與〉燕、趙争。□□□177□亡宋得，南陽傷於魯，北地歸於燕，濟西破於趙，餘齊弱於晉國矣，爲齊計者，不踰强晉，□□□178□秦₌（秦，秦）【齊】不合，莫尊秦矣。魏（魏）亡晉國，猷（猷—猶）重秦也。與之攻₌齊₌（攻齊，攻齊）巳（已），魏（魏）爲□國，重 （楚）爲□□□□179重不在粱（梁）西矣。"原釋文認爲第177行"争"字之下缺三字，據上引綴合後圖版知，此處僅有容納兩字的空間（"争"字寫得比較長），從這兩個字的殘畫來看，疑係"齊""秦"二字。第178行行末三字，我們認爲應釋作"也與之"。"也"字屬上讀爲"爲齊計者，不踰强晉也"，"與之"二字應屬下讀爲"與之□秦₌（秦，秦）【齊】不合，莫尊秦矣"。缺文"□"可據下文第179行"與之攻齊"擬補作"攻"。

《老子》甲本

032

原始圖版二八八頁"帛書帛畫殘片—20"裱有以下兩塊位置相近的殘片：

《集成》各篇整理圖版皆未收録這兩塊殘片。我們認爲二者可以拼合成以下新殘片：

其上文字應釋作"於水|而莫能"。根據文字内容和書體風格，可知應綴入《老子》甲本第88—89行行尾位置。第88—90行釋文如下："天下莫柔【弱於水，88而攻】堅(堅)强者莫之能【先】也，以亓(其)无(無)以易【之也。水之勝剛，弱之】勝强ㄴ，天【下莫弗知，而莫能】89行也。故聖人之言云ㄴ：{曰}受邦之訽(詬)，是胃(謂)社稷(稷)之主；受邦之不祥，是胃(謂)天下之王。"據此綴合意見，原釋文中擬補的第88行"於水"二字、第89行"而莫能"三字都應直接釋出。又原始圖版五〇頁"老子及甲本卷後古佚書—2"有以下殘片：

該殘片不見於《集成》整理圖版。《集成》在釋文注釋部分説明如下：

> 甲本原圖版第36行末"牝牡"下二字殘去，原整理者據乙本補爲"之會"。在此次整理的收尾階段，陳劍在第36、37兩行之末綴上一殘

> 片(原在原始圖版《老子及甲本卷後古佚書》—2中部靠右處,見注釋後附圖七),其左部爲第37行末所缺的"物壯"二字(參看注[一〇一]);右部即第36行末"牝牡"下二字,上一字很清楚是"之",下一字殘存頭部,其形與"會"和"合"不合,不能確釋,故釋文作"之□"。[①]

可知《集成》據陳劍先生意見將該殘片綴入第36—37行行末,並釋作"之□|物狀"。按,此綴合意見恐有誤,該殘片應改綴至第89—90行,綴合後第89行原擬補的"之也"二字可直接釋出,第90行"胃""社"二字筆畫也十分密合。第36、37兩行的釋文也應作相應的修訂。附最新的綴合圖版如下:

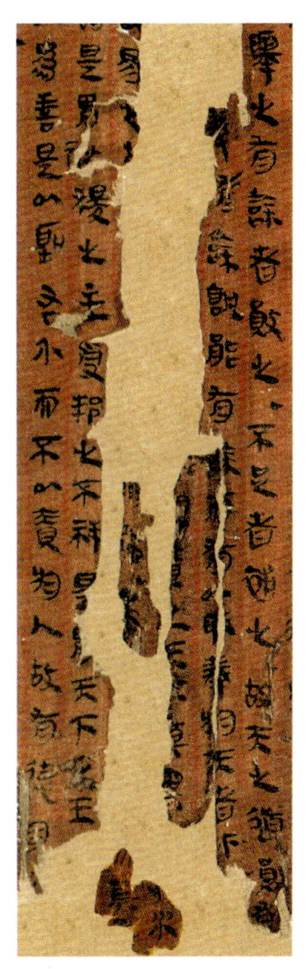

① 湖南省博物館、復旦大學出土文獻與古文字研究中心編纂,裘錫圭主編《長沙馬王堆漢墓簡帛集成(肆)》,中華書局,2014年6月,第26頁,注釋九八。

033

原始圖版二八八頁"帛書帛畫殘片—20"裱有以下一塊殘片(原誤裱倒):

《集成》各篇整理圖版皆未收録該殘片。按,應綴入《老子》甲本第60行,綴合後圖版如下所示:

"也""以"二字筆畫密合,且其上一字的殘形也與"治"字相合。根據這條綴合意見,原釋文第60行"民之難【治】也,以亓(其)知(智)也"中的"治"字應直接釋出。

034

原始圖版五〇頁"老子及甲本卷後古佚書—2"右上方有以下一塊殘片:

該殘片不見於《集成》整理圖版，《集成》在釋文注釋部分説明如下：

> 甲本原始圖版中在此位置原有一存“反”字及下行一字殘畫的碎片（見注釋後附圖一三），亦應屬於甲本，但其本來位置不明。按 12 行缺文有“反也者”，下行 13 行缺文與“反”位置相並者爲“而”字；141 行缺文有“曰反”，下行 142 行缺文與“反”位置相並者爲“自”字；此殘片“反”字下行殘畫與“而”、“自”兩字皆不矛盾。該殘片當綴入哪一處難以斷定。[①]

《集成》的這一注釋意見十分審慎。按，第 142 行“【大】曰筮=（逝，逝）曰遠【=】（遠，【遠）曰反】”，其中擬補的缺文“曰反”二字在原帛圖版上仍存有部分筆畫（參見下圖），尤其是“反”字横筆的右半部分十分清晰，可據此直接釋出。既然綴入第 142 行的可能性排除了，那麽存有完整“反”字的這塊殘片只能綴入第 12 行。除此之外，在上引“反”字殘片原始位置左側的頂部粘有以下一小塊殘片，也應一併綴入此處（“道”字筆畫十分密合）。據此綴合意見，原釋文第 12 行擬補的“反也者”中的“反”“者”二字、第 13 行擬補的“負陰而抱陽”中的“而”“陽”二字都應直接釋出。附相關圖版如下：

第 141—142 行圖版

小塊殘片

綴合後圖版

① 湖南省博物館、復旦大學出土文獻與古文字研究中心編纂，裘錫圭主編《長沙馬王堆漢墓簡帛集成（肆）》，中華書局，2014 年 6 月，第 36 頁，注釋一七九。

035

原始圖版五〇頁“老子及甲本卷後古佚書—2”左側中間位置有以下殘片：

按，該殘片應綴入《老子》甲本第46行，綴合後圖版如下所示：

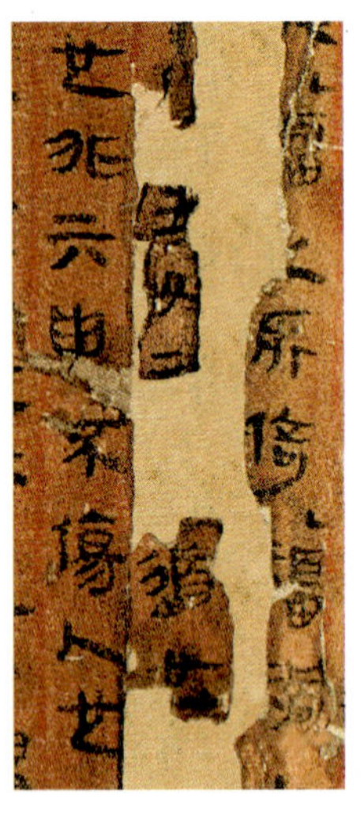

據此，第46行原釋文“是胃（謂）深槿（根）固至（柢），長【生久視之】道也”中擬補的“生久視”三字可徑釋。

036

原始圖版第四九頁“老子甲本及卷後古佚書—1”中部略靠左處有以下殘片：

該殘片不見於《集成》整理圖版，《集成》釋文注釋部分指出應根據陳劍先生意見綴入《老子》甲本第 57 行，[①]釋文據此將“台(始)於足下”的“下”字直接釋出。按，此綴合意見恐不確，細審下揭《集成》注釋所附綴合圖可知，所謂“足”“下”二字的筆畫並不密合。我們認爲這塊殘片應改綴至第 26 行行首位置，相關圖版如下所示：

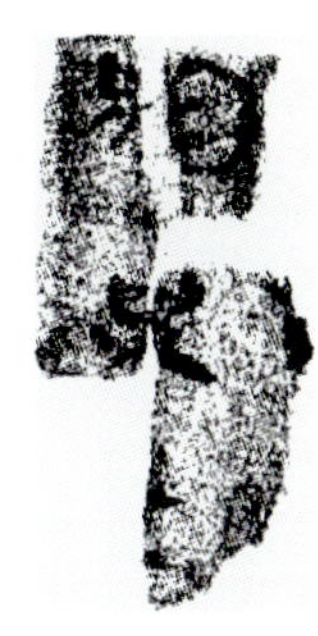

《集成》注釋附綴合圖

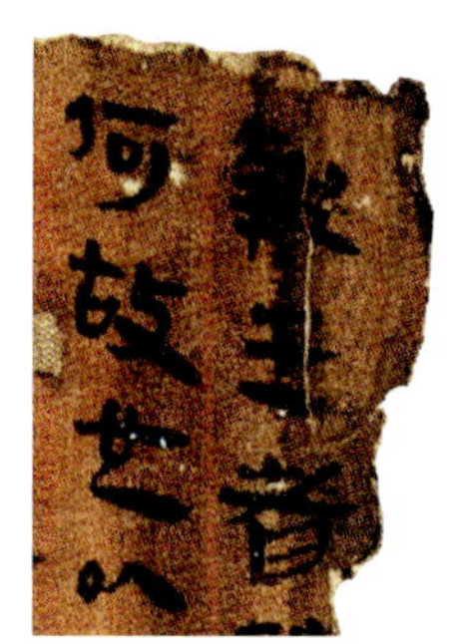

新綴合圖

其中“執”“生”二字筆畫皆十分密合。據此，第 57 行釋文“台(始)於足下”的“下”字仍應作爲缺文補出。

037

《老子》甲本第 160—161 行有以下殘片：

① 湖南省博物館、復旦大學出土文獻與古文字研究中心編纂，裘錫圭主編《長沙馬王堆漢墓簡帛集成(肆)》，中華書局，2014 年 6 月，第 33 頁，注釋一三七。

該殘片在整理過程中存在誤剪的情況，本應作如下之形（原始圖版五三頁“老子甲本及卷後古佚書—5”）：

第160—161行相關釋文：“始制有【名，名亦既】有，夫【亦將知止，知止】所以不【殆】。俾（譬）道之在天【下也，猶160小】浴（谷）之與江海也ㄴ。”據上引新殘片圖版，原釋文中擬補的“殆”字下方从“心”旁作，很有可能是“怠”字。不過本篇第124行“沕（没）身不怭（怠—殆）”的“殆”用“怭”字來表示，因此這個殘字也有可能是“怭”。爲謹慎起見，可以嚴格釋寫作“□（殆）”。另外，此字右下方還抄有一個句讀符，釋文也應據以補出。

《九主圖》

038

原始圖版二八一頁“帛書帛畫殘片—13”裱有以下一塊殘片：

《集成》各篇整理圖版皆未收録該殘片。其上有一“石”或从“石”旁之字，從文字風格來看，我們認爲應係《九主圖》中“【破】國之主”的“破”字，試對比相關圖版如下：

《集成》整理圖版

綴合後圖版

《老子》乙本

039

《老子》乙本第 72 行：“故兵者非君子之器。兵者不祥【之】72上器也（下略）。”現將相關圖版羅列如下：

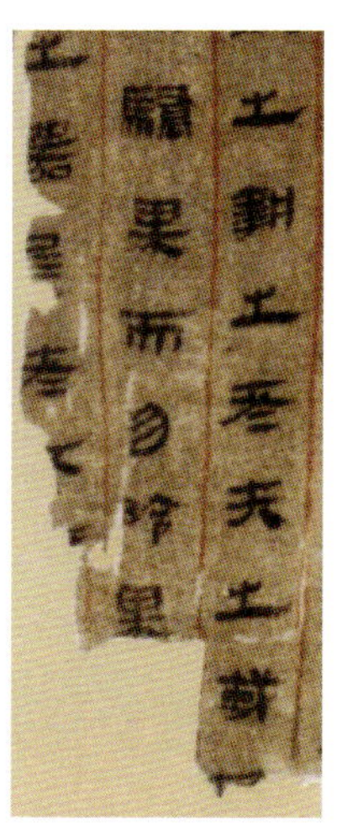

《集成》整理圖版

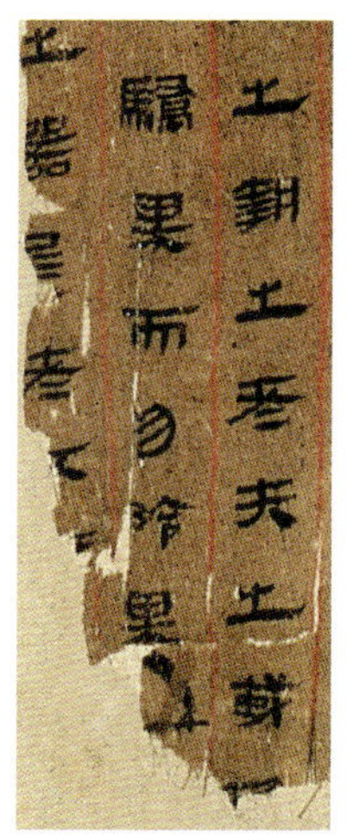

原始圖版

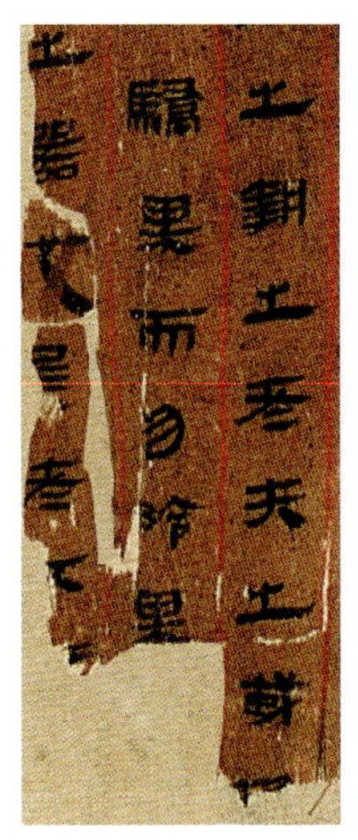

反印文圖版　　　　調整後圖版

據原始圖版，第 71 行行末原有一寫有"也"字的褃倒殘片，現已不見於《集成》整理圖版。對照反印文圖版可知，該殘片應移綴至第 72 行，而原"兵者不祥"四字所在的帛片應整體下移一字的位置，調整後圖版如上所示。因此，原釋文第 72 行"故兵者非君子之器"之後應補一"也"字，與諸本同。

《五星占》

040

原始圖版二八八頁"帛書帛畫殘片—20"左上方褃有以下一塊殘片：

《集成》各篇整理圖版皆未收録該殘片。其上文字應係"飭填"二字。我們認爲應綴入《五星占》第 17 行下。該篇第 17—18 行"・月飭(蝕)歲星，不出十三年，國饑【亡；蝕填星，不出□】17下年，其國伐而亡"，綴入此處後，原擬補的

“蝕填”二字可徑釋。用“飭”字表示“蝕”，與本篇主要用“飾”表示“蝕”不同，頗值得注意。據此，上引釋文可重訂作“·月飾（蝕）歲星，不出十三年，國饑【亡】；飭（蝕）填【星，不出十一[①]】17下年，其國伐而亡”。

041

原始圖版二七一頁“帛書帛畫殘片—3”有以下兩塊殘片：

《集成》整理者已將第一塊殘片綴入《五星占》第20—21行下，正確可從。第二塊殘片與第一塊殘片原始裝裱位置鄰近，二者關係密切，因此也應一併綴入。綴合後圖版如下所示：

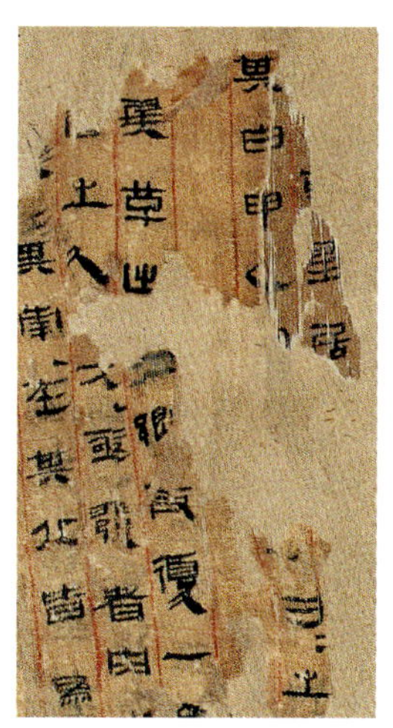

① “十一”二字原已缺失，程少軒先生指出，這段占辭使用了選擇數術中常見的等差數列，因此可據上下文將此處數字缺文補出，其説可信。程少軒先生的意見詳見任達《馬王堆帛書〈五星占〉研究》，吉林大學博士學位論文（指導教師：馮勝君），2020年9月，第65頁。

據此，原釋文第 20 行下“【太陰在子】，歲【星居氐、房、心。太陰在】丑，歲星居尾、箕ㄴ”中擬補的“星”“居”二字可直接釋出。

042

原始圖版二九二頁“帛書帛畫殘片—24”左上方有以下一塊殘片：

該殘片原誤褾倒、褾反，《集成》各篇整理圖版皆未收録。按，應綴入《五星占》第 60—61 行下，綴合後圖版如下所示：[①]

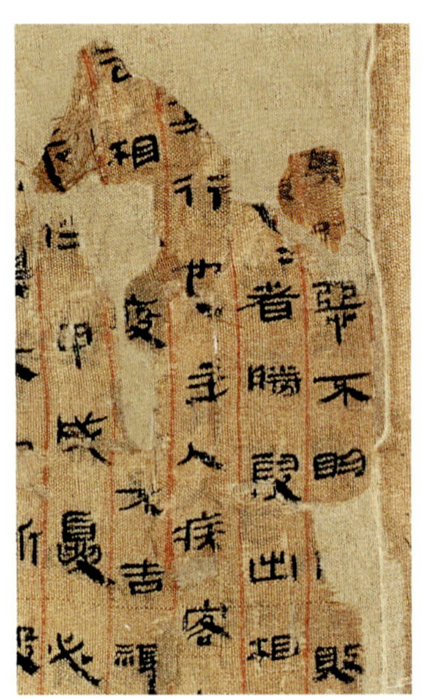

第 60—61 行原釋文作：“月軍(暈)60上圍【□□□□□□□□□□□□，其色】惡不明(明)，客敗。其色明(明)而角，客勝。大60下白猶是也。殷爲客，相爲主人，將相禺(遇)，未至四五尺，其色美，孰能怒=(怒，怒)者勝。61上至禺(遇)

① 該圖版左側與《集成》整理圖版相比已有調整，詳見鄭健飛《馬王堆帛書殘字釋讀及殘片綴合研究》，復旦大學碩士學位論文(指導教師：劉釗)，2015 年 6 月，第 91—92 頁。

【□□□□□□□□□□□□□□】怒=(怒,怒)者勝。"據此綴合意見,第 60 行下擬補的"其色"二字可直接釋出。第 61 行下的"怒"字筆畫也較密合。

043

原始圖版二七六頁"帛書帛畫殘片—8"右下方有以下殘片:

《集成》各篇整理圖版皆未收録該殘片。今按,應綴入《五星占》第 49 行下,綴合後圖版如下:

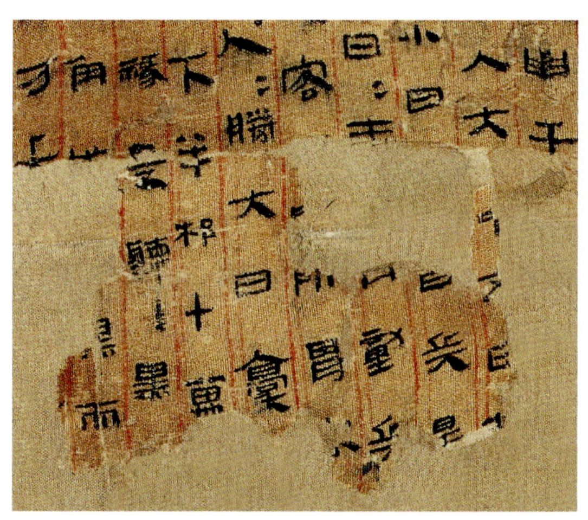

原釋文作:"小白入大 49上【白中】,五日乃【出,及】其入大白,上出,破軍殺將,客勝ㄴ;其下出,亡地三百里。"據綴合後圖版,"五"字筆畫密合,原擬補的"中"字可徑釋。

044

原始圖版二九〇頁"帛書帛畫殘片—22"最下方有以下兩塊殘片:

《集成》整理者已將第一塊殘片綴入《五星占》第 2 行下，正確可從。第二塊殘片與第一塊殘片裝裱位置相近，二者的綴入位置可能也相近。我們認爲第二塊殘片應綴入第 4 行下，綴合後圖版如下所示：

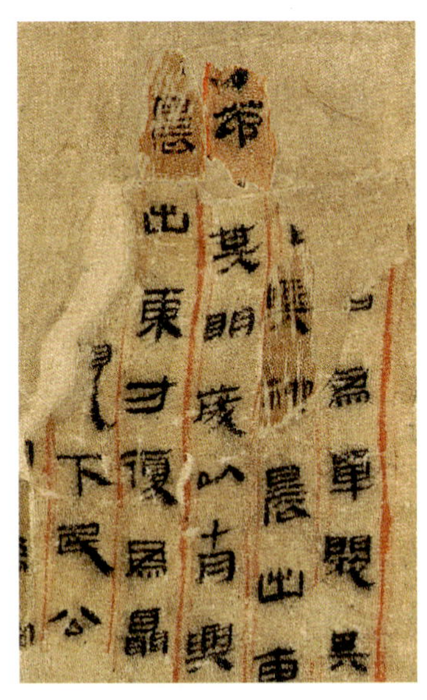

細審第二塊殘片，"晨"字右上角仍殘有少量筆畫，顯係重文或合文符號。再結合相關反印文來看，第 4 行下原釋文"·其【明歲以正月與營室】晨出東方，復爲聶(攝)提挌(格)"中的擬補的"營室"應改釋作"瑩=(營室)"。

《天文氣象雜占》

045

《天文氣象雜占》第 4 列第 37—40 條占辭如下：

戰從虹所，勝☐37

戰從虹所，勝，得地。38

在城上，不出五【月】，拔。39

□□二月，拔，得地。40

第40條占辭中位於上方的"得地"殘片與下方的帛片本不相連，我們認爲應從此處剔除，並綴入第37條占辭的左側，試對比相關圖版如下：

"得地"殘片

第23條"大使至"處反印文圖版

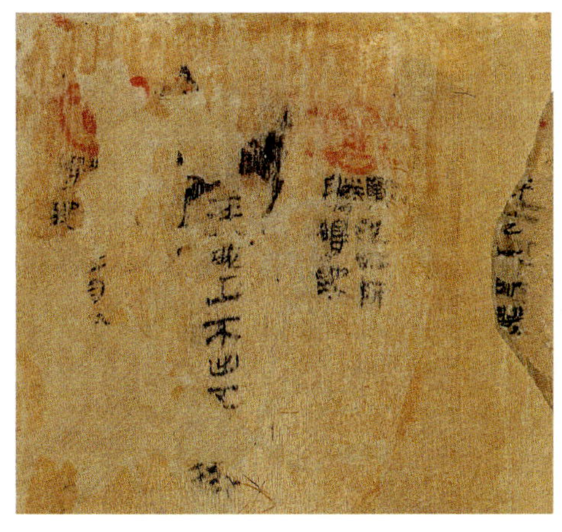

《集成》整理圖版

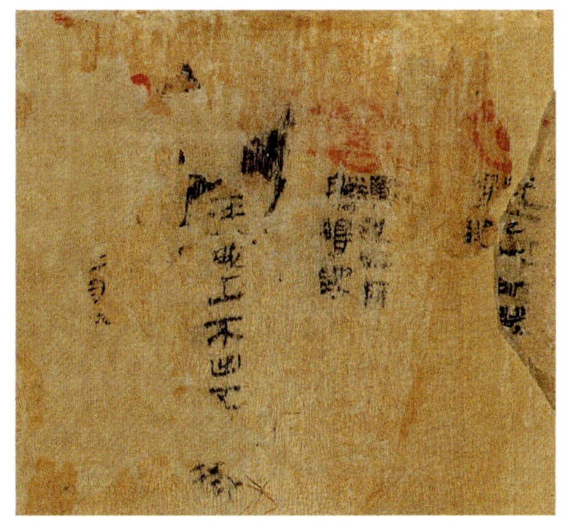

重綴後圖版

這樣調整的理由主要有兩點：首先，反印文相合。根據本篇帛頁的叠印關係，第37條占辭的圖像反印在第23條占辭"大使至"的正上方，而"得地"殘片上方的圖像與上揭反印文圖版上的圖像正好相合。其次，"得地"殘片最右側的一字殘有少量筆畫,正好可稍補足第37條占辭的"戰"字。凡此皆可證此改綴意見應可信。劉樂賢先生指出,從占文看,第37條和第38條可能是根據霓虹貫日占測用兵吉凶。[①] 據上揭重綴後圖版,第37條占辭復原後的圖像作日暈上有一條赤色横綫貫穿左右之形,第38條占辭的圖像則作上下兩條赤色横綫貫穿左右之形,二者正是霓虹貫日之狀,其説應可信。

綜合以上意見,第37條占辭可重訂作"戰從虹所,勝,得地",與其後第38條占辭"戰從虹所,勝,得地"内容相同。與之相應的是,第40條占辭可重訂作"☐二月拔☐"。

《陰陽五行》甲篇

046

《陰陽五行》甲篇36、256號殘片如下:

36號殘片

256號殘片

《集成》注釋最早指出36號殘片應綴入《刑日》章第1行,[②]名和敏光先生也持有相同的意見,不過他同時又認爲256號殘片接綴在36號殘片之下,[③]則恐怕不可信。雖然256號殘片與36號殘片在原始圖版中粘連在一起,不過從筆畫的形態、墨色的濃淡來看,這兩塊殘片很可能並無關係,256號殘片應從中剔除。我們認爲原始圖版二八五頁"帛書帛畫殘片—17"中的以下殘片

① 劉樂賢《馬王堆天文書考釋》,中山大學出版社,2004年5月,第122頁。

② 湖南省博物館、復旦大學出土文獻與古文字研究中心編纂,裘錫圭主編《長沙馬王堆漢墓簡帛集成(伍)》,中華書局,2014年6月,第113頁。

③ 名和敏光、廣瀨薰雄《馬王堆漢墓帛書〈陰陽五行〉甲篇整體結構的復原》所列附表,《出土文獻研究》第十五輯,中西書局,2016年7月,第254頁。

(《集成》整理圖版漏收)應接綴在 36 號殘片之下,相關圖版如下所示:

"帛書帛畫殘片—17"殘片

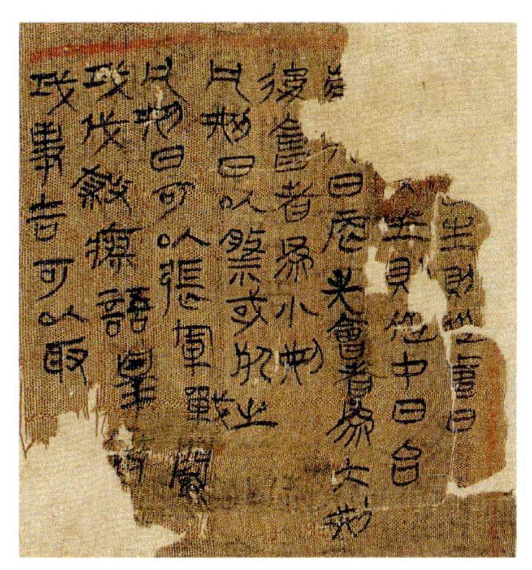

綴合後圖版

"從""䖝""日"三字筆畫都十分密合,右側的紅色欄綫也正好相接,可證此綴合意見可信。據綴合後圖版,該行原釋文"【凡荆(刑)日,日生則從䖝(孟)日】台(始)"中的"台(始)"字實際上應該是"日"字的誤釋,而"台(始)"字有可能抄寫在了第 2 行,也有可能是書手漏抄。從第 2 行殘缺處可容的字數來看,應以漏抄的可能性更大。據此,該行原釋文可修訂作"【凡荆(刑)日】,日生則從䖝(孟)日〖台(始)〗"。

047

《陰陽五行》甲篇 52 號殘片、原始圖版二七六頁"帛書帛畫殘片—8"上殘片分别如下:

52 號殘片

"帛書帛畫殘片—8"殘片

這兩塊殘片可以拼綴成以下新殘片，然後綴入《天一》章第 9 行，相關圖版如下：①

新殘片

綴合後圖版

“逆”“帀(師)”二字筆畫都很密合。拼合後的“逆”字頗爲特殊，本篇《天地》章第 1 行下“伓(背)地逆天辱”的“逆”字作“ ”(陰甲天地 1.40)，寫法與之相同。這種寫法的“逆”字構形不明，與本篇其他“逆”字多寫作“ ”(陰甲天地 3.24)形不同，待考。據此，該行原釋文中擬補的“帀(師)”“辱”二字可直接釋出。

048

《陰陽五行》甲篇 56 號殘片如下：

① 名和敏光先生將本篇 126 號“辱|□”殘片拼綴在此處，詳見名和敏光《馬王堆漢墓帛書〈陰陽五行〉甲篇〈雜占之一〉〈天一〉綴合校釋——兼論〈諸神吉凶〉下半截的復原》，出土文獻與先秦經史國際學術研討會會議論文，香港大學中文學院，2015 年 10 月 16—17 日。他綴合的主要依據是可以補出“辱”字，我們的綴合意見與之不同，不僅可以補出“辱”字，而且“逆”“帀(師)”二字筆畫也十分密合。

這塊殘片上的文字反印在《上朔》章第9欄最右側的位置，根據本篇帛書的折疊反印關係可知，該殘片應綴入《祭(一)》章2—13欄左側(該殘片原始裝裱位置與之鄰近，見原始圖版一四〇頁"陰陽五行甲篇—8")，綴合後圖版如下所示：

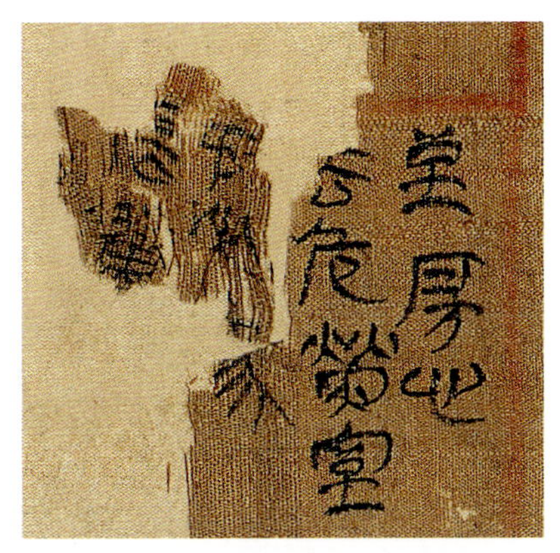

"參"字筆畫密合，殘片上方的紅色欄綫、反印文等也都正好相合，可證此綴合應可信。據綴合後圖版，這一欄原釋文"至(氐)房心、去(虛)危熒(營)室、【必(畢)此(觜)觿】參、【翼軫東井】。☐"應重訂作"至(氐)房心、去(虛)危熒(營)室、矛(昴)必(畢)參、張翼☐"。

049

《陰陽五行》甲篇58號殘片如下：

《集成》釋作"甲午、乙",並指出該殘片疑屬《諸神吉凶》章。[①] 今按,這塊殘片原本位於《諸神吉凶(上)》章第 16 行,核對原始圖版可知,《集成》整理者在將這塊殘片從此處剔除時漏掉了下方的一横筆,其完整圖版作如下之形:

今按,這塊新殘片應綴入與其原始位置相隔兩行的右側第 13 行,綴合後圖版如下所示:

這樣綴合後,第 13 行"酉"字、第 14 行"牛"字筆畫皆密合無間,[②]綴入殘片的形狀也與空缺處相合,可證此綴合意見可信,相關釋文可據此修改。

050

《陰陽五行》甲篇 79 號殘片如下:

---

① 湖南省博物館、復旦大學出土文獻與古文字研究中心編纂,裘錫圭主編《長沙馬王堆漢墓簡帛集成(伍)》,中華書局,2014 年 6 月,第 113 頁。

② 第 14 行"牛""秋"二字所在小塊殘片(即本篇第 112 號殘片)由名和敏光先生綴入,詳見名和敏光《馬王堆漢墓帛書〈陰陽五行〉甲篇〈諸神吉凶〉前半章綴合校釋》,韓國慶星大學漢字研究所主編《漢字研究》第十五輯,2016 年 8 月,第 44 頁。

按，《集成》收録該殘片時有誤剪的情况，本應作下引新殘片之形：

這塊新殘片應綴入《築（二）》章第2—4行，綴合後圖版如下：

第2行“傷”字，第3行“卯”“傷”二字，第4行“筫（築）”字等筆畫都十分密合。第3行釋文原作：“三月上旬筫（築）【……傷……】；筫（築）卯、【□】傷中子；下旬筫（築）辰、未傷二君；【筫（築）……吉】。”楊先雲先生據沅陵虎溪山漢簡《閻昭》上篇中的相似内容將其復原作："三月：上旬篫（築）【寅、申傷張（長）子；中旬】篫（築）卯、【酉】傷中子；下旬篫（築）辰、未〈戌〉傷二君；【篫（築）……吉】。"[①]據上述綴合意見，可知他將"傷中子"之前的缺字補作"酉"正確可從。不過他從《集成》釋文意見將"傷二君"之前一字釋作"未"，看作是"戌"字之訛誤則不必。此字原帛寫作" "，對比本篇"戌"字之作" "（陰甲雜四 5.2）、" "（陰甲諸日 6.18）等形，應直接釋作"戌"。

051

《陰陽五行》甲篇 82、85、110、226 號殘片如下：

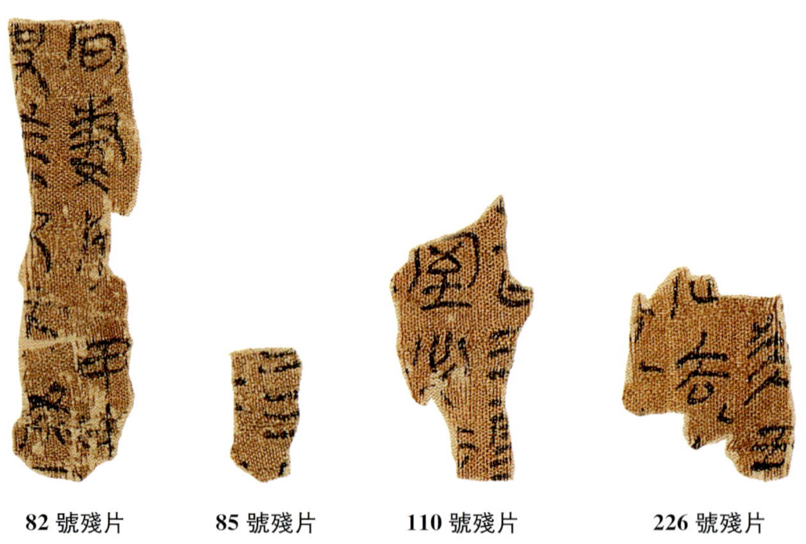

82 號殘片　85 號殘片　110 號殘片　226 號殘片

其中 85 號殘片誤裱倒，將其翻正後，上引四塊殘片可以拼綴成以下大塊殘片：

① 楊先雲《虎溪山漢簡〈築〉篇復原——與馬王堆漢墓帛書〈築（二）〉篇對讀》，簡帛網，2021 年 3 月 7 日。

我們認爲這塊新殘片應整體綴入《雜占之二》章第 1—4 行，試對比《集成》整理圖版和我們調整綴合後的圖版：

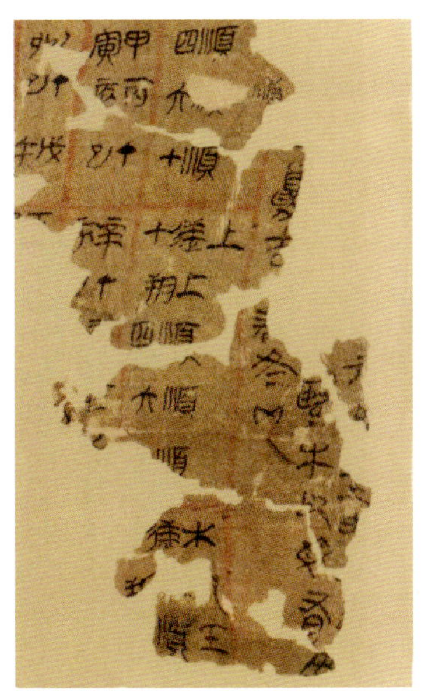

《集成》整理圖版

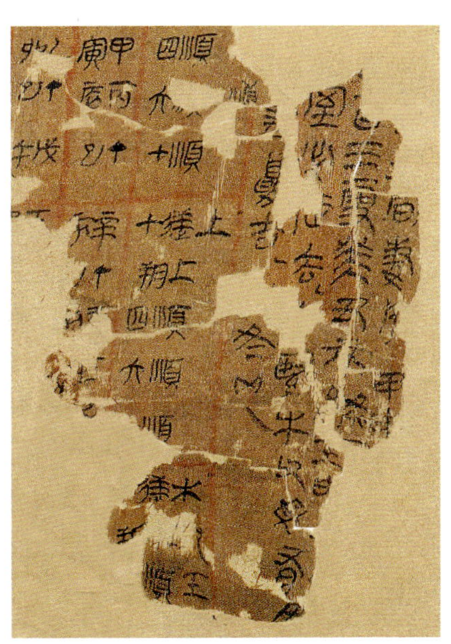

調整綴合後圖版

關於以上對比圖版，有以下兩點需要説明：首先，相關反印文、第2行"不""壬"二字和第4行"吉"字筆畫等都十分密合，可證此綴合意見應無問題。其次，第4行"【秋】、夏吉"中擬補的"秋"字在原帛圖版上寫作" "，其形無論如何與"秋"字不合。核原始圖版可知，《集成》整理者誤將"春"字與"冬兇"二字剪在一起，並整體下移至現在的位置。因此，"春"字應放回至其原始位置（見調整綴合後圖版），上引殘形顯然就是"春"字所从"日"旁最下方的横筆。綜合上述意見，《雜占之二》章原第1行上釋文缺失，可補作"☐之旬妻死，甲申☐"；第2行上原釋文"☐□□壬申☐"應修訂作"☐酉三更，癸丑□□，壬申☐"；第3行上釋文"☐緊（牽）牛，父母有咎"應修訂作"☐室必徙去□緊（牽）牛，父母有咎"；第4行上原釋文"☐【秋】、夏吉，春、冬兇（凶）"應修訂作"☐春、夏吉ㄴ，【秋】、冬兇（凶）"。

052

《陰陽五行》甲篇91號殘片如下：

按，該殘片應綴入《諸日》章第2—3行上，綴合後圖版如下所示：

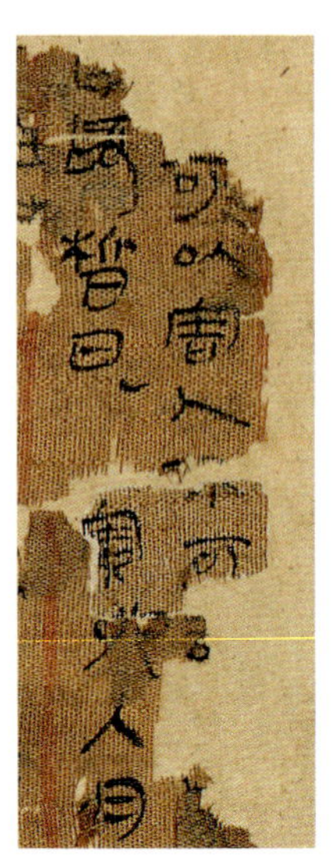

這樣綴合後，第 2 行“不”字、第 3 行“寅”“卯”二字筆畫都十分密合，可證此綴合意見可信。據此，原釋文第 2 行上“☐可以害人□☐□☐□□□□咎☐”應修訂作“☐可以害人，不可以□罪荆(刑)□人咎☐”；第 3 行上“□卯入月五日ㄴ”應修訂作“寅卯入月五日ㄴ”。

053

《陰陽五行》甲篇 106 號殘片如下：

我們認爲這塊殘片應旋轉 180°後再進行水平鏡像翻轉，進而綴入《天地》章第 1—4 行，綴合後圖版如下所示：

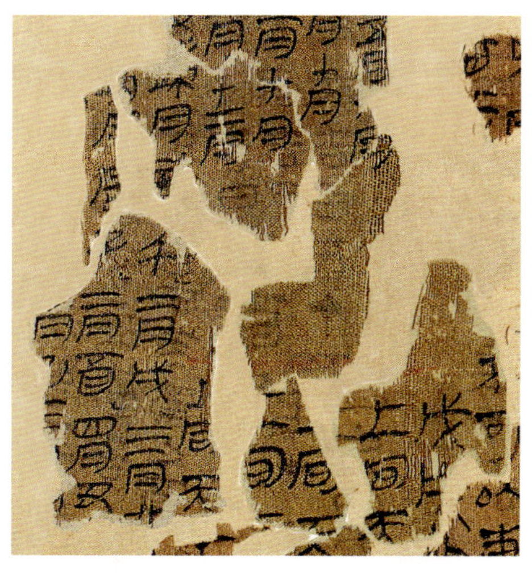

第 1 行“九月”的“月”字、下方的紅色欄綫、反印文等都十分密合，可證此綴合意見應可信。

054

《陰陽五行》甲篇 133 號殘片如下：

按，該殘片應綴入《堪輿》章神煞表第 4 欄，綴合後圖版如下所示：

據此綴合意見，原釋文"【端月】戌庫；三月申庫；四月未庫；六月巳庫；七月辰庫；【九】月寅庫；【十月丑庫；十二月亥庫】"中擬補的"九""十月丑"等字可直接釋出。

055

《陰陽五行》甲篇 195 號和 223 號殘片如下：

195 號殘片

223 號殘片

細審圖版可知，195 號殘片上反印有 223 號殘片上的文字(這兩塊殘片的原始粘裱位置本就十分相近)。名和敏光先生已將 223 號殘片綴入《堪輿》章"堪輿占法"第 16—17 行，[①]根據帛頁之間的反印關係可知，195 號殘片應綴入《雜占之六》章第 3—4 行下，綴合後圖版如下：

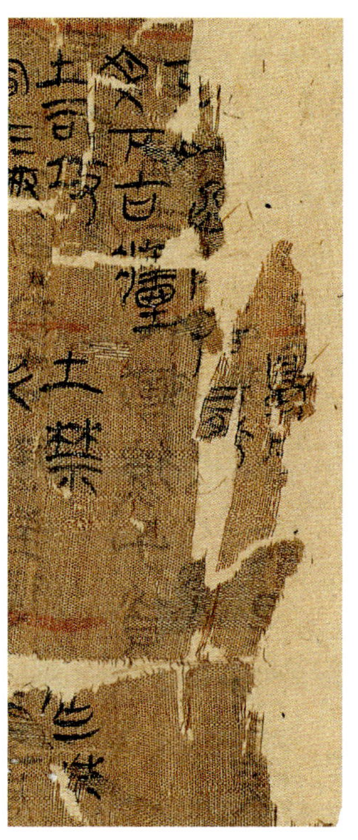

殘片上方的紅色欄綫、相關反印文以及"户""房(牖)"二字的筆畫等都十分密合，可證此拼合意見應可信。另外，"户"字之上一字尚存左側的竪筆，從其殘形及上下文文例來看，可確釋爲"門"。據此，該行原釋文"可以臿(鑿)□□"應修訂爲"可以臿(鑿)門、户房(牖)"。

① 名和敏光《馬王堆漢墓帛書〈陰陽五行〉甲篇〈堪輿〉綴合校釋(下)》，湖北出土簡帛日書國際學術研討會會議論文，湖北省博物館、湖北省文物考古研究所、武漢大學簡帛研究中心、芝加哥顧立雅中國古文字中心，2018 年 11 月 9—10 日。

056

《陰陽五行》甲篇209號殘片如下：

按，該殘片應綴入《祭(一)》章表2第2欄最左側位置，綴合後圖版如下所示：

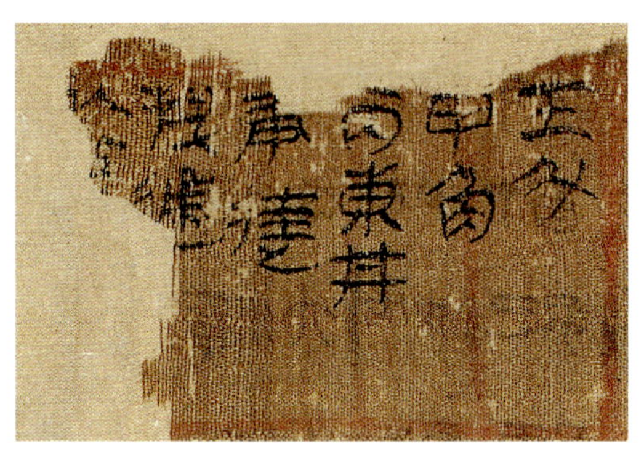

殘片頂端的紅色欄綫、"拔""通"二字筆畫等都十分密合，可證此綴合意見正確可信。據此，表2第2欄原釋文"壬斗、甲角、丙東井、庚逵(奎)。□通☐"應修訂爲"壬斗、甲角、丙東井、庚逵(奎)，拔通。以祭☐"。"拔通"爲神煞名。施謝捷先生很早就已據本表第5欄的内容將此處的"□通"二字直接釋作"拔通"。[①]《集成》釋文只釋出"通"字，"拔"字則闕疑未釋。根據上面的綴合意見，可證施謝捷先生的釋字意見正確可從。

057

《陰陽五行》甲篇219、220號殘片已綴合，詳見第二章第三節。

---

① 施謝捷《簡帛文字考釋札記(再續)》，《文教資料》2001年第4期。

058

《陰陽五行》甲篇 250、364 號殘片如下：

250 號殘片

364 號殘片

這兩塊殘片原裝裱在原始圖版一六六頁“陰陽五行甲篇—34”，364 號殘片誤裱反，應予以翻正。我們認爲它們應綴入與之同裱一版的大塊帛片（也即《集成》第壹册二七一頁），綴合後圖版如下所示：

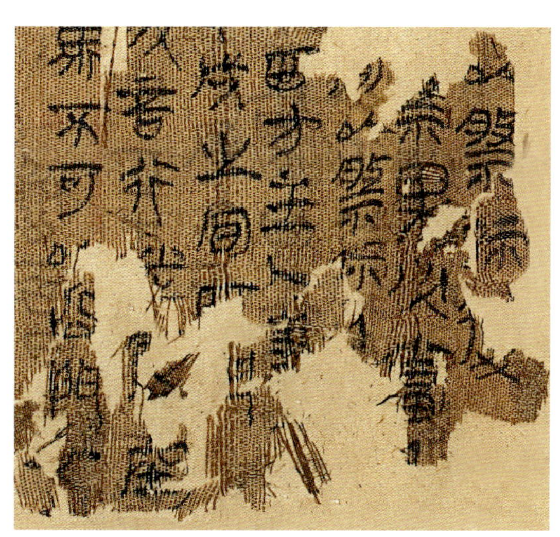

以上圖版左側兩行爲《宜忌》章第 1—2 行，右側五行爲《祭（三）》章第 2—6 行。364 號殘片綴入此處後，《祭（三）》章第 2 行“祭”“㞍（尸）”二字筆畫都很密合。250 號殘片綴入此處後，《祭（三）》章第 5 行“主人”下一字寫作“ ”，應補釋作“妻”。第 6 行“西”字之下原擬補一“門”字，正好可以補足。

《宜忌》章第2行“臽(鑿)”字筆畫也十分密合。凡此皆可證該拼綴意見應可信。據此,《祭(三)》章第5行上原釋文“屎(尸)從西方,主人☑”應修訂作“屎(尸)從西方,主人妻☑”;第6行上“甲戌、甲申之旬西【門】”應修訂作“甲申、甲戌[①]之旬西門”;《宜忌》章第1行上“成言、行徙☑”應改釋作“成言、行徙、□空(穴)☑”;第2行上“不可以□☑”應改釋作“不可以臽(鑿)門□☑”。

059

《陰陽五行》甲篇363號殘片如下:

《集成》釋作“冠|作(?)”。按,該殘片應綴入《宜祭》章第2—3行上,綴合後圖版如下所示:

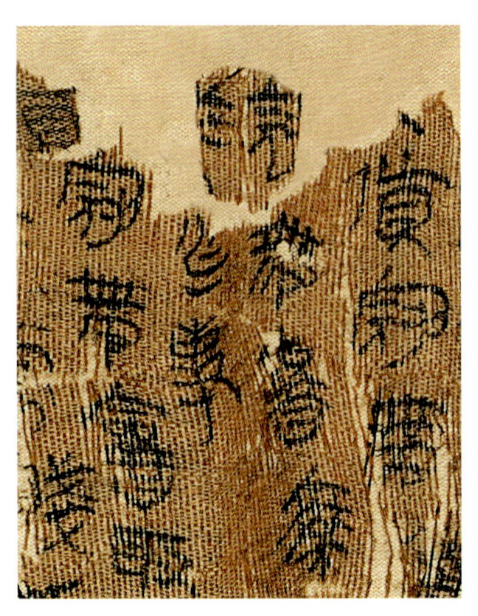

第3行上“水”字筆畫相合。此處帛片有一定的皺縮變形,因此綴合處無法完全密合,不過該殘片左側一行“作”字之下的殘筆正好可以補足“水”字所

① 原圖版寫作“甲申甲戌”,《集成》誤釋作“甲戌甲申”,此徑改。

缺則是無疑問的。據此綴合意見，第 2 行“帶會（劍）”之上可補一“冠”字，與左側第 4 行“☐冠、帶會（劍）”辭例相同；第 3 行“☐水事”應修訂作“☐作水事”。

060

《陰陽五行》甲篇 300 號殘片如下：

今按，該殘片應綴入《雜占之四》章第 4 行下，綴合後圖版如下所示：

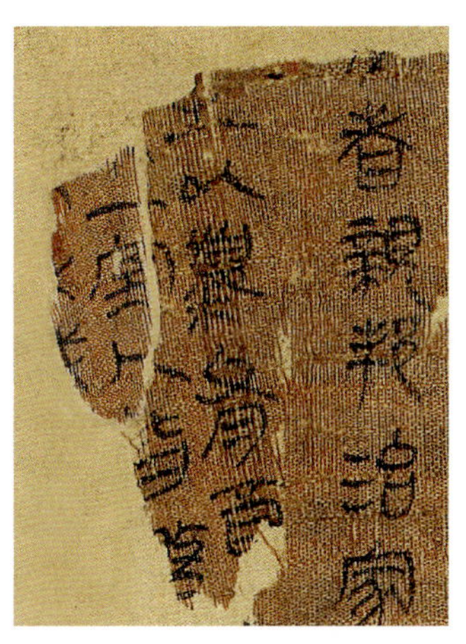

這樣綴合後，“一”“室”“人”等字筆畫都十分密合，可知此綴合意見可信。據此，該行原釋文中的“☐□皆祭□□垛（塗）楔（樇）”可修訂作“☐□一室人皆祭□□垛（塗）楔（樇）”。

061

《陰陽五行》甲篇 312 號殘片、原始圖版三〇六頁“附件之未命名殘片—1”上的某塊殘片分別如下：

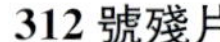

312 號殘片

"附件之未命名殘片—1"殘片

我們認爲"附件之未命名殘片—1"殘片應綴入《雜占之二》章第 3 行下(見綴合圖 1),"事"字筆畫、朱色欄綫等都十分密合。據下引綴合圖 1 反印有綴合圖 2 上的文字可知,312 號殘片應綴入《祭(一)》章 2—11 欄左側位置(見綴合圖 2):

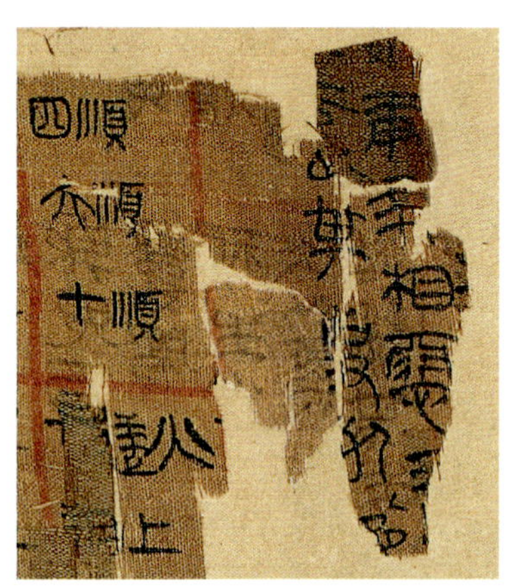

綴合圖 1

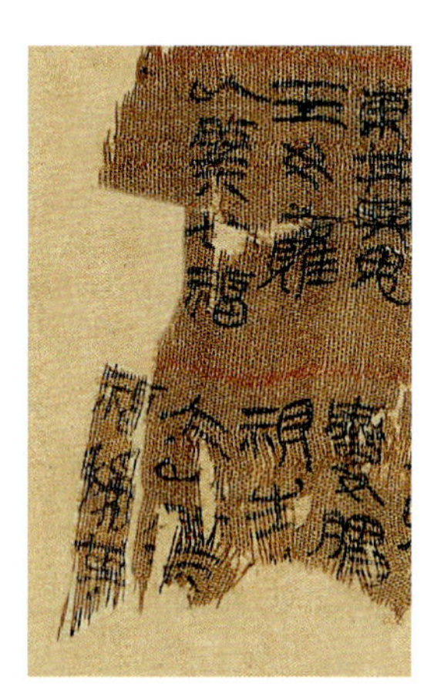

綴合圖 2

相關反印文、"福"字筆畫等都十分密合,可證此綴合可信。據以上綴合意見,《祭(一)》章 2—11 欄原釋文"緊(牽)牛須女、埂(亢)至(氐)、與(輿)鬼酉(柳)、婁胃(胃)。視生☐大,以祭☐"應修訂爲"緊(牽)牛須女,埂(亢)至(氐),與(輿)鬼酉(柳),婁胃(胃),視生;小①大以祭,福稱其生②"。其中"視

① "小"字原帛圖版已難以辨識,此據反印文釋出。

② 綴合圖 2 上"生"字僅殘存少量筆畫,此據綴合圖 1 上的反印文釋出。頗疑本篇 19 號殘片應拼綴在此處,"生"字筆畫、殘片斷裂形狀等都較密合,不過把握不大,暫不徑綴入。

生”爲神煞名。

062

《陰陽五行》甲篇 357 號殘片如下：

按，該殘片應綴入《衍》章第 1—2 行上半段，綴合後圖版如下：①

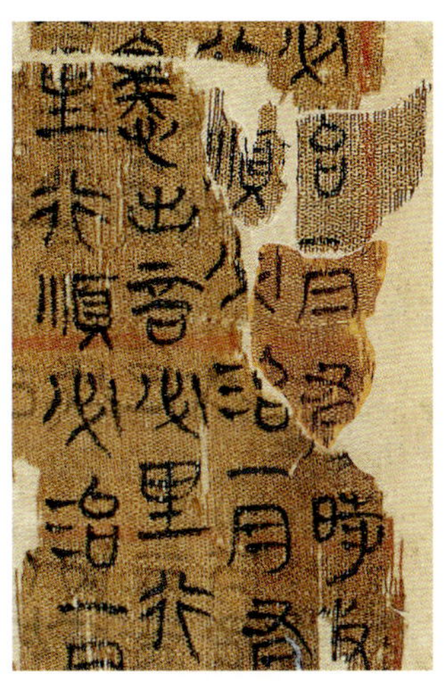

這樣綴合後，第 1 行的“有”字、第 2 行的“必”“治”二字筆畫都十分密合，第 1 行“一”字之下的“月”字也正好補足。據此《集成》釋文第 1 行上“行順必【治】▨時□□▨”應修訂爲“行順必治，一月有時，妻受②▨”。

---

① 右上方的“順”“治一”兩塊小殘片係名和敏光先生綴入，詳參看名和敏光《馬王堆漢墓帛書〈陰陽五行〉甲篇〈衍〉、〈雜占之四〉綴合校釋》，《出土文獻》第八輯，中西書局，2016 年 4 月，第 157 頁。

② “妻”“受”二字《集成》未釋，此從名和敏光先生文章意見補釋。詳參看名和敏光《馬王堆漢墓帛書〈陰陽五行〉甲篇〈衍〉、〈雜占之四〉綴合校釋》，《出土文獻》第八輯，中西書局，2016 年 4 月，第 154 頁。

063

《陰陽五行》甲篇《堪輿》章神煞表第 9 行有以下一塊帛片：

該帛片係揭裱時誤粘於此，名和敏光先生移綴至本章《無堯》欄第 8 行，[①]其說可信。可以補充的是，該帛片上有比較清晰的反印文，很明顯應該就是下揭 66 號殘片上的"十一月"三字。因此根據各帛頁之間的反印關係，可以確定 66 號殘片應綴入《雜占之五》章第 1 行下。據此，原始位置與 66 號殘片相近的 65、68 號殘片（皆裱於原始圖版一五二頁"陰陽五行甲篇—20"）也可確定應一併綴入此處附近的位置。需要指出的是，現有的 68 號殘片係誤裱倒，且有誤剪、誤粘合的情況，我們將其翻轉並調整爲 68 號新殘片。試看相關圖版：

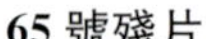

65 號殘片

66 號殘片

68 號殘片

① 名和敏光《馬王堆漢墓帛書〈陰陽五行〉甲篇〈堪輿〉綴合校釋（下）》，湖北出土簡帛日書國際學術研討會會議論文，湖北省博物館、湖北省文物考古研究所、武漢大學簡帛研究中心、芝加哥顧立雅中國古文字中心，2018 年 11 月 9—10 日。

68 號新殘片

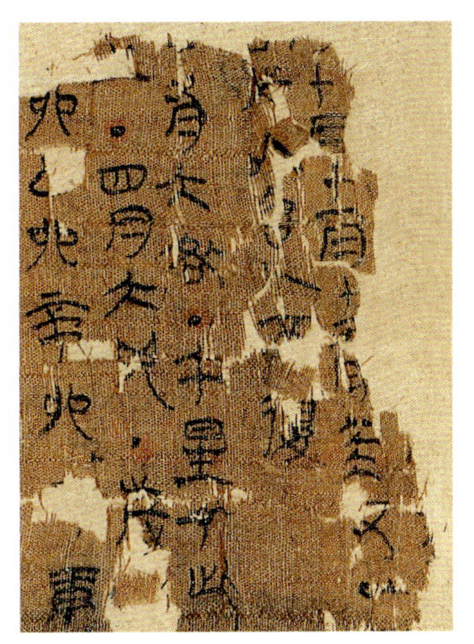

調整後圖版

據調整後圖版，第 1 行原釋文中"☐□十□☐月癸丑"應修訂爲"☐月、十月、十一月、十二月癸丑"，文辭十分通順。第 2 行"以""人"二字筆畫也十分密合，另外"以"字之上一字應是"戌"，"以"字之下一字疑是"召"字，"人"字之下一字應是"不"字。① 原釋文"☐□以台（始）□□復☐"應修訂爲"☐□戌，以召人，不復"。

064

原始圖版二七六頁"帛書帛畫殘片—8"右側中間位置有以下一塊殘片：

① "戌""召""人"三字的釋讀意見係廣瀨薰雄先生面告。

《集成》各篇整理圖版皆未收録該殘片。其上存"不死"二字,此外還清晰地反印有"□子丑"三字。今按,這塊殘片應綴入《堪輿》章"堪輿占法"第 11 行,綴合後圖版如下所示：

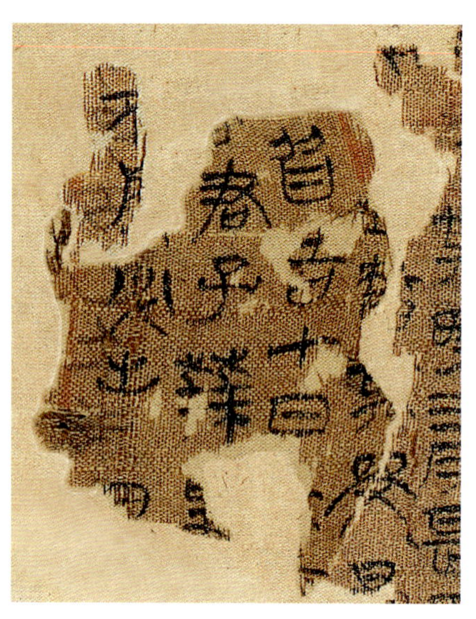

左側紅色欄綫正好相合,可證此綴合可信。該行原釋文"以【取(娶)婦,不死】必出"中擬補的"不死"二字可據此直接釋出。

可以附帶指出的是,上引綴合後圖版中有不少反印文以往尚未釋出。通過這些反印文,並結合名和敏光先生的綴合意見[①]以及本章第 50 則所引楊先雲先生的復原意見,可重新寫定本篇《築(二)》章的部分釋文。其中第 3 行"三月"釋文可重訂作:"三月：上旬篫(築)【寅、申傷張(長)】子;中【旬】篫(築)卯、酉傷中子;下旬篫(築)辰、戌傷二君;【篫(築)亥、子、丑、巳、】午、未,吉。"第 4 行"四月"釋文可重訂作:"四月：上旬篫(築)巳[②]、亥傷二君;中旬篫(築)子、〖午〗傷中子;下旬篫(築)丑、未傷季子;篫(築)寅、申、酉,吉。"

---

① 名和敏光《馬王堆漢墓帛書〈陰陽五行〉甲篇〈雜占之六〉〈築(二)〉〈五行禁日〉綴合校釋》,《出土文獻研究》第十七輯,中西書局,2018 年 12 月,第 223—236 頁。

② 此字原帛圖版作"[image]",可確釋爲"巳"。

065

原始圖版二七六頁"帛書帛畫殘片—8"最右下方有以下一塊殘片：

《集成》各篇整理圖版皆未收録該殘片。今按，應綴入《堪輿》章神煞表第 1—2 行，綴合後圖版如下所示：

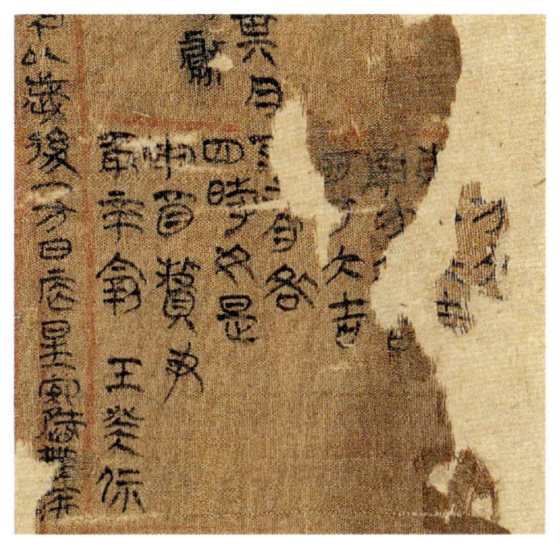

據此綴合意見，原釋文第 1 行"【北方大吉】"中擬補的"方""大"二字可直接釋出。

066

原始圖版二九二頁"帛書帛畫殘片—24"左下角有以下一塊殘片（原誤裱倒）：

《集成》各篇整理圖版皆未收録該殘片。其上文字應係“難”字。從其文字風格來看，應屬《陰陽五行》甲篇。由於該“難”字反印在《五行禁日》章第 2 欄的下揭“甲乙”二字帛片上，根據反印關係可知該殘片應綴入《堪輿》章“堪輿占法”第 12 行，其中“難”字筆畫、右側欄綫等都十分密合。據此，原釋文第 12 行“☒□甬（用）”應修訂作“☒難甬（用）”。附相關圖版如下：

“甲乙”二字帛片

反印文圖版

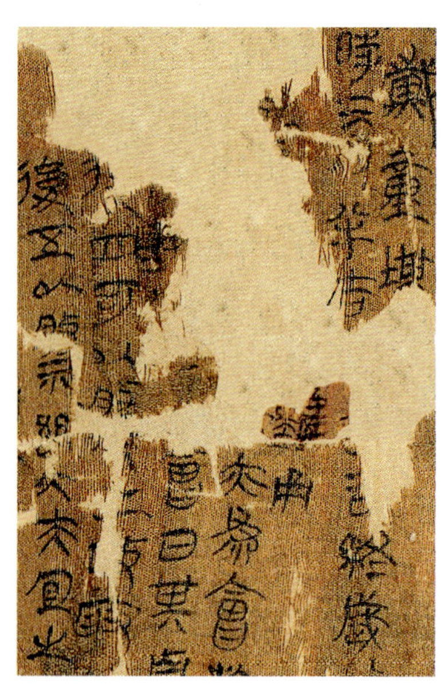

綴合後圖版

067

原始圖版一五六頁“陰陽五行甲篇—24”右側有以下一塊殘片：

該殘片現已不見於整理圖版，也未收在殘片之中，係《集成》整理者誤剪

掉。我們認爲這塊殘片應綴入《雜占之七》章第 2—3 行，綴合後圖版如下所示：①

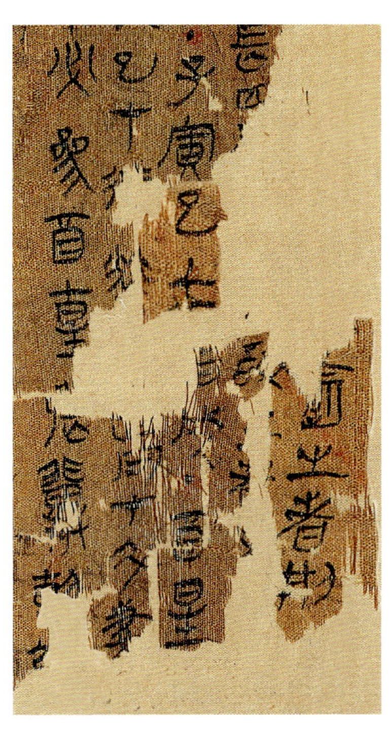

該殘片原本就粘裱在現在位置的正上方，綴入此處十分合適。它與右側的“禽(逾)之者荆(刑)”殘片拼合後，拼接處的三個字字形更加完整。第一個字从“言”从“母”，在句中可讀爲“謀”。② 第二個字和第三個字應是“之”“者”二字。“誨(謀)之者□”與右側第 1 行“禽(逾)之者荆(刑)”句式結構相同。第 2 行“戌”字筆畫也十分密合。凡此皆可證此拼綴意見應可信。綜上，本章第 2 行上原釋文“☐前後長四□☐”應修訂作“☐前後長四□□□誨(謀)之者□☐”，第 3 行上原釋文“・子寅□☐”應修訂作“・子、寅、巳、午、酉、戌”。

① 13 號“巳午”殘片、176 號“禽(逾)之者荆(刑)”殘片從名和敏光先生意見綴在此處，詳見名和敏光《馬王堆漢墓帛書〈陰陽五行〉甲篇〈雜占之七〉綴合校釋》，《上古漢語研究》第三輯，商務印書館，2019 年 6 月，第 149—157 頁。

② 此字多見於楚文字，也有可能應讀爲“誨”。

068

《築(二)》章第 6—7 行有以下一塊殘片：

該殘片原與其上方大塊帛片裝裱在一起(見原始圖版一五三頁"陰陽五行甲篇—21")，我們認爲應從此處剔除，並改綴至《堪輿》章"堪輿占法"第 10—11 行行首，綴合後圖版如下所示：①

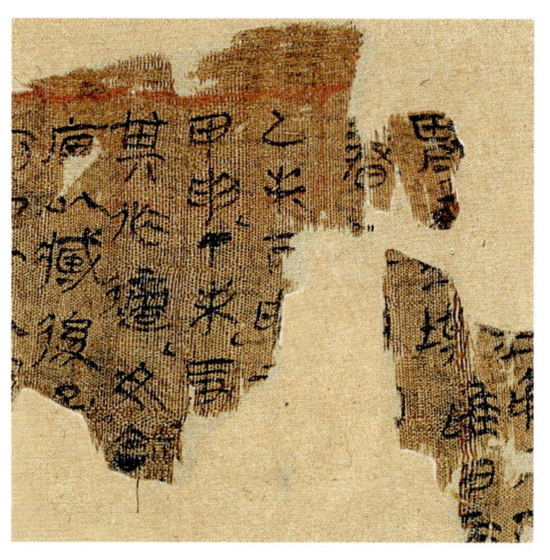

第 11 行"春"字筆畫密合。據此，原釋文第 9—10 行"是₉【胃(謂)童(重)堪，唯(雖)日、辰、】星不吉"、第 11 行"【春之軫、角，夏】之参"中擬補的"胃""童""春"等三字可直接釋出。除此之外，該殘片原在的《築(二)》章第 6 行釋文"胃(謂)□起事於所筑(築)"也應重新修訂作"□起事於所筑(築)"。

① 該圖版主體部分引自名和敏光《馬王堆漢墓帛書〈陰陽五行〉甲篇〈堪輿〉綴合校釋(上)》，出土文獻與經學、古史國際學術研討會暨研究生論壇會議論文，華東師範大學中文系，2018 年 11 月 3—4 日。

《陰陽五行》乙篇

069

原始圖版二八三頁“帛書帛畫殘片—15”左下角、二八五頁“帛書帛畫殘片—17”右下角分别裱有以下兩塊殘片：

《集成》整理圖版未收録這兩塊殘片。第一塊殘片上文字爲“朝若”二字。第二塊殘片係無字殘片，但其上有“壬午|【壬】子”等字反印文。從文字内容、字體風格來看，這兩塊殘片都應屬於《陰陽五行》乙篇“太陰刑德大遊圖”。第一塊殘片應綴入式圖五方中的東方木位，第二塊殘片根據反印關係應綴入式圖十二辰位北方丑位的正上方，綴合後圖版如下所示：

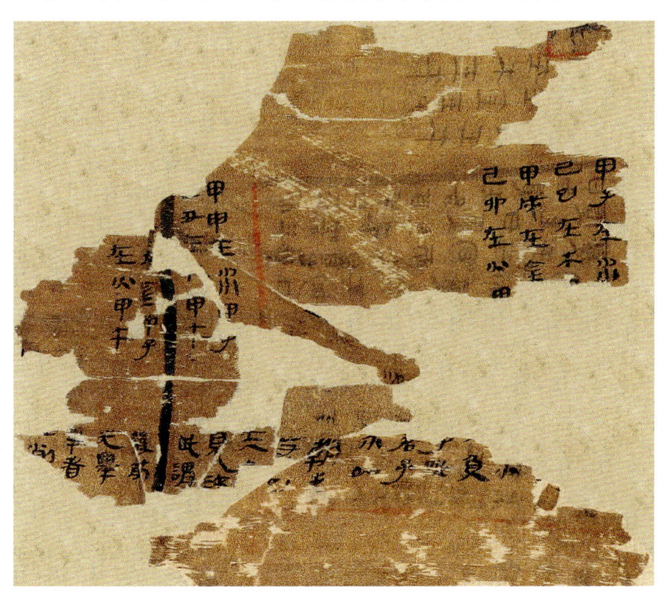

式圖五方中的東方木位文字爲"【·此之謂昭榣,以此舉事,衆心大勞,】小【人】負子兆(逃),君子介以朝,事【若】巳(已)【成】,天乃見袄,氏(是)謂發箭〈筩〉,先舉事者地削【兵弱】"。據上引綴合後圖版,"朝"字筆畫密合,原擬補的"若"字可徑釋。從每行只抄寫兩個字來看,原釋文擬補的"成"字在原帛上已漏抄。因此若嚴格按照釋文體例,這段文字應重訂作"【·此之謂昭榣,以此舉事,衆心大勞,】小【人】負子兆(逃),君子介以朝,事若巳(已)〖成〗,天乃見沃(袄)[①],氏(是)謂發箭〈筩〉,先舉事者地削【兵弱】"。

070

原始圖版一七二頁"陰陽五行乙篇—1"左側、二九〇頁"帛書帛畫殘片—22"左上方分别裱有以下兩塊殘片:

《集成》整理圖版未收録這兩塊殘片。今按,第一塊殘片應綴入式圖十二辰南方午位,第二塊殘片應綴入南方巳位。綴合後圖版如下所示:

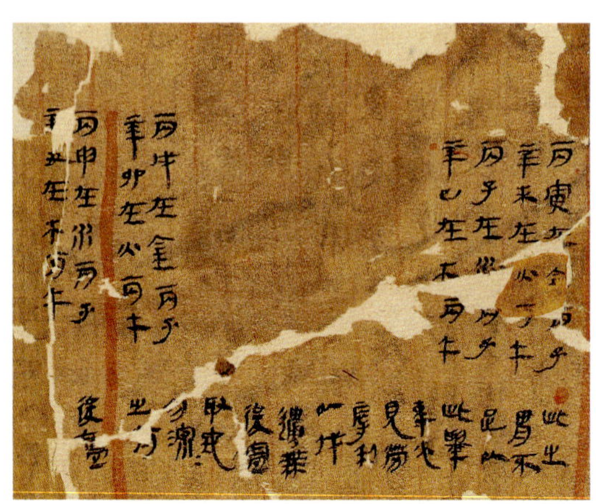

① 此字《集成》直接釋作"袄",從鄔可晶先生意見改釋作"沃"。詳見鄔可晶《讀馬王堆帛書〈刑德〉〈陰陽五行〉〈天文氣象雜占〉瑣記》,《出土文獻研究》第十五輯,中西書局,2016年8月,第270頁。

據此，原釋文南方午位“【辛】丑，在木，丙午”，南方巳位“丙寅，在【金】，丙子”“辛未，在【火】，丙午”中擬補的“辛”“金”“火”等三字可徑釋。

071

《陰陽五行》乙篇《上朔》章第35行（《集成》第貳册一〇頁）有以下一塊殘片：

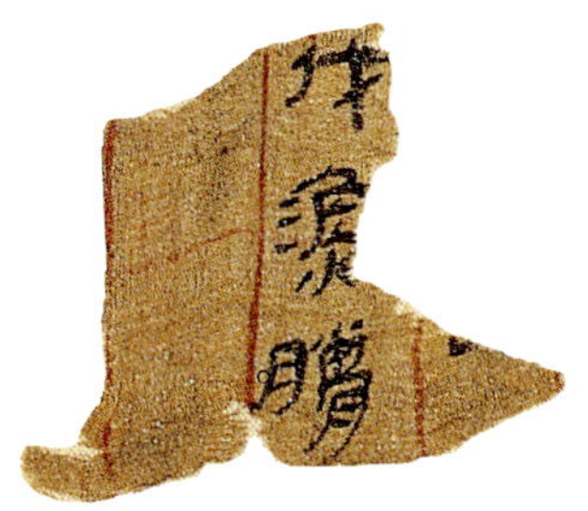

該殘片原裝裱在原始圖版一八〇頁“陰陽五行乙篇—9”最下方，《集成》整理者誤剪後遥綴至《上朔》章第35行。我們認爲這塊殘片應放回其原始位置，並稍向右移動，重綴後圖版如下：

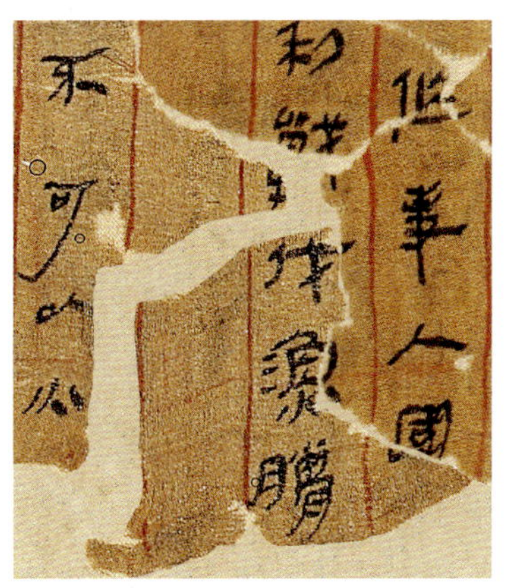

“伐”“漁”二字以及右側一行的“國”字等筆畫都十分密合，可證此綴合正確可信。據此，《擇日表》“玄戈昭榣”第9—10行下原釋文“雖（唯）利戰□、置罔（網）畢也，吉”應重新修訂作“雖（唯）利戰伐、漁臘（獵）、置罔（網）畢也，

吉”。與之相應的是,《上朔》章第35行原釋文“☒伐、漁臘(獵)☒”諸字應直接删除。

可以附帶指出的是,現綴合處往左數兩行爲《五行禁日》章,本章第11—12行原釋文“禁火,不可以火□、攻城、起兵伐,利以出ᒪ”其中的未釋字原帛圖版寫作“”,按,應釋作“兵”。該行下文“起兵伐”的“兵”字寫作“”,字形可與之對比。“不可以火兵攻城”應連讀,帛書《刑德》乙篇《刑德占》第17行“大火,可以火兵伐邑,便【地益】封,踐山破國”辭例與之相近,可互相參看。

072

原始圖版一八〇頁“陰陽五行乙篇—9”左上方和最下方分别裱有以下兩塊殘片:

殘片 1　　殘片 2

又原始圖版一七九頁“陰陽五行乙篇—8”中間偏下位置、二八五頁“帛書帛畫殘片—17”右側、《刑德占》第30—32行末尾分别有以下三塊殘片:

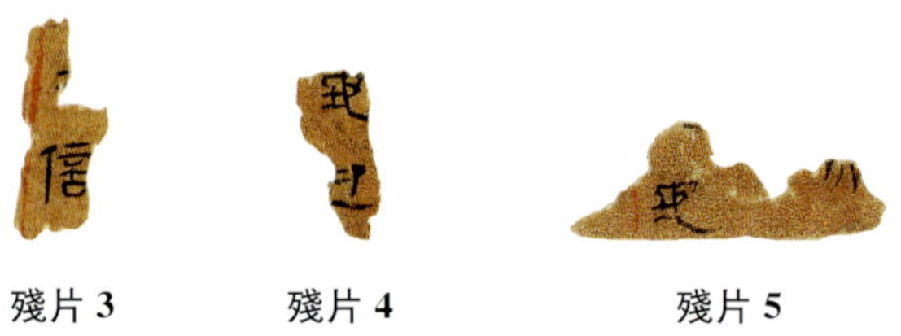

殘片 3　　殘片 4　　殘片 5

《集成》各篇整理圖版皆未收録殘片1、殘片2、殘片3和殘片4。本書第三章第一節已指出,殘片5右側拼合後的“爲”字於形不合,應從現綴入位置剔除。我們認爲以上五塊殘片應一併綴入《天地》章,綴合後圖版如下所示:

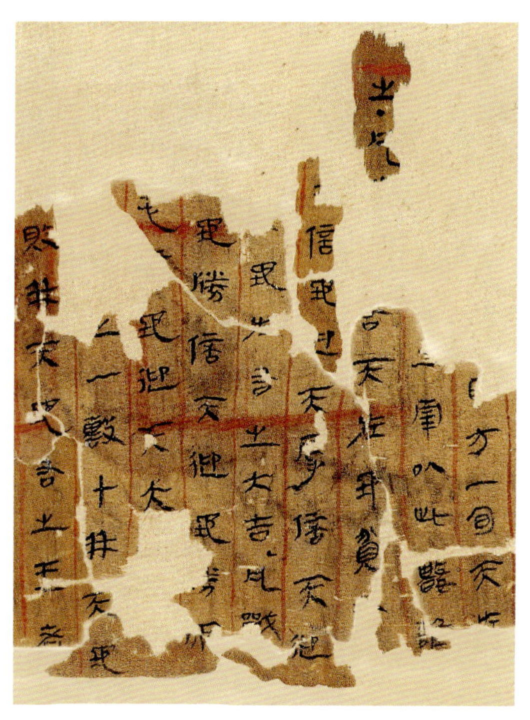

以上圖版爲《天地》章第1—9行内容。殘片1綴入第2—3行行末，第2行“誰”字、第3行“右”字筆畫都十分密合。第2行末“誰”字應讀爲“推”，原釋文“以此數□之”應修訂作“以此數誰（推）之”。帛書《去穀食氣》第2行“以此數誰（誰—推）之”，辭例和用字習慣都與之相同。殘片2綴入第4行行末，“迎”字筆畫密合。殘片3和殘片4綴入第4行，原釋文“【右$_{3}$地左天吉；倍地迎】天辱”中擬補的“吉”“倍”“地”“迎”等四字可直接釋出。殘片5綴入第6—8行，第6行“而”字、第8行“天”字筆畫也都很密合，且第8行“天”字之下原擬補的“地”字剛好可以補出。凡此皆可證上述綴合意見可信。

073

原始圖版一七〇頁“陰陽五行甲篇—38”右下方、二七一頁“帛書帛畫殘片—3”左側、二七四頁“帛書帛畫殘片—6”左下角、二九二頁“帛書帛畫殘片—24”右側分別裱有以下四塊殘片：

《集成》各篇整理圖版皆未收録這四塊殘片。其中第二塊殘片和第四塊殘片原誤褙倒，現已翻正。我們認爲它們應拼綴成新殘片，然後再綴入《陰陽五行》乙篇“傳勝圖”，相關圖版如下所示：

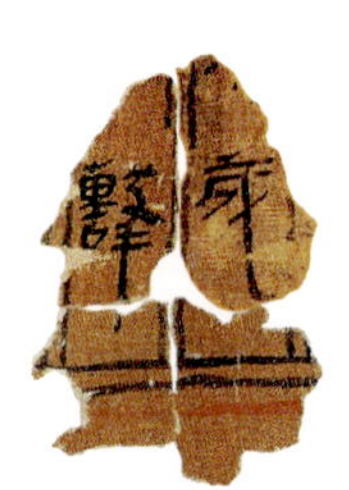

新殘片

綴合後圖版

“小”字筆畫、黑色欄綫等都十分密合。原釋文“荆(刑) 德 【小歲】 斗【擊】 大(太)一 大(太)陰 大(太)陽”中擬補的“小歲”“擊”等字可據此徑釋。

074

《陰陽五行》乙篇 4 號殘片如下：

《集成》釋作“而有|主(生?)大”。按，所謂“主(生?)”字應改釋爲“失”，我們認爲該殘片應綴入《刑德占》“刑德解説”第 26—27 行的行首。又原始圖版

二八二頁“帛書帛畫殘片—14”、二八五頁“帛書帛畫殘片—17”和二九〇頁“帛書帛畫殘片—22”左側分别有以下三塊殘片：

《集成》各篇整理圖版皆未收録這三塊殘片。第一塊殘片上文字爲“倍德”。第二塊殘片原誤裱倒，其上文字爲“刑□|死亡ㄴ□”。第三塊殘片原誤裱倒，其上文字爲“右”。從文字内容來看，這三塊殘片應分别綴入第27行、第27—28行和第23行（也即上揭4號殘片的下方和右方），綴合後圖版如下所示：

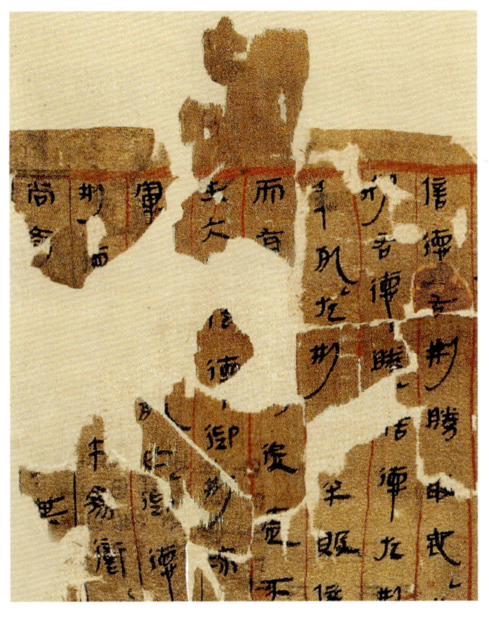

4號殘片上的朱色欄綫密合，且“失大”二字之上有反印文，係刑德大游圖十二辰位中東方卯位上的第四行“己亥”的“己”字。這與該篇帛書的折叠反印關係正好相合。除此之外，第23行“右”字、第27行“德”字、“刑”字、“深”字和第28行“死”字、“迎”字筆畫都十分密合，可證此綴合意見應可信。

據此，第23行原釋文"倍(背)德【右】荆(刑)，勝，取地ㄴ"中擬補的"右"字可直接釋出。第25—28行原相關釋文作："倍荆(刑)【迎】德，將不入邑，若25【入有功，必】有後盎(殃)，不出六年ㄴ。右德左荆(刑)，敗，不26【失大吏ㄴ。倍(背)】德迎【荆(刑)】，深入衆敗，吏死ㄴ。迎荆(刑)、德，27軍【大敗，將】死【亡ㄴ】。"其中第25—26行的"若【入有功】"應改作"若而有【功】"，與之相同的内容《刑德》甲篇作"如入有攻(功)"、《刑德》乙篇作"如入有功"，頗疑《陰陽五行》乙篇書手將第26行的"入"字錯抄成了"而"字。原擬補的"失""大""倍(背)""荆(刑)""亡""ㄴ"等都應直接釋出。

075

原始圖版一八一頁"陰陽五行乙篇—10"右上方有以下一塊殘片：

《集成》整理圖版漏收該殘片。今按，應綴入《擇日表》"文日武日"第21—22行下，試對比相關圖版如下：

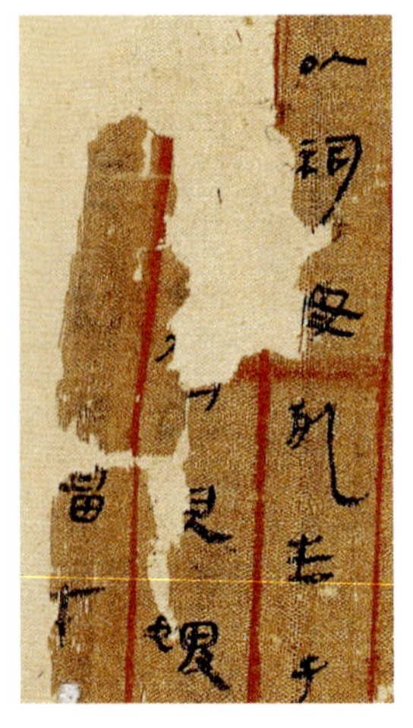

《集成》整理圖版

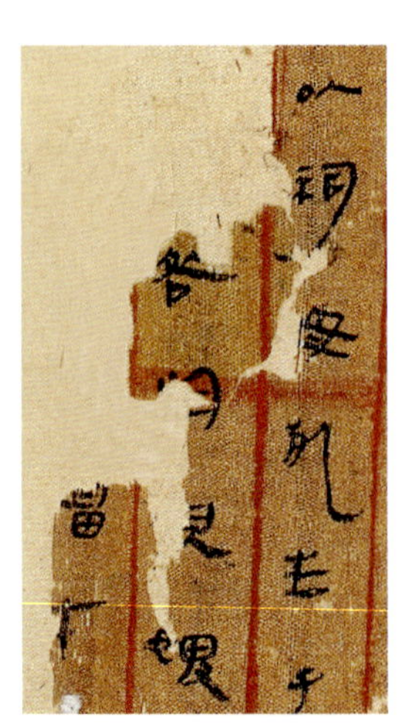

綴合後圖版

綴入處左側原粘有一小塊殘片，顯然應剔除。將其剔除後，綴合後圖版中第21行“祠”字、第22行“於”字筆畫都十分密合，且横、縱兩向的朱色欄綫也都正好相接，可證此綴合意見應可信。據此，該行原釋文“奴婢”之上可補釋“咎於”二字。

076

原始圖版二八八頁“帛書帛畫殘片—20”左上方裱有以下一塊殘片：

該殘片應綴入《擇日表》“文日武日”第11—12行，綴合後圖版如下所示：

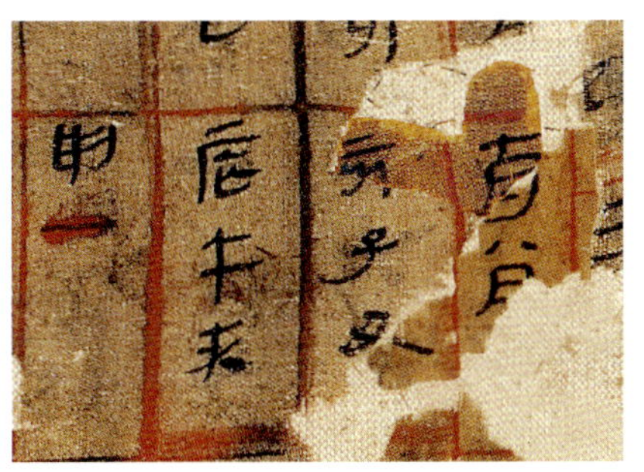

第11行“月”字、第12行“亥”字筆畫都十分密合。據此，原釋文“【七】月八月”中擬補的“七”字可徑釋。

077

原始圖版二九〇頁“帛書帛畫殘片—22”左側有以下殘片（原誤裱倒）：

該殘片應綴入《擇日表》“兇”第1—2行，綴合後圖版如下所示：

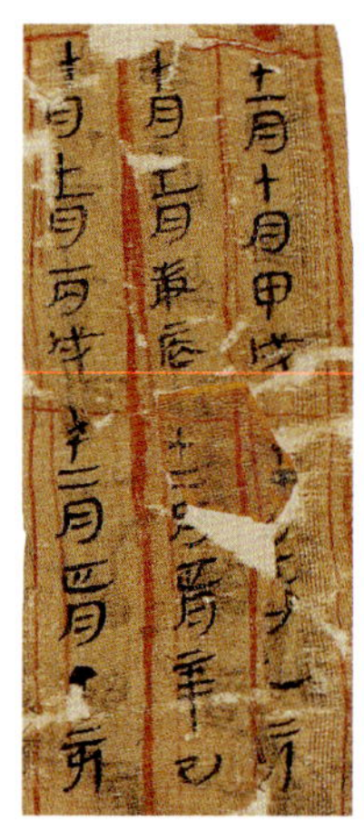

“二”“月”筆畫、殘片形狀、朱色欄綫等都很密合。據此，原釋文第 1 行“【十二】月正月，乙亥”、第 2 行“【十】二月正月，辛巳”中擬補的“十二”“十”等字可徑釋。

078

原始圖版二八五頁“帛書帛畫殘片—17”左上方裱有以下一塊殘片：

該殘片原裱倒，《集成》各篇整理圖版皆未收録。從文字内容看，該殘片應綴入《陰陽五行》乙篇刑德大遊圖式圖十二辰位的東方辰位。綴合後圖版如下所示：

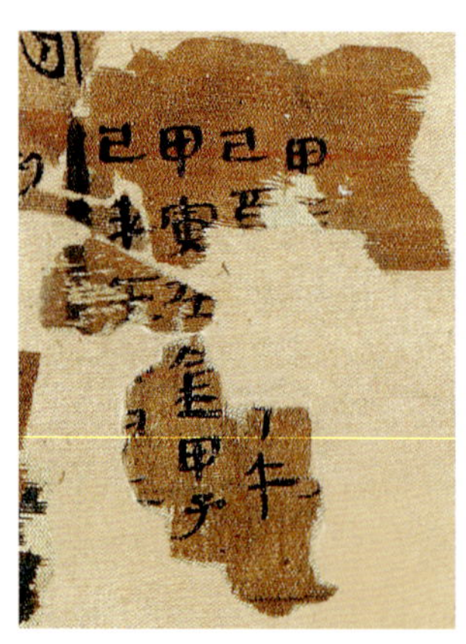

左側黑色界欄密合。據此，原釋文“甲寅，【在】金，甲子”“己位，【在】火，甲午”中擬補的兩個“在”字可直接釋出。

079

原始圖版二九二頁“帛書帛畫殘片—24”中間位置裱有以下小塊殘片：

《集成》各篇整理圖版皆未收録該殘片。按，應綴入《天一》章第8行，綴合後圖版如下所示：

“子”字筆畫、紅色欄綫以及殘片形狀等都十分密合。

080

帛書《陰陽五行》乙篇《上朔》章第33—35行部分圖版需稍作調整，試對比相關圖版如下：

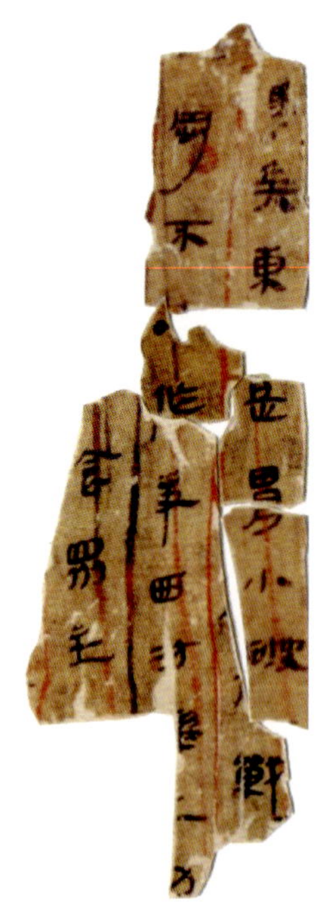

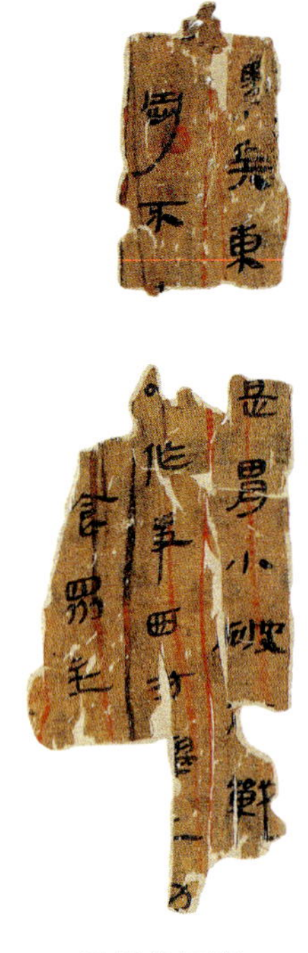

《集成》整理圖版　　重綴後圖版

據《集成》整理圖版，第 33 行"是胃小破"殘片與左側帛片拼接處有兩字仍殘有少量筆畫，可知此綴合不準確。我們認爲"是胃小破"殘片應整體上移一字的位置，從重綴後圖版看此多出的一字應係"而"字，釋文可據此補釋。除此之外，最上方的"舉兵東|剛不"殘片也應上移。"剛不"之下的殘字原釋作"可"，按，該字寫作"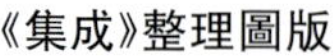"，其形與"可"字不合，應改釋作"利"。據此，第 34 行相關釋文"☐剛不可以作事"應修訂作"☐剛，不利以作事"。

081

原始圖版三〇二頁"帛書帛畫殘片—34"左側有以下一塊殘片：

其上有“者婦”二字。根據文字内容，該殘片應綴入《陰陽五行》乙篇《天一》章第35行行首。綴合後圖版如下所示：

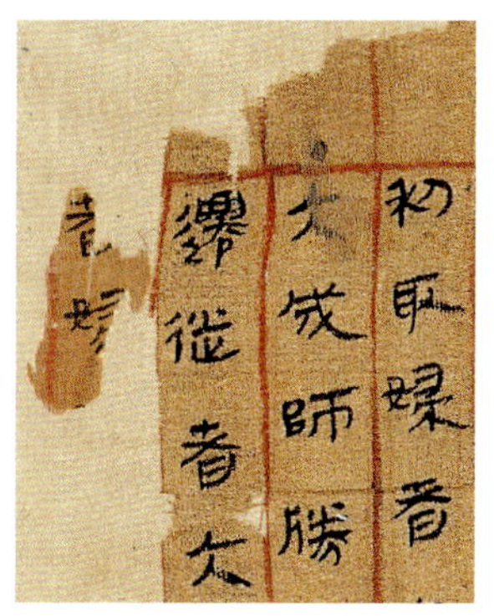

據此，原釋文“・大成：師，勝，得地不逯(歸)；士(仕)者，十33還；徙者，大利，□丈夫、子；取(娶)婦34【者，婦死，十一歲中。】35”中擬補的“者”“婦”二字可徑釋。

082

原始圖版二九二頁“帛書帛畫殘片—24”有以下一塊殘片：

《集成》各篇整理圖版皆未收録該殘片。我們認爲應綴入《陰陽五行》乙篇《女發》章第2行下，綴合後圖版如下所示：

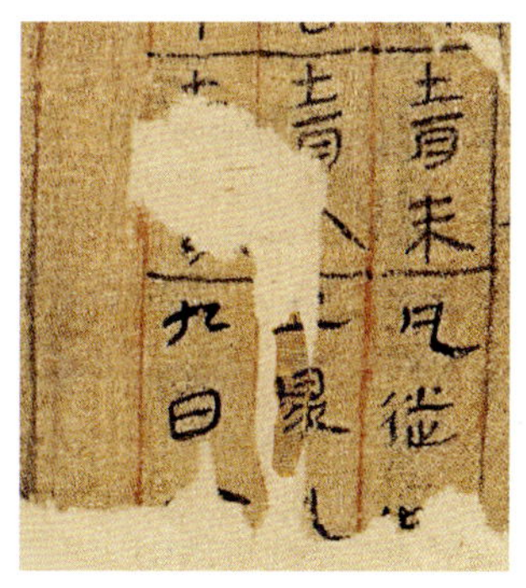

“之”“婦”二字筆畫都十分密合。

083

原始圖版二八五頁“帛書帛畫殘片—17”左上方有以下一塊殘片：

《集成》各篇整理圖版皆未收録該殘片。細審圖版，這塊殘片係由兩塊小殘片粘連而成，且右下方的殘片原誤裱倒，應拆分爲兩塊殘片，如下所示：

第一塊殘片應綴入《刑德占》“刑德解説”第10行，原釋文“荆(刑)、【德六日】而并斿(游)也，亦各徙所不勝”，“六”“日”“而”三字正好補足。原擬補的“六日”二字可徑釋。第二塊殘片應綴入“地剛圖”標題處，“剛”字筆畫密合。

又原始圖版二九〇頁“帛書帛畫殘片—22”中間偏下位置有以下一塊殘片(原誤裱倒)：

將該殘片綴入《刑德占》“刑德解説”第12行，“不”字筆畫密合。據此綴合意見，原釋文“戊【子荆(刑)、德】不入中宫”中擬補的“德”字可直接釋出。附相關綴合圖如下：

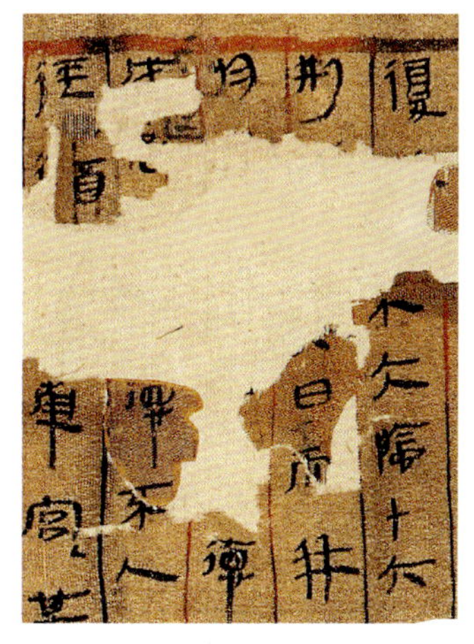

"刑德解説"第 9—13 行

"地剛圖"標題

《出行占》

084

《陰陽五行》甲篇 159 號殘片如下：

該殘片原裱在原始圖版一七一頁"陰陽五行甲篇—39"，從文字風格來看，顯然不應屬於《陰陽五行》甲篇。今按，該殘片應綴入《出行占》第 18 行行末。綴合後圖版如下所示：

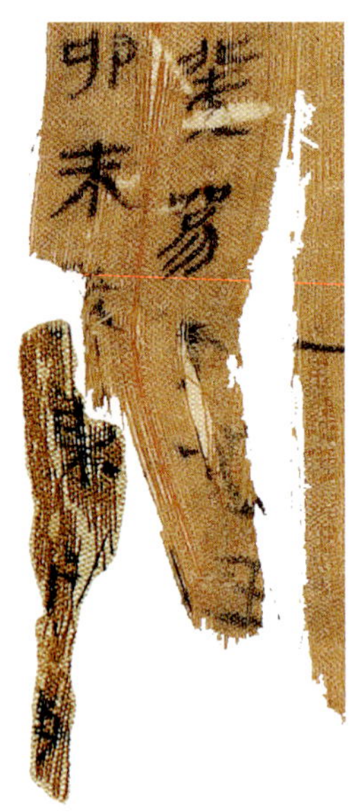

第18行原釋文:"·凡行凶日:【寅午戌,西】南死;丑巳酉,【西】北死;子辰申,東北死;卯未亥,【東南死】。18"據此綴合意見,該行末原擬補的"東南死"三字正好補足,應直接釋出。

085

原始圖版二七三頁"帛書帛畫殘片—5"最下方有以下一塊殘片(原誤裱倒):

該殘片上的文字係反印文,我們認爲應綴入《出行占》丁面反印文(《集成》第貳册二三頁)。綴合後圖版如下所示:

“日”“出”“大”“凶”等四字筆畫都十分密合。

086

原始圖版二九〇頁“帛書帛畫殘片—22”右側有以下一塊殘片：

《集成》各篇整理圖版皆未收録該殘片。我們認爲應綴入《出行占》第 22 行下，綴合後圖版如下所示：

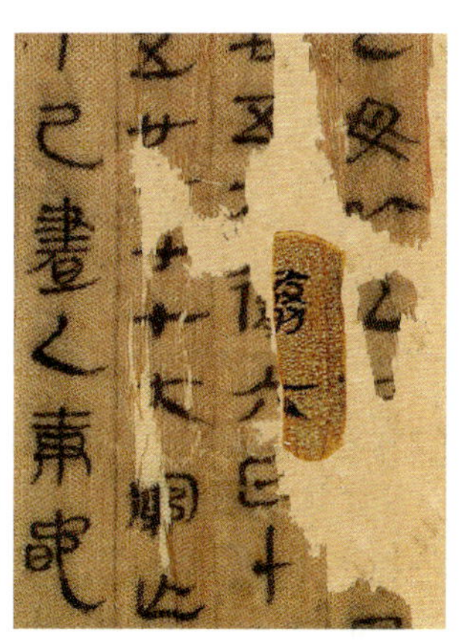

“黄”“六”二字筆畫都十分密合。

《足臂十一脈灸經》

087

原始圖版二七一頁“帛書帛畫殘片—3”右下方有如下一塊殘片：

《集成》各篇整理圖版皆未收録該殘片。其上殘字係用作“脈”的“温”字，應屬於《足臂十一脈灸經》（馬王堆帛書中此字僅見於本篇）。該篇有多處擬補的“温（脈）”字，但該殘片下方爲空白帛，表示抄寫至此語句已完結，因此只能綴入本篇第15行行末。據此，第15行原釋文“·〖諸〗病此物【者，皆灸】足少陰【脈】”應修訂爲“·〖諸〗病此物【者，皆灸】足少陰温（脈）”。附圖如下：

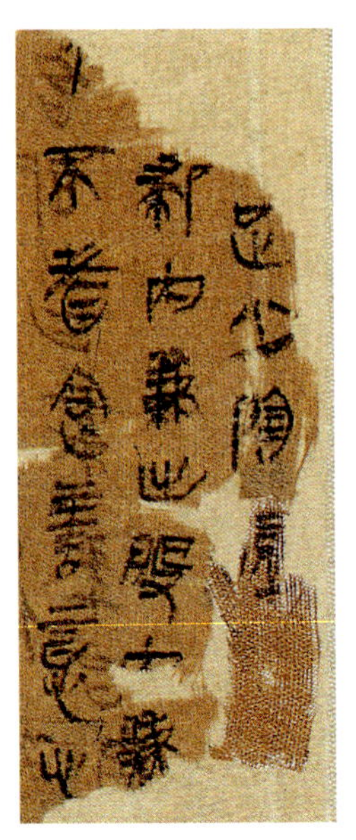

088

原始圖版二七一頁"帛書帛畫殘片—3"右下方有以下殘片(原誤裱倒):

今按,該殘片應綴入《足臂十一脈灸經》第 31 行,綴合後圖版如下:

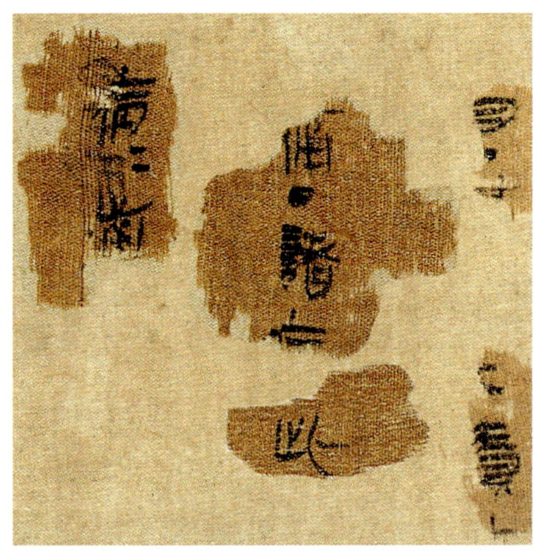

本篇帛書多見"諸病此物者"云云,綴入後文例與之相同,殘片右側爲空白行也與帛書行款相合。據此,第 31 行原釋文"·諸病【此物者,皆】"中擬補的"此"字可直接釋出。

《五十二病方》

089

《五十二病方》9 號殘片如下:

該殘片原本裝裱在本篇目録頁,《集成》注釋指出其上"以"字是反印文。按,《五十二病方》"諸傷"題下第 16 行:"金傷者,以方(肪)膏、烏豙(喙)【□□】,皆相□煎,鉈(施)之。"相關的整理圖版和反印文圖版對比如下:

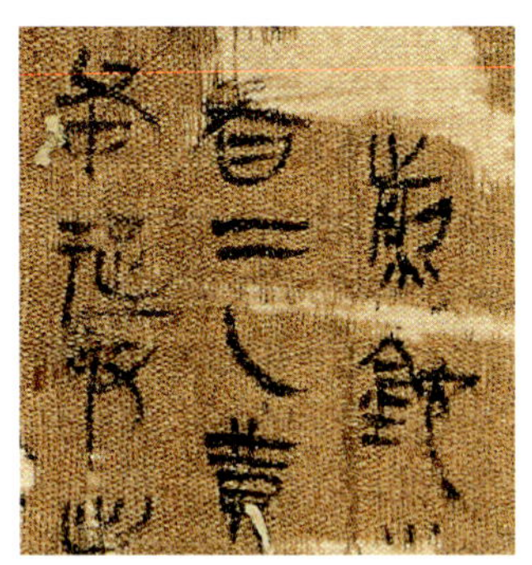

此處帛片斷裂後掩蓋了部分字形、筆畫(左側第 17 行"廷"字可證),因此位於下方的帛片應向下移一個字的位置。據反印文圖版,"煎""鉈"二字之間有一"以"字,正好就是上揭 9 號殘片。因此,所謂 9 號殘片只是被漏釋的反印文,不應收録爲殘片。據此,原釋文"皆相□煎,鉈(施)之"應修訂作"皆相□煎,以鉈(施)之"。

090

《五十二病方》55 號殘片已綴入該篇第 397—399 行,詳見第三章第五節。

091

《五十二病方》第 35—39 行行末有以下一塊帛片:

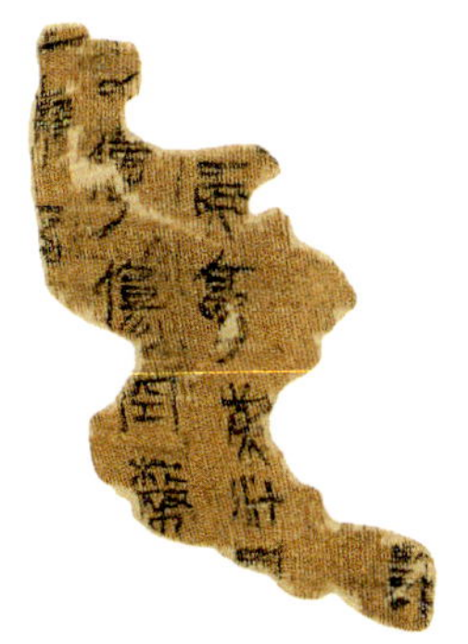

這塊帛片上的文字反印在抄有《陰陽脈死侯》和《脈法》的帛片(《集成》第貳册六六頁)的右下方。對照反印文可知,"漬""堯""膏""煎"等字皆清晰可辨(見下揭反印文圖版圈出部分),據此可知上引帛片放在現在的位置並不準確,應上移至與其上方帛片相接。這樣調整後,原釋文第37行"漬以【□□□□】堯膏煎汁"一句中擬補的文字應全部删去,可修訂作"漬以堯膏煎汁"。第38行行末"蔽上"的"上"字,《集成》整理者係據反印文釋出,實則此"上"字應屬第37行,與其上方的"置"字之間大約有兩個字的位置,"置□□上"文意也很通順。第39行"癰"字之上一字筆畫亦稍補足,可釋作"之",此亦是上述調整意見的旁證。附相關圖版如下:

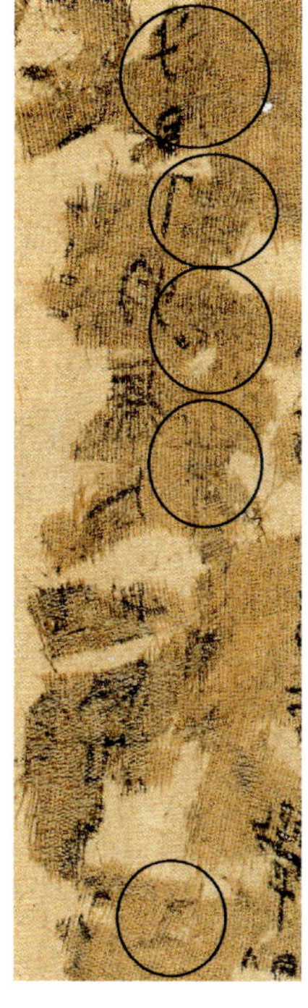

反印文圖版

《集成》整理圖版

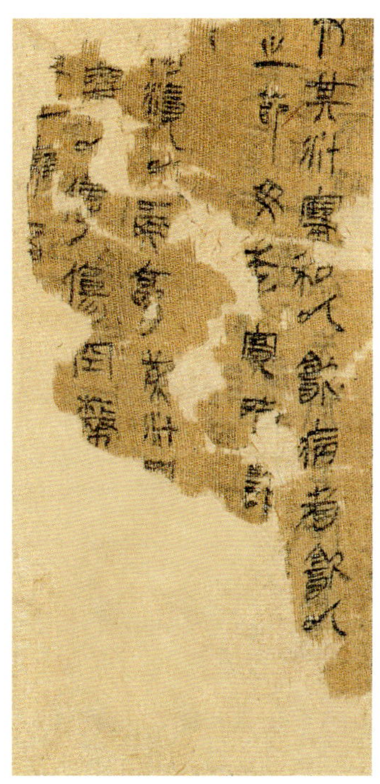

調整後圖版

092

原始圖版二八八頁"帛書帛畫殘片—20"中間偏下位置有以下一塊殘片:

《集成》各篇整理圖版皆未收録該殘片。今按，應綴入《五十二病方》第355行，綴合後圖版如下：

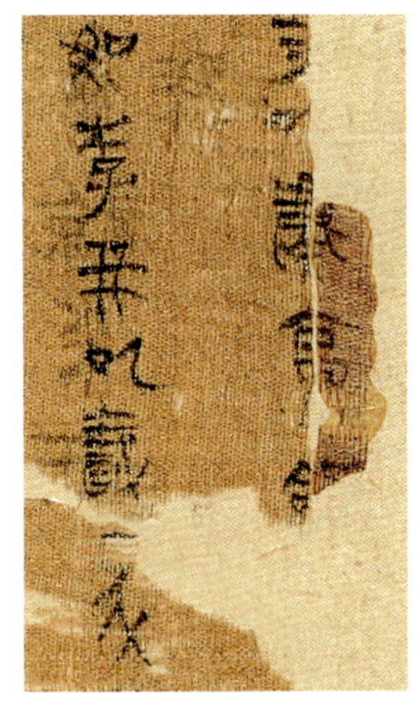

“麇（毚）”“膏”“饍”三字筆畫都十分密合。[①]

093

原始圖版二九二頁“帛書帛畫殘片—24”右下方有如下一塊殘片：

① 廣瀨薰雄先生指出，該殘片應從“麇（毚）膏”二字下方拆開，下方的小塊殘片應剔除。按，從這塊殘片的形態看，其上下兩部分確實有應拆分開的可能。不過下方的小塊殘片上有一横筆，這與“饍”字所从“善”旁上方的筆畫相合。爲謹慎起見，此處綴合圖版暫不作拆分處理。

《集成》各篇整理圖版皆未收録該殘片。我們認爲其上文字係"諸傷"二字，應綴入《五十二病方》第1行帛書天頭位置。據此，原釋文第1行擬補的標題"諸傷"二字可直接釋出。附綴合圖如下：

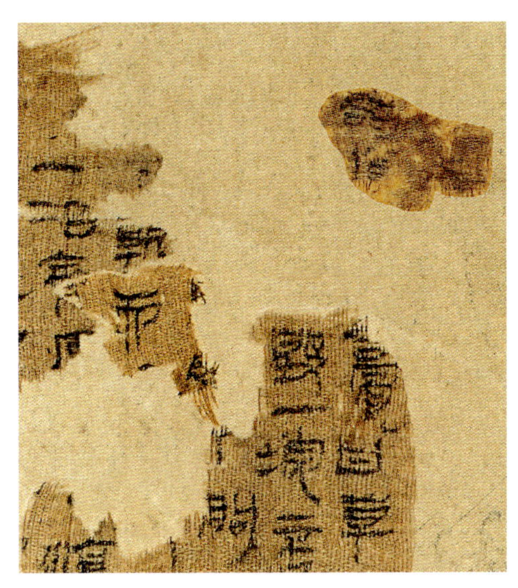

《陰陽十一脈灸經》乙本

094

原始圖版二九〇頁"帛書帛畫殘片—22"左下方裱有以下一塊殘片（原誤裱倒）：

《集成》各篇整理圖版皆未收録該殘片。從文字内容、殘片形狀來看，應綴入帛書《陰陽十一脈灸經》乙本第2行行末，綴合後圖版如下所示：

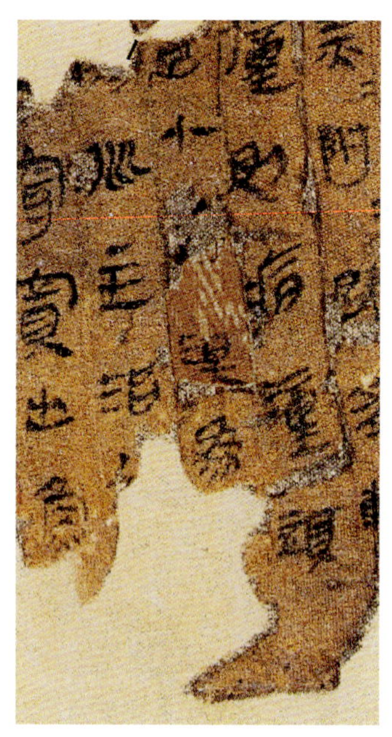

據此，原釋文“足小指【痹】”中擬補的“痹”字應改釋作“淠(痹)”。

095

原始圖版二九五頁“帛書帛畫殘片—27”左側有以下一塊殘片：

《集成》各篇整理圖版皆未收録該殘片。按，應綴入帛書《陰陽十一脈灸經》乙本第3行，綴合圖版如下：

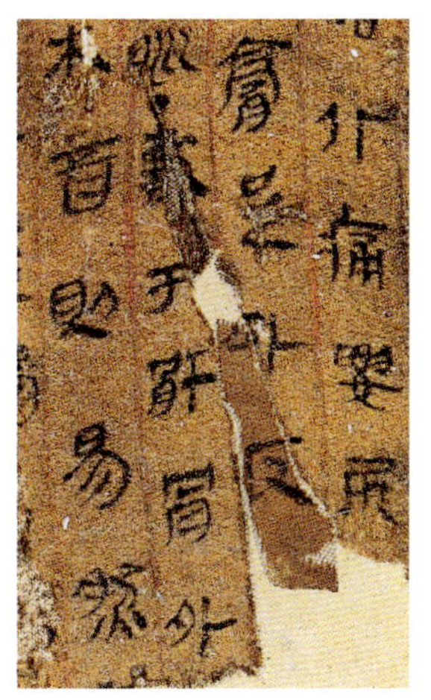

綴入此處殘片形狀相吻合，"外""反"二字筆畫也正好補足。據此，原釋文"足外【反，此】爲陽瘚（厥）"中擬補的"反"字可徑釋。

《導引圖》

096

原始圖版二八〇頁"帛書帛畫殘片—12"中間位置、二九五頁"帛書帛畫殘片—27"右下方分別裱有以下殘片：

第一塊殘片《集成》各篇整理圖版皆未收録，第二塊殘片被收録爲《導引圖》2號頭部殘片。我們認爲這兩塊殘片可以互相拼綴作：

殘片撕裂形狀相合，原已缺失的鼻子也正好補足。不過從左側殘有藍色衣服的部分與右側頭形的距離來看，這塊新殘片很有可能並不屬於《導引圖》，暫存此待考。

《養生方》

097

《養生方》40、126號和現綴於第136行的殘片如下：

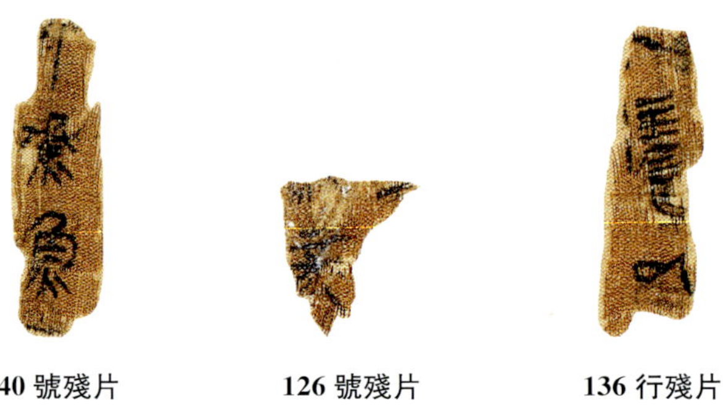

40號殘片　**126號殘片**　**136行殘片**

40 號殘片和第 136 行殘片同裱一版（原始圖版二四九頁"養生方—13"），形狀也很接近。二者是互相反印的關係。據高清照片，40 號殘片上第一個字的長竪筆、"魚"字的上半部分在第 136 行殘片上的反印文仍清晰可辨。因此，根據反印關係可知，40 號殘片應綴入第 27 行"此醢"二字的正下方。除此之外，上揭 126 號殘片頗疑應綴入第 25—26 行，綴合後圖版如下所示：①

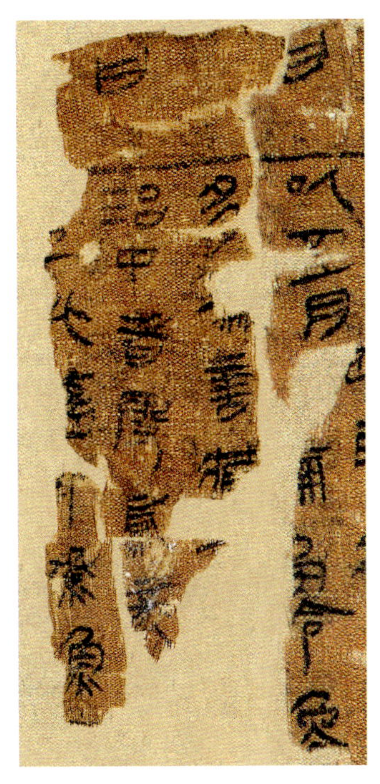

第 26 行"烏"字筆畫密合，其下正好補出一"豙（喙）"字，第 25 行"善臧（藏）"二字下方仍殘存有一横筆，應係"之"字。本篇第 83 行"乾之，即善臧（藏）之"、第 130 行"乾，即善臧（藏）之"，辭例皆與之相近。據此，27 行原釋文"□此醢☑"應修訂作"□此醢□烝（蒸）魚☑"。

---

① 《集成》整理圖版第 25—26 行有一"叉"字殘片，《集成》注釋指出其與上方的帛片並不相連，認爲其位置可疑。我們贊同此意見，這塊"叉"字殘片係整理時誤剪，與《養生方》5、6 號殘片同屬一塊帛片，從此處剔除後正好綴入 126 號殘片。

098

《養生方》48 號殘片如下：

《集成》未釋。我們認爲該殘片應綴入第 197—198 行，綴合後圖版如下所示：

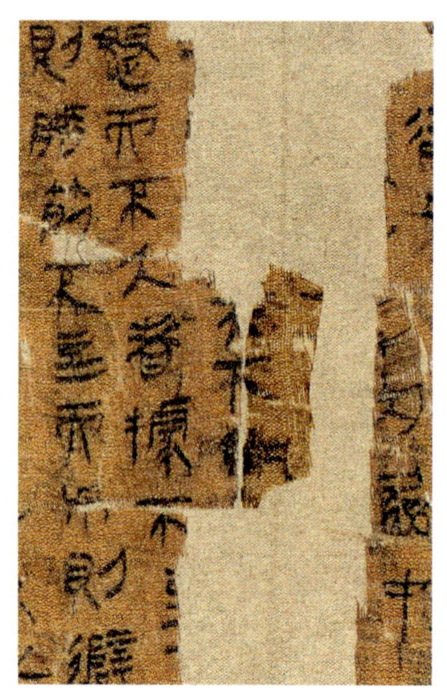

"天""下""孰"三字筆畫都十分密合（"孰"字寫作从"亯"，與該篇多寫作从"享"不同）。右側第 197 行"内（納）履中"上方的兩個殘字原未釋，我們認爲應係祝由術中經常出現的數字"二七"（此方上一行即第 196 行有"禹步三曰"），48 號殘片右側的殘筆應即"二七"的"七"字。更重要的是，此處以 48 號殘片左側撕裂處爲中心軸綫反印，"孰"字所从"丮"旁正好清晰地反印在其左側帛片上（"孰"字與左側一行的"據"字之間）。據此，第 198 行原釋文"天下□"應改釋作"天下孰"。①

099

《養生方》52、56號殘片如下：

52號殘片

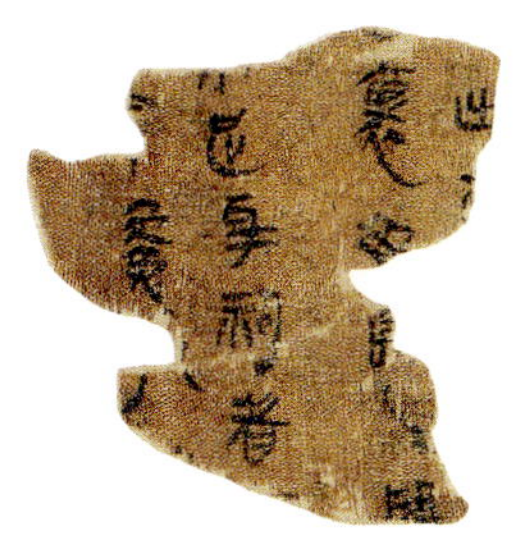

56號殘片

我們認爲這兩塊殘片應一併綴入本篇第180—184行，綴合後圖版如下所示：②

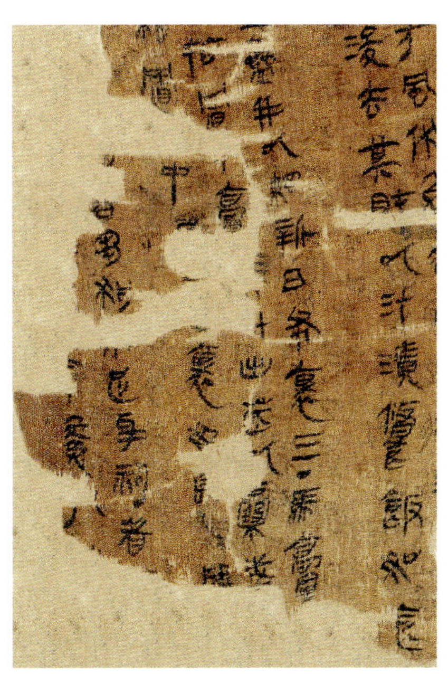

① "天下孰"三字很可能在"天下"之後斷開，由於上下文缺失過多，此暫不標點。

② 52號殘片左側"芻狗"之下的小塊碎片係誤粘於此，應從中剔除。

這樣綴合主要有以下幾點理由：第一，52 號殘片與右側的大塊帛片原本就裝裱在一起（見原始圖版二五一頁“養生方—15”），二者的位置關係與上揭圖版幾乎完全相同；第二，56 號殘片綴入後，第 180 行“出”“莡”二字筆畫都密合無間；第三，52、56 號殘片中間都有一空白行，第 182 行只抄有“令見日歙之”五字，其下同樣是空白行，正好相合；第四，反印文相合，52 號殘片上“芻狗”二字反印在第 216 行“少河”處，56 號殘片上的文字反印在第 215—219 行“俞鼠|合麋眏孰|女子之樂有|戋言|凡合氣”帛片上，將 52、56 號殘片綴入上揭圖版的位置，與本篇帛頁的疊壓反印關係相合。凡此皆可證上述綴合意見應可信。

綜合以上綴合意見，原釋文第 179—182 行應修訂作：“【一曰】：烏豙（喙）二，北南陳陽垣[①]骨一，蠱（冶），并以細新白布裹三。・馬膏【□□□□】棲肥雞膏【□□】179□，復鬻（煮）瓦莡長如中指，置□膏□汁，出莡，以囊盛，【□□□□】日棄貍（埋）【□□】180 財（滓）。節（即）行，順抍東行水一棓（杯），置□中，□□裹毋□□□□□□□入三，出之，[②]勿 181 令見日，歙（飲）之。182”第 183—185 行應修訂作：“【一曰】：□□[③]犬三卒【□□□□□□】□□芻狗□足牙（與）[④]祠者【□□□□□□□□□】183 烏豙（喙）一半，冶之，【□□□□□□□□□□□】，令㲋（纔）孰（熟），[⑤]【□□□□□□□□□□】184 爲☑。”

---

① “垣”字從陳劍先生意見補釋，詳見陳劍《讀馬王堆簡帛零札》，《上古漢語研究》第一輯，商務印書館，2016 年 10 月，第 54—55 頁。

② “入三，出之”，《集成》釋作“入二以出之”，此從劉建民先生意見改釋。詳見劉建民《馬王堆醫書〈養生方〉〈房内記〉校讀札記》，《中醫典籍與文化》2022 年第一輯（總第 4 期），社會科學文獻出版社，2022 年 12 月，第 150 頁。

③ 此疑是“取盧”二字，“盧”或應讀爲“驢”，黑色之義。

④ 郭理遠先生指出此“牙”字較秦漢文字的常見寫法多出一横，而與上博簡《史蒥問于夫子》7 號簡“[illegible]”形相合，或應看作是馬王堆帛書中楚文字寫法的遺留。詳見郭理遠《楚系文字研究》，復旦大學博士學位論文（指導教師：裘錫圭），2020 年 7 月，第 166 頁。另外，從上下文來看，此“牙”字很有可能應如字讀，而不應讀爲“與”，暫存此待考。

⑤ “令”“孰”二字《集成》未釋，此從劉建民先生意見釋出，詳見劉建民《馬王堆醫書〈養生方〉〈房内記〉校讀札記》，《中醫典籍與文化》2022 年第一輯（總第 4 期），社會科學文獻出版社，2022 年 12 月。

100

《養生方》63 號殘片已綴入該篇第 58—60 行，詳見第二章第三節。

101

《養生方》82 號殘片已綴入該篇第 57—58 行，詳見第三章第五節。

102

《養生方》88 號殘片如下：

我們認爲該殘片應綴入第 139 行，綴合後圖版如下所示：

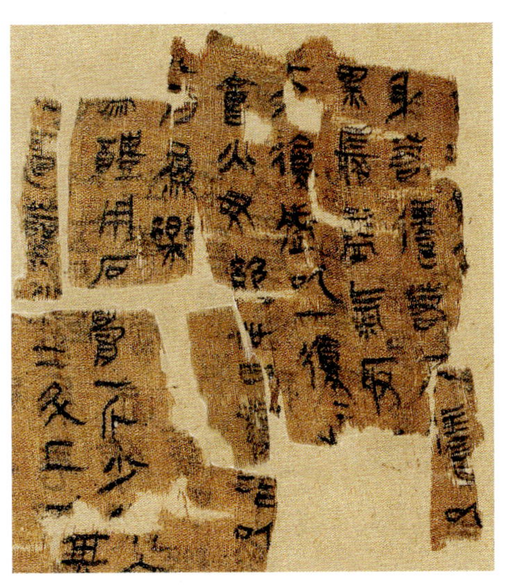

第 139 行“卅”“日”二字筆畫都十分密合。88 號殘片形狀與缺失帛片的形狀也大致吻合。88 號殘片左側爲空白行，第 140 行在“八月爲樂”後已抄寫完畢，其下也爲空白行，二者正好相合。除此之外，88 號殘片上十分清晰地反印有一“取”字，應係第 23 行“即取籥中樂”的“取”字，這與該篇帛頁的叠印關係相合。凡此皆可證明此綴合意見應可信。

據此綴合意見，第 139 行原釋文“食，火毋絶，卅日□冶，以【□□】裹”應修訂作“會，[①]火毋絶，卅日發，冶，以【□□】裹”。其中“發”字係“開啓”“打開”之義，整句話大意是説用火煮（炊、炙等）某某藥物，令其火不熄，三十日後打開（盛裝藥物的容器），將藥物冶碎，而後用（布巾）包裹。本篇第 48 行“炊上晝日而火【毋】[②]絶，四日出，閭（濾）棄其滓”文辭即與之相近，可互相參看。

103

《養生方》94 號殘片已綴入該篇第 91—92 行，詳見第三章第二節。

104

《養生方》128 號殘片如下：

其上文字爲“□在□□|瑟弦㲄（繫）於”。我們認爲該殘片應綴入本篇第 213—214 行，綴合後圖版如下所示：

① 《集成》誤釋作“食”，此從陳劍先生意見改釋爲“會”，參見陳劍《讀馬王堆簡帛零札》，《上古漢語研究》第一輯，商務印書館，2016 年 10 月，第 52 頁。

② 此缺文《集成》未釋，據辭例和文意可補作“毋”。

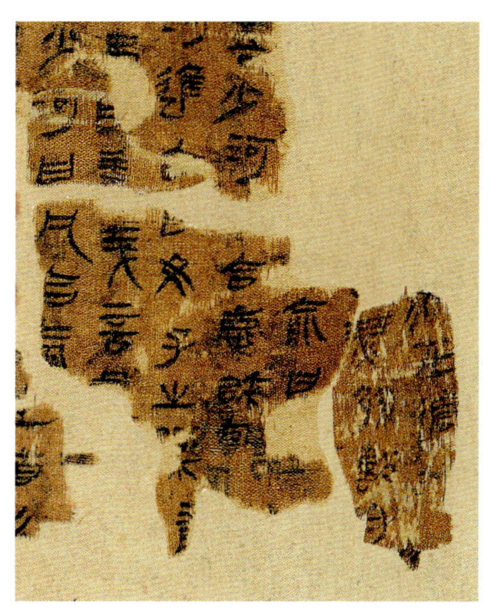

之所以這樣綴合，主要有以下三點原因：首先，綴合處第 214 行“瑟”字筆畫十分密合；其次，該殘片斷裂的邊緣十分規整，與左邊的那塊帛片相綴可謂若合符節；再次，該殘片上的“瑟弦”與其左側第 215 行的“俞鼠”[①]都是表示女性陰道深度的專有名詞，這兩行的内容顯然聯繫比較緊密，拼綴在此處也很直接自然。[②]

可以附帶指出的是，此處上下文缺失嚴重，復原難度較大，不過其内容很有可能是對本篇卷末女陰圖的解釋説明。其中第 214 行的“瑟弦”也就是卷末圖的“琴弦”，二者名異而實同。第 215 行的“俞鼠”也就是卷末圖的“□鼠”。卷末圖“□鼠”中的未釋字，帛書原整理者補釋作“臭”，《集成》注釋指出是“臭”字的可能性比較大，不過仍闕而未釋。核帛書高清照片，此字寫作“ ”，仍殘存左上方的一撇筆和左下方的一豎筆，其形與“臭”字不合，應以釋“俞”爲是。

① 《集成》誤釋“鼠”字作“曰”，此蒙陳劍先生 2014 年面告。“俞鼠”見於《醫心方》卷二八《和志第四》，是房中術語。

② 此蒙陳劍先生提示。

105

《養生方》130 號殘片已綴入該篇第 96—97 行，詳見第四章第一節。

106

《養生方》"勺"題下第 47—49 行：

> 五月取蝟贏三斗、桃實二斗，並撓，盛以缶，沃以美溢（截）三斗，蓋涂（塗）ㄴ，貍（埋）竈中，令【□□】47 三寸，杜上，令與地平。炊上晝日而火【□】絶，四日出，閭（濾）棄其滓。以汁染布三尺，陰乾 48，輒復染。（下略）

陳劍先生指出，第 48 行所謂"陰乾"之"陰"字與殘形不合，應改釋爲"暴"，[①]其説正確可從。根據這一改釋意見，我們很容易想到《房内記》第 25—26 行的一塊殘片：

《集成》整理圖版

《馬[肆]》圖版

這塊殘片最早由帛書原整理者綴入《房内記》，《集成》整理圖版也沿用了這一拼綴意見。我們曾在舊文中指出，無論是從保存狀況還是文字風格來看，該殘片都不應屬於《房内記》，而是應該歸入《養生方》或《五十二病方》，但是其具體所屬位置暫時無法確定。[②] 現在根據陳劍先生的改釋意見，

① 陳劍《讀馬王堆簡帛零札》，《上古漢語研究》第一輯，商務印書館，2016 年 10 月，第 51—52 頁。

② 鄭健飛《馬王堆帛書殘字釋讀及殘片綴合研究》，復旦大學碩士學位論文（指導教師：劉釗），2015 年 6 月，第 61 頁。

可以肯定這塊殘片應改綴入帛書《養生方》第47、48行的行末。綴合後圖版如下所示：

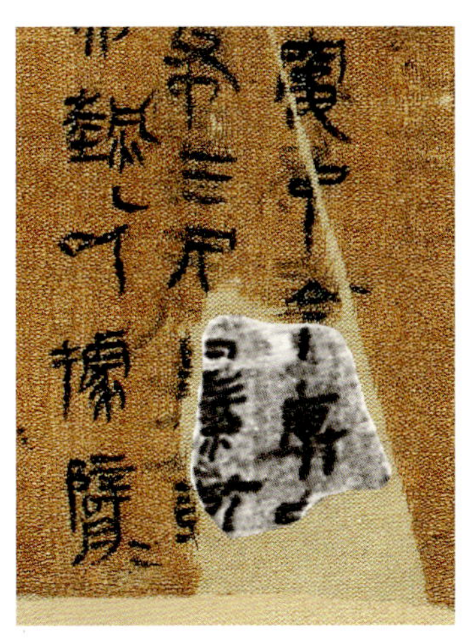

第47行"令"字和第48行"纍""乾"二字的筆畫都極爲密合，可證此拼合當無疑問。綜合以上意見，上引釋文應修訂爲"【一】曰：五月取蚺蠃三斗、桃實二斗，並撓，盛以缶，沃以美瀐（截）三斗，蓋涂（塗）ㄴ，貍（埋）竈中，令庳（卑）□47三寸，杜上，令與地平。炊上晝日而火【毋】絶，四日出，閭（濾）棄其滓。以汁染布三尺，纍（暴—曝），乾48輒復染"。從上下文的文意來看，"庳"應讀爲"卑"，訓爲低。"庳（卑）"下之殘字，《集成》原釋作"中"，不過"令庳（卑）中三寸"顯然無法講通，因此釋爲"中"恐怕並不可信，暫存疑待考。"令庳（卑）□三寸"大致是説讓（盛有藥物的缶）低於某個位置三寸，或與缶埋在竈中的深度有關。本篇第59行"【戲】：入七月七日取守【宫】，□以□□□其口，貍（埋）竈口ㄴ，下深□【□□】（下略）"，①表述與之相近。

107

《養生方》第141—145行：

① 釋文從陳劍先生意見略有改動，參見陳劍《讀馬王堆簡帛零札》，《上古漢語研究》第一輯，商務印書館，2016年10月，第52—53頁。

⧄：爲醴，用石膏一斤少半L，稾本L、牛厀【各】一把置甕【□□□□□□□□□□□□】141□置蘖米二斗上，□其汁淳L，反覆簪□□中泰【□□□□□□□□□□□□】142 ⧄ 143 ⧄：益力，敬除腹心胸中惡氣：取槐莢中實，置□【□□□□□□□□□□□□□】144 五實，癢甚，少之；不癢，益之。令身若癢若不癢。【□□□□□□□□□□□□□】145

周波先生曾將37號殘片綴入第142—145行，[①]其説可信，不過尚有可補綴之處。我們認爲142號殘片應補綴在37號殘片的正上方，試看相關圖版：

37號殘片

142號殘片

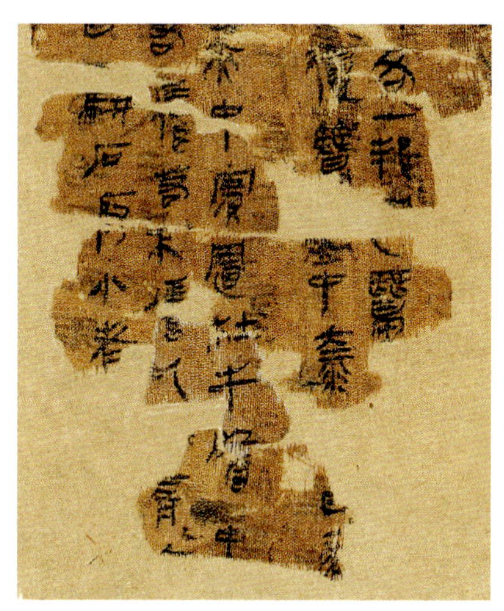

綴合後圖版

第144行"置"後一字原釋爲"灶"，陳劍先生指出不論釋爲"竈"或"灶"，恐均不可信。[②] 周波先生從其説將此字闕疑未釋。[③] 據綴合後圖版，此字筆

① 周波《〈馬王堆漢墓帛書〔肆〕〉整理札記（二）》，《出土文獻與古文字研究》第六輯，上海古籍出版社，2015年2月，第563—564頁。

② 陳劍《馬王堆帛書〈五十二病方〉〈養生方〉釋文校讀札記》，《出土文獻與古文字研究》第五輯，上海古籍出版社，2013年9月，第516頁。

③ 周波《〈馬王堆漢墓帛書〔肆〕〉整理札記（二）》，《出土文獻與古文字研究》第六輯，上海古籍出版社，2015年2月，第563頁。

畫已補足作“”,應釋爲“杜”。“牛”下一字寫作“”,應釋爲“膽”。“杜牛膽”也即“牡牛膽”,秦漢文字中“木”“牛”二旁常相混,“杜”字應係“牡”字之形訛。本篇第 89 行有“牡鼠腎”,與此處“杜〈牡〉牛膽”結構相同,可互相比參。“取槐莢中實,置杜〈牡〉牛膽中”文意亦極爲通順。第 145 行“令身若僟(癢)若不僟(癢)”中的第二處“僟”字作“”,其筆畫也正好可以補足。此外,我們曾在舊文中將《養生方》91 號殘片綴入第 21 行,[1]劉建民先生也發表了相同的綴合意見。[2] 據帛書高清圖版可知,142 號殘片上反印有“五寸”二字,應即第 91 號殘片上文字,二者亦是互相反印的關係。這與帛書《養生方》各帛頁之間的叠印關係完全吻合,凡此可以證明以上綴合意見都應可信。根據上述補綴意見,第 144 行相關釋文可修訂爲“取槐莢中實,置杜〈牡〉牛膽中”。另外,第 142 行和 145 行的釋文亦有少許完善,可作相應修訂。

108

《養生方》163 號殘片已綴入該篇目録頁,詳見第四章第二節。

109

《陰陽五行》甲篇 177 號殘片如下:

由於與該篇 176 號殘片粘合在一起,該殘片也被誤歸入《陰陽五行》甲篇。我們認爲這塊殘片應綴入帛書《養生方》第 204 行,綴合後圖版如下:

[1] 鄭健飛:《馬王堆帛書殘字釋讀及殘片綴合研究》,復旦大學碩士學位論文(指導教師:劉釗),2015 年 6 月,第 78—79 頁。

[2] 劉建民《馬王堆漢墓醫書〈養生方〉綴合五則》,《江漢考古》2018 年第 3 期。

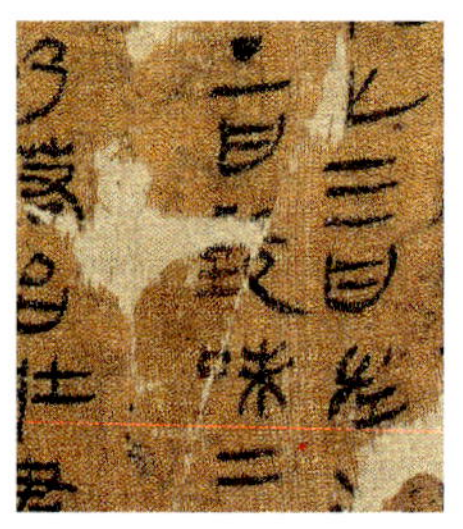

“致”“味”二字筆畫皆密合無間，殘片右側邊緣的形狀與綴入處也正好相合，可證此綴合意見正確可從。

110

《養生方》133 號殘片、原始圖版二七一頁“帛書帛畫殘片—3”左下角殘片如下：

133 號殘片

“帛書帛畫殘片—3”殘片

我們認爲 133 號殘片應綴入第 56—58 行，“帛書帛畫殘片—3”殘片應綴入第 57—58 行，綴合後圖版如下所示：

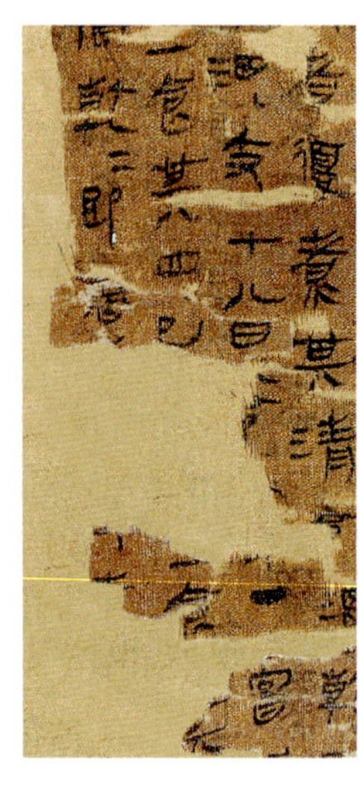

第56行“支七八日”的“日”字原據反印文釋出，133號殘片綴入後“日”字正好可以補足，且殘片撕裂形狀相合（尤其是“日”字所在的最右側帛片爲長方形，與此處缺失帛片形狀完全吻合）。“帛書帛畫殘片—3”殘片綴入後，第57行“食”字筆畫密合。[①] 更爲重要的是，拼綴處反印文位於第103行“三指最（撮）”中“指”字的右側，將該殘片綴入此處與反印文相合。據此，相關釋文可作相應修訂。

111

原始圖版二七六頁“帛書帛畫殘片—8”上有以下一小塊殘片：

該殘片原與《養生方》102號殘片粘連在一起，但未被收録爲《養生方》殘片。今按，該殘片應綴入《養生方》第215—216行，綴合後圖版如下所示：

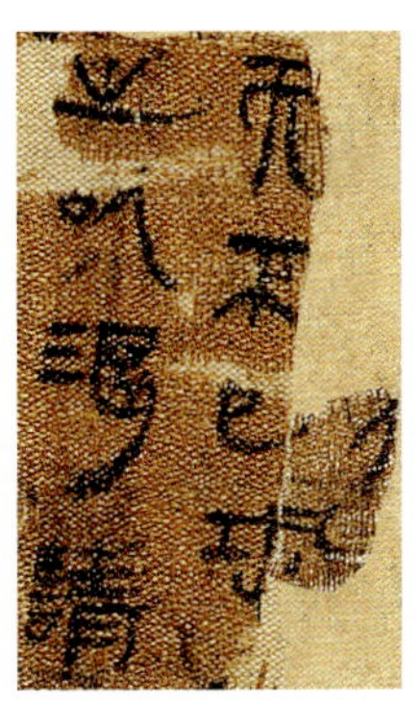

第216行“巳”“恐”二字筆畫都十分密合。

---

① 此“食”字與其下方的“其”字，《集成》未釋。此從陳劍先生意見補釋，詳見陳劍《讀馬王堆簡帛零札》，《上古漢語研究》第一輯，商務印書館，2016年10月，第52頁。不過他認爲“食”字與“其”字之間還有一字的位置，將相關文字釋作“食□其”。我們認爲應直接釋作“食其”。“食其”上方的殘字疑也是“一”字，“【以】一食，其〼”與上文的“以一食，其四”辭例相近，可相比參。

112

原始圖版二九二頁“帛書帛畫殘片—24”右上角裱有以下一塊殘片：

《集成》各篇整理圖版皆未收録該殘片，上有“取|後”二字。按，從文字風格來看，應屬於帛書《養生方》。我們認爲該殘片應綴入《養生方》第 103—104 行行首，綴合後圖版如下所示：

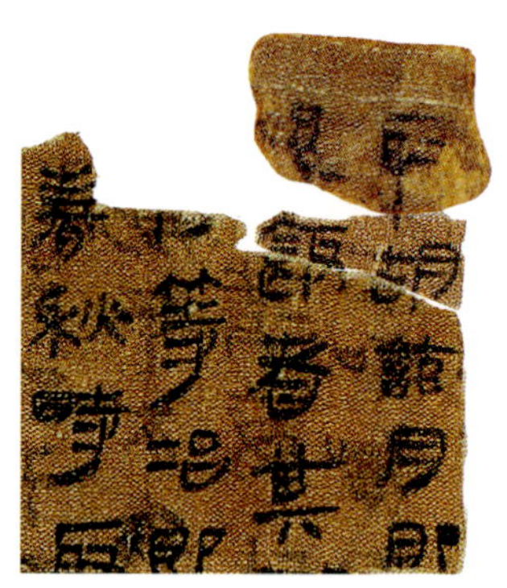

該殘片正下方有一“胡|飯”殘片（即《養生方》134 號殘片），這是我們過去的綴合意見。① 將“取|後”殘片綴在“胡|飯”殘片之上，第 103 行“取”字筆畫十分密合，第 104 行“飯”字之前可補一“後”字。另外，該殘片上端有空白，綴入此處也正好位於帛書上端。凡此皆可證此綴合意見應可信。原釋文第 103 行“【除中益氣：□】□茲肉肥【□□□】膏者，皆陰乾，冶，以三指最（撮）一▨”應修訂作“【除中益氣：】取胡茲肉②肥【□□□】膏者，皆陰乾，冶，

① 鄭健飛《馬王堆帛書殘字釋讀及殘片綴合研究》，復旦大學碩士學位論文（指導教師：劉釗），2015 年 6 月，第 86 頁。

② 帛書原整理者將“茲肉”的“茲”字讀爲“牸”，並引《玉篇》“牸，母牛也”爲證，認爲是指母牛肉。地灣漢簡編號爲 86EDT8：9 的簡上有一個“”字，方勇先生認爲此係“茲肉”二字的合文，並引帛書《養生方》第 103 行的“茲肉”爲證（詳見方勇《讀〈地灣漢簡〉醫方簡札記一則》，（轉下頁）

三指最(撮)一[①]☒”,第 104 行“【一曰：□】飯者,其樂(藥)以鳥□ㄴ、莫石ㄴ、澤舄(瀉)ㄴ、蓫(朮)、酸棗☒”應修訂作“【一曰：】後飯者,其樂(藥)以鳥□ㄴ、莫石ㄴ、澤舄(瀉)ㄴ、蓫(朮)、酸棗☒”。

113

原始圖版二九一頁“帛書帛畫殘片—23”右上方裝裱有以下兩塊殘片：

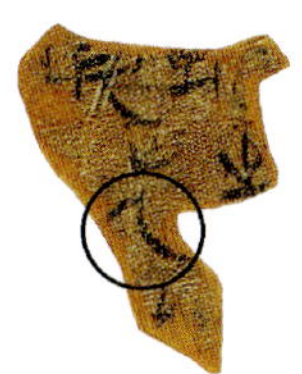

《集成》各篇整理圖版皆未收録第一塊殘片,第二塊殘片即《養生方》162 號殘片。這兩塊殘片原始裝裱位置鄰近,形狀對稱,是互相反印的關係(第一塊殘片上清晰地反印有第二塊殘片上“垸”字所从的“土”旁、“以”字等)。周波先生將第二塊殘片綴入本篇第 152—153 行,[②]其説可信。根據他的拼綴意見和本篇帛頁的折叠反印關係,可確定第一塊殘片應綴入第 11—12 行,綴合後圖版如下所示：[③]

(接上頁)簡帛網,2018 年 6 月 6 日)。按,其説恐怕不可信。從釋字上來説,此字下半部分與地灣漢簡中的“肉”旁區别明顯,而更接近於“目”旁的寫法。更爲重要的是,根據我們此則討論的綴合意見來看,《養生方》第 103 行“取胡兹肉肥【□□□】膏者”中“胡兹”應爲一物。“胡兹”具體所指何物,我們暫時没有確定的意見,存此待考。

① 《集成》釋作“以三指最(撮)一”,據帛書高清照片,“冶”字與“指最(撮)一”之間並無“以”字,當删去。

② 周波《〈馬王堆漢墓帛書〔肆〕〉整理札記(二)》,《出土文獻與古文字研究》第六輯,上海古籍出版社,2015 年 2 月,第 565 頁。

③ 第一塊殘片左下方的“取用|歠(歠)一巳□|□□□”殘片(即《養生方》2 號殘片)從劉建民先生意見綴入此處,詳見劉建民《馬王堆漢墓醫書〈養生方〉綴合五則》,《江漢考古》2018 年第 3 期。

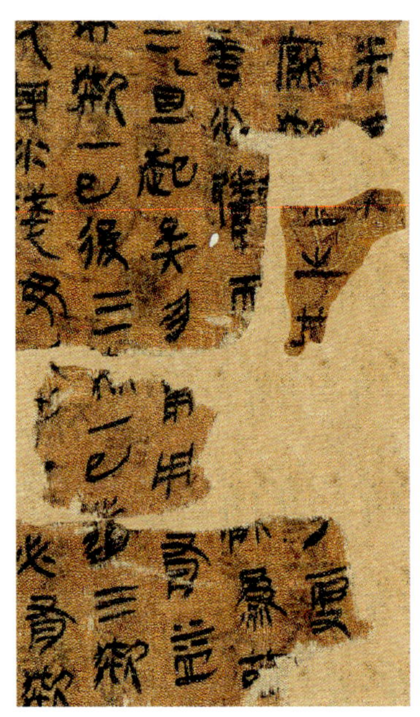

據此,原釋文第 12 行"即誨(每)朝厭歠(歡)【□□□□□】□更☑"應修訂作"即誨(每)朝厭歠(歡)□之其【□□】□更☑"。

114

《陰陽五行》甲篇 162 號殘片已綴入《養生方》第 85—86 行,詳見第二章第二節。

《房内記》

115

最新發現的馬王堆帛書殘片中有以下一塊殘片:[①]

① 這批殘片資料目前尚未公開發表,蒙湖南省博物館喻燕姣先生提供。

將該殘片水平鏡像翻轉後，其上文字可釋作“三指大最（撮）|内加□□”。從文字内容、書體風格不難判斷，該殘片應屬帛書《房内記》。雖然我們暫時没有找到與之相對應的正面殘片，[①]但爲了討論方便，仍可將其水平鏡像翻轉後綴入《房内記》第2—3行行首處，綴合後圖版如下：

第2行“益氣”二字上方原粘有一小塊空白帛片，應剔除。據綴合後圖版，“益”“氣”二字筆畫都十分密合，可證此綴合應可信。據此，《房内記》第1—2行釋文可修訂作：“【·】□□□□□□□□□□□□□□□□□□□鳥卵，□以汩□□□□□1□三指大最（撮）□□□□□□□□□之便。2”第3行釋

① 本篇10號“□□|大最（撮）|□”殘片、22號“内加益氣□”殘片很可能就是與之對應的殘片（或者至少可以説與之關係比較密切），不過由於這兩塊殘片上的文字漫漶不清，暫無法確定，記此待考。

文可修訂作:“【・】内加益氣L:取白松脂L、杜虞、□石脂L等治,并合三指大最(撮),再直(置)⧄3。”

《胎産書》

116

《胎産書》第 17 行有以下一塊殘片,該殘片由兩塊殘片粘合在一起,最上方的小塊殘片應剔除,作下揭新殘片之形:

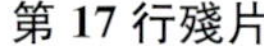

第 17 行殘片　　新殘片

由於該帛片上文字的印文位於《房内記》帛頁 3,核相關印文可知,該殘片係誤粘於此,應從現在的位置剔除。[①] 我們認爲這塊殘片應改綴至第 24 行,綴合後圖版如下所示:

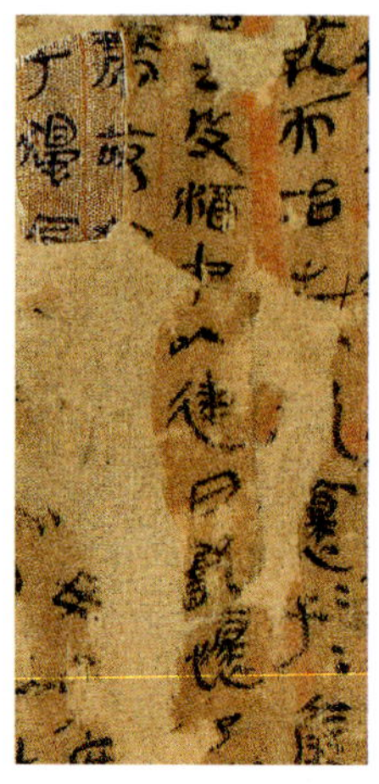

① 鄭健飛《馬王堆醫書釋文校讀及殘片綴合札記》,《文史》2017 年第 1 輯。

無論是第24行“中”字的筆畫，還是殘片的形狀、可容納的字數以及右側的朱色界欄等都十分密合。凡此皆可證此綴合意見應可信。據此，第24行原釋文“【·】□□□□□□□孰□乾，冶之，殳（投）酒中，□□□懷子者産□□□三月不可以□”應修訂作“【·】□□□□□□□孰□乾，冶之，殳（投）酒中，以建日歙（飲）懷子者，産□□□三月不可以□”。與之相鄰的右側第23行“【·】一曰：取逢（蜂）房中子、狗陰，乾而冶之，①以歙懷=子=（懷子，懷子）産男”，辭例與之十分相近，可互相比參。

117

原始圖版二七二頁“帛書帛畫殘片—4”中間偏左下位置有以下一塊殘片：

《集成》各篇整理圖版皆未收録該殘片。其上文字殘缺嚴重，無法釋讀。碰巧的是，我們在《房内記》第45—46行之間的位置找到了與之對應的印文。根據印文的對應關係可知，這塊殘片應綴入《胎産書》第16行。試對比相關圖版如下：

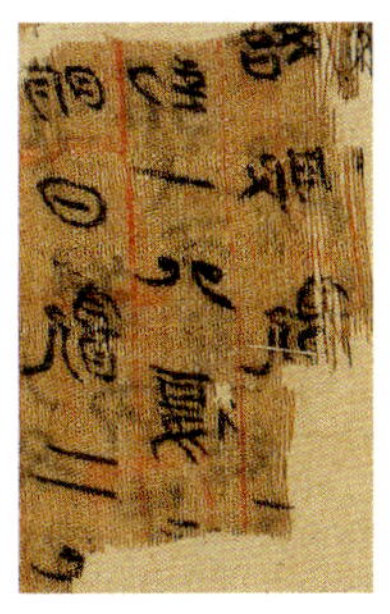

反印文圖版

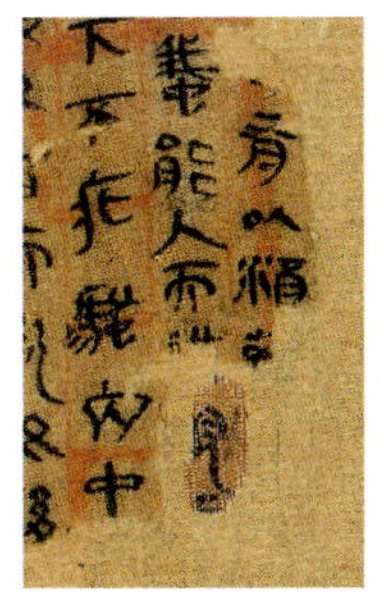

綴合後圖版

① “取逢（蜂）房中子、狗陰，乾而冶之”一句，帛書原整理者注釋指出“逢（蜂）房中子”和“狗陰”即《神農本草經》中的“蜂子”“牡狗陰莖”，《集成》從之。陳劍先生指出，據帛書醫書的常見文例，“陰”字理應屬下爲句，全句應斷作“取逢（蜂）房、中子狗，陰乾而冶之”。“子狗”即後世醫書中的“狗子”，“中子狗”也就是中等大小的狗子。其説有理。不過覆覈帛書高清照片，此處“陰乾”二字寫作“”，“陰”字右下方很可能原抄有重文號，因帛片殘失現已不存。若此，相關釋文似也可重訂作“取逢（蜂）房中子、狗陰【=】（陰，陰）乾而冶之”。二説未知孰是，暫存此待考。

綴入殘片上的第一個字殘存"見"旁,結合印文可知應釋作"視"。"視"字之上一字殘損嚴重,其印文雖較完整但已不可辨,《集成》釋作"进(?)",恐不可信,暫存此待考。

《太一將行圖》

118

原始圖版二八三頁"帛書帛畫殘片—15"最上方有以下一塊殘片:

《集成》各篇整理圖版皆未收録該殘片。其上文字可釋作"□|者亡□|□"。我們認爲該殘片應綴入《太一將行圖》太一題記處(見下附復原圖)。① 其中"神"字筆畫十分密合。根據廣瀨薰雄先生的復原以及上述補綴意見,這部分題記可以重新釋寫作"太一將行,何日□光。風雨靁(雷)$_1$神,從之以行。□從者死,當$_2$者亡。□□□□□□左弇其$_3$□□□□□□□□右禝(稷)寇$_4$☑",其中"行""光""行""亡"諸字押陽部韻,文意也很通順。

除此之外,還有以下兩點意見可以稍作補充:首先,第4行"右禝(稷)"之上一字反印文尚存(位於桑林神像所執之劍中段的正上方),寫作"",應釋作"社"。根據上下文文意,我們認爲"社"字之前應補一"左"字,"【左】社右禝(稷)"正是對太一左右腋下兩圈文字的説明。碰巧的是,"武弟子"

① 該圖爲廣瀨薰雄先生所製最新復原圖的摹本,詳參看廣瀨薰雄《談"太一將行圖"的復原問題》,湖南省博物館編《紀念馬王堆漢墓發掘四十週年國際學術研討會論文集》,嶽麓書社,2016年10月,第384—394頁;又見廣瀨薰雄《簡帛研究論集》,上海古籍出版社,2019年9月,第371—387頁。下文凡引及本篇摹本皆出自此文,不另出注。

上方有以下一小塊殘片，其上有反印文，我們在原始圖版二八一頁"帛書帛畫殘片—13"上找到了與之對應的殘片。這塊殘片上的殘字應該就是"禝(稷)"字，字形外圍正好也有一圈形，可直接綴入太一右側腋下的位置。

"武弟子"上方殘片

"帛書帛畫殘片—13"上殘片

其次，根據"□|者亡□|□"殘片的綴合，可糾正《集成》整理圖版的一處錯誤。太一頭部左上方有一小塊殘片，該殘片上存有反印文，廣瀨薰雄先生將其摹作類似"匕"形，並不太準確。所謂"匕"形實際上正是上文新綴入的"□|者亡□|□"殘片中的"亡"字("者"字也仍約略可辨)。根據反印關係可知，這塊小殘片應在現在的位置上進行水平鏡像的翻轉。

太一頭部左上方殘片

摹本

水平翻轉後

劉釗先生的《馬王堆漢墓帛畫〈太一將行圖〉新證》一文，對《太一將行圖》的拼綴復原、內容考釋和圖像性質等都做了全面而深入的研究。他將太一頭部右側的題記重新釋寫作：

大(太)一將行，何(荷)日【月】光。風雨雷神，從之以行。毋從者死，當【我者亡，□□□□。】左弇(掩)其【社，右弇(掩)其禝，左社】右禝，

寇【盜伏匿……】[①]

據下揭復原圖，他擬補的“者亡”“左社”等意見都十分正確。不過“左弇（掩）其【社，右弇（掩）其禝（稷）】”一句，其中擬補的“社”字與“ ”形不合。而且先説“左弇（掩）其社，右弇（掩）其禝（稷）”，緊接着又説“左社右禝（稷）”，文意也似略嫌重複。爲穩妥起見，這部分内容宜仍以缺文號補出。另外，擬補的“寇【盜伏匿……】”一句，讓我們注意到《五十二病方》8號殘片：

其上文字作“□|□見之皆”。《集成》注釋已指出，該殘片上文字的風格與《五十二病方》不同，應不屬於《五十二病方》。[②] 按，從文字風格、反印痕迹來看，這塊殘片無疑也應屬於《太一將行圖》。我們認爲它應綴入太一題記的最左側（見下附復原圖）。“見之皆”之上一字殘有少量筆畫，與擬補的“盜”字所从“皿”旁最下方的横畫並不矛盾，“寇盜見之皆【匿】”與劉釗先生擬補的“寇【盜伏匿……】”説法也比較接近。該殘片左側爲一空白行，因此我們懷疑太一題記抄寫至“寇盜見之皆【匿】”處已完結，其下可能並無其他闕文。由於是遥綴於此，並無更多可以輔助、驗證拼綴的信息，不敢言必，暫記此備參。

綜合以上意見，我們重新將太一圖復原如下：

---

① 劉釗《馬王堆漢墓帛畫〈太一將行圖〉新證》，《考古學報》2024年第2期。

② 湖南省博物館、復旦大學出土文獻與古文字研究中心編纂，裘錫圭主編《長沙馬王堆漢墓簡帛集成（伍）》，中華書局，2014年6月，第302頁。

另外，與上文新綴入的“褉（稷）”字殘片共同裝裱在原始圖版二八一頁“帛書帛畫殘片—13”的還有以下一塊殘片：

該殘片上有一“匿”字，其下没有其他文字。左側與前述“□|□見之皆”殘片一樣，都是空白行，似可直接拼綴作“□|□見之皆匿”，若此綴合可信，正好可以證實上文我們的猜測。不過從這兩塊殘片上纖維的紋理、綴接處的形狀和“皆”字筆畫等來看，仍不能説完全相合，姑且記此備參。

可以附帶指出的是,《太一將行圖》最右側的總題記有以下一塊帛片:

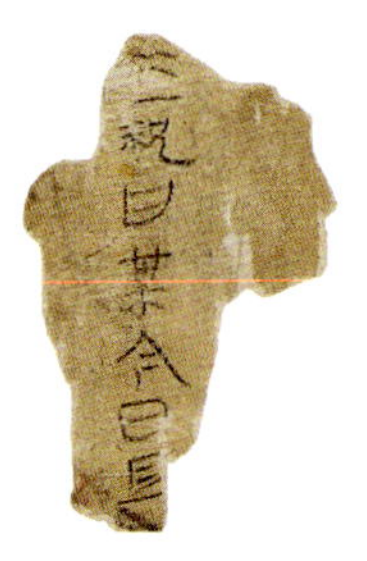

該帛片上的前兩個字過去一直釋作"大(太)一",研究者未提出不同的意見。有的研究者更是以此爲依據,將這篇帛畫命名爲《太一祝圖》。現在看來這是有問題的。我們認爲"大(太)一"二字應是"三"字的誤釋,試將相關圖版對比如下:

原始圖版

調整後圖版

太一題記處"大(太)一將行"

所謂"大(太)一"的"大(太)"字所在的小塊帛片有撕裂、移位,將其下移、調整後可知實應係"三"字。據出土秦漢簡帛材料中祝禱辭的常見格式和文例,"三"字之上應可補"禹步"二字。

《地形圖》

119

帛書《木人占》下段右下角帛片上有另一帛圖的滲印,王樹金先生根據上面滲印的圖案,找到了原始圖版三〇八頁"附件之未命名殘片—3"上的幾塊殘片,將其拼接復原作如下之形:

他認爲以上拼合圖是《地形圖》的一個小局部，可以證明《木人占》滲印的這部分圖形屬於《地形圖》的山脈印迹。[①] 陳劍先生指出，此所滲印之殘片拼合而成的圖案，究竟是否屬於《地形圖》，或是屬於其他哪篇帛書或帛圖以及其確切位置，都仍可進一步研究。[②] 細審下揭《木人占》印文圖版可知，王樹金先生的拼綴是有問題的。我們認爲他所作的拼合圖中上下兩塊小殘片應剔除。剔除後，裝裱在原始圖版二八五頁“帛書帛畫殘片—17”的一塊殘片可與之拼綴，相關圖版如下：[③]

殘片　　重綴後圖版

《木人占》印文

① 王樹金《馬王堆漢墓帛書〈木人占〉探述》，《出土文獻研究》第十二輯，中西書局，2013 年 12 月，第 223—233 頁。

② 陳劍《馬王堆帛書“印文”、空白頁和襯頁及折疊情況綜述》，湖南省博物館編《紀念馬王堆漢墓發掘四十週年國際學術研討會論文集》，嶽麓書社，2016 年 10 月，第 302—303 頁。

③ 重綴後圖版中左側帛片上的墨迹較淺，該帛片很有可能也是誤粘於此，應從中剔除，有待進一步研究。

《箭道封域圖》

120

原始圖版三一〇頁"附件之未命名殘片—5"裝裱有以下兩塊殘片：

《集成》各篇整理圖版皆未收録這兩塊殘片。從文字内容不難判斷，兩塊殘片都應屬於《箭道封域圖》。第一塊殘片上有"菑水"二字（"水"字殘損較多），第二塊殘片上有一殘缺的"山"字。第二塊殘片上反印有第一塊殘片上的"菑水"二字。二者原始裝裱位置相近，形狀也很近似，顯然是互相反印的關係。根據這些信息，可以確定它們的綴入位置，試看綴合後圖版：

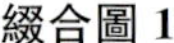

綴合圖 1

綴合圖 2

“山”字殘片的綴入位置應如綴合圖 1 所示，殘片撕裂形狀、“山”字筆畫等都十分密合。根據帛片的叠印關係，可確定“菑水”殘片的綴入位置應如綴合圖 2 所示。除反印文外，綴合依據還有以下幾點：首先，殘片最上方用來表示封域的赤色横綫與左右正好相接；其次，綴合圖 2 左下方有一紅色圓圈内注記有“故菑里”三字，因此在與之鄰近的地方綴入“菑水”殘片是十分合理的；再次，“菑水”殘片上殘存有一段淺天青色的曲綫，與“故菑里”上方的曲綫本應可以相接，可惜的是中間部分現已殘缺，它們繪製的正是“菑水”的水道。凡此皆可證此綴合正確可信。據此，《箭道封域圖》應新增一條河流水道“菑水”。

《府宅圖》

121

《府宅圖》32、33 號殘片如下：

32 號殘片

33 號殘片

這兩塊殘片原皆裱於原始圖版三〇七頁“附件之未命名殘片—2”，《集成》釋文標注爲“此兩片無字”，注釋部分指出，此兩片没有字迹，僅存綫條，綴於此處似可疑。① 按，這兩塊殘片上都殘留有字迹，且二者均誤裱反，將它們水平鏡像翻轉後如下所示：

32 號殘片翻正

33 號殘片翻正

① 湖南省博物館、復旦大學出土文獻與古文字研究中心編纂，裘錫圭主編《長沙馬王堆漢墓簡帛集成(陸)》，中華書局，2014 年 6 月，第 125 頁。

32 號殘片翻正後，其上文字應釋作“尺□”，具體綴入位置不明，暫存此待考。33 號殘片翻正後，其上殘字係“高起”二字，可綴在該篇 25 號殘片之下，綴合後圖版如下所示：

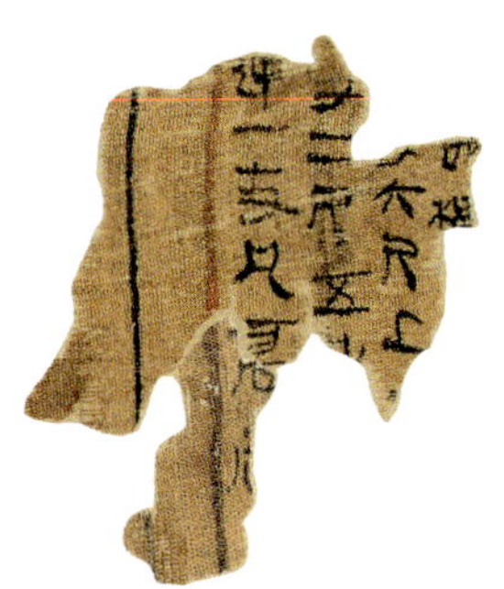

“高”字筆畫密合，左側朱、黑兩色的欄綫也相合。原釋文“連一丈，凡高【起童(重)】……”中擬補的“起”字可據此徑釋。

結　語

馬王堆帛書綴合是馬王堆帛書整理和研究中十分重要的基礎性工作。本書在《集成》的基礎上，參照過去的著録圖版，全面清理以往的綴合成果，對馬王堆帛書重新進行拼綴、整理。根據我們的統計，本書共改綴、調整《集成》約35處帛片，補綴、新綴《集成》原始圖版中未能綴合的殘片170餘片（包括《集成》整理圖版已收録的殘片和漏收的殘片）。

帛書綴合是學者們較少關注的問題，除非親自參與過帛書整理工作，否則很難有較深的體會。爲了儘快熟悉馬王堆帛書的綴合情況，我們在本書寫作的前期開展了大量的基礎研究工作，包括對各篇帛書形制的全面掌握，對原始圖版中所有帛片的徹底清理，對帛片上文字（尤其是那些殘字）的逐字釋讀等。隨着這些工作的推進，我們搜羅、匯集了大量的帛書殘碎片，對其進行分類分篇，與此同時還詳細記録了各種可用的綴合綫索。這些基礎工作爲帛書的最終綴合提供了巨大的幫助。在綴合帛書的同時，我們也嘗試進行更細化、更深入的研究，主要包括以下幾個方面的內容：一是從出土文獻整理的角度揭示帛書綴合的價值和意義；二是分類探討帛書綴合行之有效的方法和依據；三是指出帛書綴合需要注意的問題。由於帛書綴合也涉及不少釋文的校訂，本書也對帛書中的部分文字進行了討論，如對那些過去長期被誤釋、可以釋出而未釋的帛書殘字進行了改釋、補釋，對個別篇目的帛書抄手的校改方式進行了揭示等。

總之，本書在總結和吸收以往研究成果的基礎上，歸納和總結出帛書綴合的理論方法，並利用這些方法促進了帛書綴合的具體實踐。與此同時，本書所作的大量的綴合實踐反過來也對這些方法進行了有效的驗證，或許可供同類出土簡帛資料的整理與研究參考和借鑒。

最後需要指出的是，限於時間和學力，我們只就馬王堆帛書中的絶大多數篇目進行了綴合、拼接工作，還有少數篇目未能兼顧。例如，近年湖南省博物館在清理館藏庫存時，新發現了一批不見於原始圖版的帛書殘碎片。這批殘片殘碎十分嚴重，其中有少數幾片本書已成功綴合（詳見第三章第三節、第五章第 115 則），而絶大多數屬於帛書《刑德》丙篇者（文字用朱筆書寫），本書暫無暇涉及，這不得不説是個巨大的遺憾。另外，還有一些文字較少的帛圖（如《導引圖》《居葬圖》《地形圖》《箭道分域圖》等），其殘片的搜羅辨别、歸類分篇難度較大，因此本書取得的綴合成果也比較少。除此之外，在拼綴帛書的過程中，對於一些殘片我們雖然有傾向性的綴合意見（可參見文末附録二），但考慮到仍有個别需要驗證的地方説不好、卡不死，因此本書只能暫時闕疑，留待日後解决。以上的這些工作，仍是今後可以繼續努力的方向。

附　　録

附録一　《集成》各篇整理圖版所收殘片問題一覽[①]

一、《周易》與《二三子問》卷

6. □茅

注：應改歸入《五星占》，已綴合。[②]

二、《繫辭》至《昭力》卷

112. 名曰

注：《五星占》整理者綴入該篇第65行下，此重出。未知孰是。

141. 多

注：應改歸入《陰陽五行》乙篇。[③]

145. 易才

注：應改歸入《春秋事語》，本書第三章第二節已綴合。

148. 寡

注：應改歸入《陰陽五行》乙篇。

---

① 1. 所收殘片分篇目列舉，各篇目下依次標明殘片的編號、釋文及備注内容；2. 釋文已重訂，與《集成》釋文略有不同；3. 應拆分爲兩塊殘片者，兩塊殘片的新釋文以頓號隔開；4. 備注注明殘片存在的問題，研究者已有綴合意見者也一併指出。

② 鄭健飛《馬王堆帛書殘字釋讀及殘片綴合研究》，復旦大學碩士學位論文（指導教師：劉釗），2015年6月，第95頁。

③ 該殘片上反印有148號殘片上的"寡"字，二者是互相反印的關係。

三、《春秋事語》

51. 將

注：應改歸入《陰陽五行》乙篇。

55. 賜予

注：應改歸入《陰陽五行》乙篇。

四、《戰國縱横家書》

1. 宰公

注：應改歸入《春秋事語》，本書第五章第 014 則已綴合。

五、《老子》甲本及卷後古佚書

25. 爵□|□

注：誤裱倒，該殘片原在《五行》篇第 88 行行末，係整理者誤剪開以致重出，應剔除。

六、《天文氣象雜占》

4. □□|先舉|事者|□削

注：《陰陽五行》乙篇整理者已綴入該篇刑德大游圖式圖東方木位處，此重出，應剔除。

6. 貴□|循□

注：應改歸入《戰國縱横家書》。

七、《陰陽五行》甲篇

41. 以軫

注：誤裱倒。

85. □□|三更

注：誤裱倒，本書第五章第 051 則已綴合。

94. 以□|兇

注：應逆時針旋轉 90°，名和敏光、廣瀨薰雄二位先生已綴合。[①]

132. 渴

注：應改歸入《養生方》。

134. 以爲

注：應改歸入《養生方》。

141. 七生(星)

注：應改歸入《陰陽五行》乙篇。

159. 東南死

注：應改歸入《出行占》，本書第五章第 084 則已綴合。

162. □□

注：應逆時針旋轉 90°後改歸入《養生方》，本書第二章第二節已綴合。

163. 於

注：誤裱倒，應改歸入《養生方》。

164. 之行

注：應改歸入《養生方》。

166. □□□|□

注：應改歸入《養生方》。

167. 橿(薑)五果(顆)

注：誤裱倒，應改歸入《養生方》。

177. 致味

注：應改歸入《養生方》，本書第五章第 109 則已綴合。

178. 乙酉卯

注：應改歸入《出行占》。

187. □童

注：應改歸入《府宅圖》。

---

① 名和敏光、廣瀨薰雄《馬王堆漢墓帛書〈陰陽五行〉甲篇整體結構的復原》附表，《出土文獻研究》第十五輯，中西書局，2016 年 7 月，第 251 頁。

208. 南

注：應改歸入《府宅圖》。

274. 四□|□□

注：誤裱倒。

297. □□

注：誤裱倒。

320. □□不可|□□□

注：應改歸入《養生方》或《五十二病方》。

325. 以|□厭

注：應改歸入《五十二病方》。

364. □屎(尸)

注：誤裱反，本書第五章第058則已綴合。

八、《陰陽五行》乙篇

16. 不

注：已綴入該篇《上朔》章第34行，此重出。應刪除。

24. 可|□、以祠

注：誤合，應拆分爲兩塊殘片。“可|□”殘片應綴在其原始裝裱位置，[①]其下原有一“罪”字，現已誤剪掉。

九、《五十二病方》

1. 豙(喙)[②]

注：《養生方》146號殘片重出，[③]應歸入《五十二病方》，但將其綴在該篇1號殘片之下未知是否可信。

---

① 見原始圖版一七八頁“陰陽五行乙篇—7”。

② 此爲1號殘片的部分。

③《集成》注釋已指出，寫有“豙”的殘片似是《養生方》原圖版七〇頁倒數第二行第二列所收殘片。

6. □身□

注：應改歸入《陰陽五行》甲篇。

8. □|□見之皆

注：應改歸入《太一將行圖》，本書第五章第118則已綴合。[①]

37. 之|□

注：誤裱反。

38. 加

注：誤裱反。

49. 入不頸

注：疑應改歸入《養生方》。

69. 鳥|□鹽

注：誤裱反，已綴合。[②]

十、《養生方》

5. □|□□|□顔見|以啓有|□□

注：與6號殘片、第25行"善臧(藏)"二字下方的"又"字殘片本同屬一塊帛片，[③]誤剪爲三部分。

14. □□□□|必十□□□|□□□

注：應改歸入《五十二病方》。

20. □野

注：應改歸入《五十二病方》。

23. 之ㄴ不過

注：應改歸入《五十二病方》。

36. □|其欻(歡)|棄

注：《養生方》整理者已綴入第14—16行，此重出，應剔除。

---

① 《集成》注釋也已指出，該殘片上文字的風格與《五十二病方》不同，當不屬於《五十二病方》。

② 鄭健飛《馬王堆帛書殘字釋讀及殘片綴合研究》，復旦大學碩士學位論文(指導教師：劉釗)，2015年6月，第71—73頁。

③ 見原始圖版二四四頁"養生方—8"。

57. 燔之，以美酒一|冶而完(丸)之

注：與58號殘片本屬同一塊帛片，[①]誤剪爲二。

81. □三□|醪孰(熟)入乾|莫(暮)歙(飲)

注：與95號殘片本同屬一塊帛片，[②]誤剪爲二。

115. □□□|之樂□

注：與169號殘片重出，應删其一。

123. □□|□□□

注：與170號殘片重出，應删其一。

136. 暴

注：誤褾倒。

143. □|滅|□

注：應逆時針旋轉90°。

144. 燔馬□|□莖者孰、□顛勿絶|□毚産□□

注：誤合，應拆分爲上下兩塊殘片。

145. □|□甲

注：應改歸入《陰陽五行》甲篇。

146. 豙(喙)

注：該殘片又見於《五十二病方》1號殘片下方，此重出，應删除。

149. 燔鐵|矣|膽|傅

注：應改歸入《五十二病方》。

153. □入□

注：應改歸入《陰陽五行》甲篇。

158. □|□而善

注：應改歸入《房内記》。

---

① 見原始圖版二五二頁"養生方—16"。

② 見原始圖版二七二頁"帛書帛畫殘片—4"。

168. □□|犬膽

注：應改歸入《五十二病方》。

169. □□□|之□□

注：與 115 號殘片重出，應删其一。

170. □□|□□□

注：與 123 號殘片重出，應删其一。

173. 裹

注：應改歸入《五十二病方》。

175. □|柔

注：應改歸入《五十二病方》。

176. 彖(喙)|而|□

注：應改歸入《五十二病方》。

177. □□|□□

注：誤裱倒，應改歸入《五十二病方》。

十一、《房内記》

18. □□治之|貍(埋)陽精(清)

注：應改歸入《胎産書》，已綴合。[①]

19. 唯毋敢作

注：應改歸入《療射工毒方》，廣瀨薰雄先生已綴合。[②]

20. □□|成云産|□□

注：應改歸入《胎産書》。

31. 恒以

注：應改歸入《養生方》。

---

① 鄭健飛《馬王堆帛書殘字釋讀及殘片綴合研究》，復旦大學碩士學位論文（指導教師：劉釗），2015 年 6 月，第 69—71 頁。

② 廣瀨薰雄《長沙馬王堆漢墓醫書復原拾遺》，《中醫藥文化》2022 年第 6 期。

34. 斗(?)

注：從帛片的纖維、字體風格判斷，該殘片明顯不屬於《房内記》，應剔除。暫不知其歸屬篇目。

附録二 《集成》各篇整理圖版漏收殘片一覽①

一、《周易》經傳

1.  二七〇頁“帛書帛畫殘片—2”

釋文：□聲者|猷=□

注：裱於同版的殘片以成熟漢隸書寫者全都歸屬於《周易》經傳，該殘片同樣也應如此。

2. 二七四頁“帛書帛畫殘片—6”

釋文：□□|□力竆(窮/窮)

注：原誤裱倒。

3.  二七四頁“帛書帛畫殘片—6”

① 1. 本附録收録《集成》整理圖版漏收的殘片，爲方便讀者參考列出殘片的照片。部分殘碎嚴重、文字完全無法釋讀，或者没有文字、筆畫且無法確定其所屬篇目的殘片，暫不收録。2. 圖注爲原始圖版的頁碼。3. 凡是殘片上有比較重要的文字、拼綴或原始裝裱信息需要揭示，或者本書有傾向性的綴合意見者，一併在備注説明。4. 少數殘片按字體風格很難做到完全準確無誤地歸篇(部分帛書篇目的字體風格十分接近)，因此本附録僅代表本書意見，可能會與事實有所出入。

釋文：□芒

4.  二七四頁“帛書帛畫殘片—6”

釋文：壞將

注：原誤裱倒。

5.  二九〇頁“帛書帛畫殘片—22”

釋文：公受

6.  二九二頁“帛書帛畫殘片—24”

釋文：寖(潛)

注：原誤裱反、誤裱倒，應位於帛書的行末。

二、《春秋事語》

1.  二七五頁“帛書帛畫殘片—7”

釋文：□|□□|□□

三、《戰國縱横家書》

1.  四三頁“戰國縱横家書—2”

釋文：箮（篤）言□

注：“箮”字在馬王堆簡帛中係首見，《全編》應據此增補字頭。該字又見於清華簡《越公其事》14 號簡“今皮（彼）新去亓（其）邦而箮（篤）”，字形寫作“[illegible]”。① 帛書此字或可看作是保留下來的楚文字遺迹。

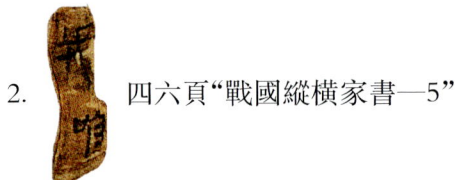

2.  四六頁“戰國縱橫家書—5”

釋文：兵〈與〉唯

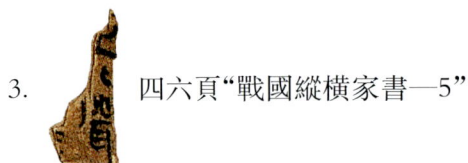

3. 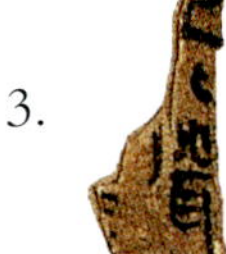 四六頁“戰國縱橫家書—5”

釋文：之ㄴ聞|□

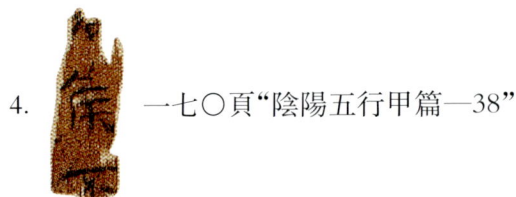

4.  一七〇頁“陰陽五行甲篇—38”

釋文：□侯不

注：該殘片上的文字用本篇帛書的第三種筆迹抄寫，據此可判斷應屬於第二十七章。

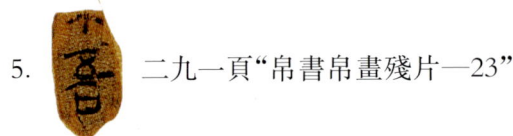

5. 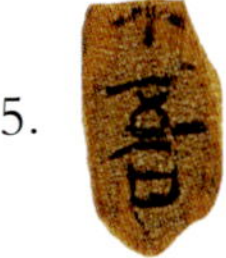 二九一頁“帛書帛畫殘片—23”

釋文：□吾

① 清華大學出土文獻研究與保護中心編，李學勤主編《清華大學藏戰國竹簡（柒）》，中西書局，2017 年 4 月，釋文第 119 頁、字表第 204 頁。此蒙郭理遠先生提示。

6.  二九二頁“帛書帛畫殘片—24”

釋文：粱（梁）王□

注：該殘片上的文字用本篇帛書的第二種筆迹抄寫。

四、《九主圖》

1.  三〇二頁“帛書帛畫殘片—34”

注：該殘片上“勞”“君”“□强”等文字仍可辨。

2.  三〇三頁“帛書帛畫殘片—35”

釋文：□□

3.  三〇三頁“帛書帛畫殘片—35”

釋文：勞君

注：上有“勞君”二字，係九主之一。

五、《物則有形圖》

1.  二七一頁“帛書帛畫殘片—3”

釋文：言

六、《五星占》

1.  二七一頁“帛書帛畫殘片—3”

釋文：□|□|□

2. 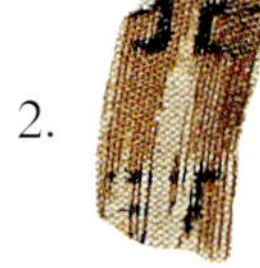 二七一頁“帛書帛畫殘片—3”

釋文：北方

3.  二七一頁“帛書帛畫殘片—3”

釋文：亂

注：秦至西漢早期文字中，“亂”字左半或寫作上“爫”下有兩重“子”之形，此字係將最下方的“子”形移至右邊位置。

4.  二七一頁“帛書帛畫殘片—3”

釋文：二ㄴ四|乃

注：原誤裱倒。

5.  二七一頁"帛書帛畫殘片—3"

釋文：國□|而留|□□

注：原誤裱倒。

6. 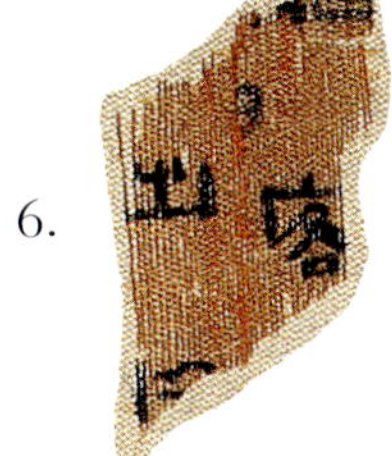 二七一頁"帛書帛畫殘片—3"

釋文：□客|出於

7.  二七一頁"帛書帛畫殘片—3"

釋文：□□|爲|時|□

8.  二七一頁"帛書帛畫殘片—3"

釋文：與大(太)白

9.  二七五頁"帛書帛畫殘片—7"

釋文：作相

注：原誤褑倒。

10.  二七五頁"帛書帛畫殘片—7"

釋文：與□|□□

注：原誤褑倒。

11.  二七五頁"帛書帛畫殘片—7"

釋文：□□於牽牛

12.  二七六頁"帛書帛畫殘片—8"

釋文：兵|□

13.  二七六頁"帛書帛畫殘片—8"

釋文：□|陽國|□

14.  二七六頁"帛書帛畫殘片—8"

釋文：日□|□□

15.  二七六頁"帛書帛畫殘片—8"

釋文：□甲

16.  二七六頁"帛書帛畫殘片—8"

釋文：與之

注：原誤裱倒。疑應綴入第46行下。若此，原釋文"與之左;【右，與之】右ㄴ"中擬補的"與之"二字可直接釋出。

17.  二八九頁"帛書帛畫殘片—21"

釋文：□□□|□□

注：疑應綴入第17行下"不出十三年"等字右側，"出""三"二字筆畫、殘片斷裂處形狀密合。

18.  二八九頁"帛書帛畫殘片—21"

釋文：□|寧王令

19. 二九〇頁"帛書帛畫殘片—22"

釋文：□其|國有|逆□

20. 二九二頁"帛書帛畫殘片—24"

釋文：其國

注：原誤裱反。

21. 二九二頁"帛書帛畫殘片—24"

釋文：兵□

注：原誤裱倒、誤裱反。

22. 二九二頁"帛書帛畫殘片—24"

釋文：或|□

注：原誤裱倒、誤裱反。

七、《天文氣象雜占》

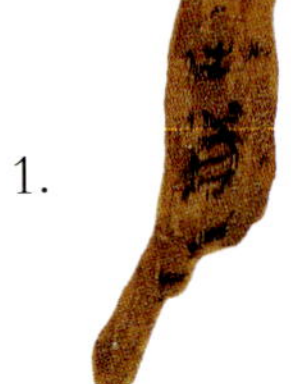

1. 二九一頁"帛書帛畫殘片—23"

釋文：出有兵

注：疑應綴在第1列第18條，“兵”字筆畫、殘片斷裂邊緣形狀等都比較密合。若此，此條占辭可稍補作“☐出，有兵在下”。

2.  二九二頁“帛書帛畫殘片—24”

釋文：白(?)云

注：原誤裱倒。

3.  二九二頁“帛書帛畫殘片—24”

釋文：□|□得地|□

八、《陰陽五行》甲篇

1.  二七三頁“帛書帛畫殘片—5”

釋文：壬午

2.  二七四頁“帛書帛畫殘片—6”

釋文：可以|有

注：疑應綴入《諸日》章第3—4行下半段開頭位置，“以”“有”二字筆畫以及朱色欄綫都很密合。

3. 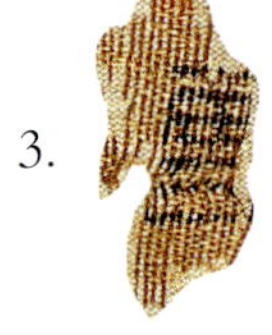 二七六頁“帛書帛畫殘片—8”

釋文：更

4.  二七六頁“帛書帛畫殘片—8”

釋文：八繒(?)|以祭(?)

注：若“繒”字之釋不誤，該殘片應與《祭(一)》章的神煞名“八繒”“□繒”關係密切，疑應綴在此處附近。

5.  二七六頁“帛書帛畫殘片—8”

釋文：有咎

注：原誤裱倒。

6.  二七六頁“帛書帛畫殘片—8”

釋文：□立□

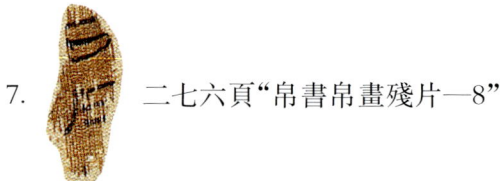

7.  二七六頁“帛書帛畫殘片—8”

釋文：日月

8.  二七八頁“帛書帛畫殘片—10”

釋文：至壬

9.  二八八頁“帛書帛畫殘片—20”

釋文：之|□

注：原誤裱倒。

10.  二八八頁“帛書帛畫殘片—20”

釋文：吉|室

注：原誤裱倒。

11.  二八八頁“帛書帛畫殘片—20”

釋文：□|取□

12. 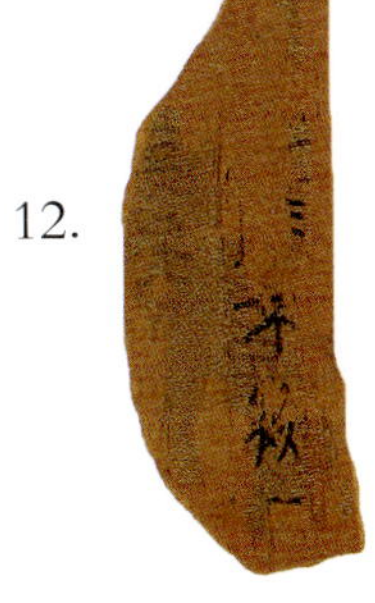 二八九頁“帛書帛畫殘片—21”

釋文：□不□□

注：該殘片與本篇 333 號殘片是反印關係。

13.  二九一頁“帛書帛畫殘片—23”

釋文：出入□必|□□必

14.  二九一頁“帛書帛畫殘片—23”

釋文：室□□□

15.  二九一頁“帛書帛畫殘片—23”

釋文：□言□之

16.  二九四頁"帛書帛畫殘片—26"

釋文：□來必|以取(娶)婦，入□□|日∟十二月

17.  二九四頁"帛書帛畫殘片—26"

釋文：□□大兇

18.  二九五頁"帛書帛畫殘片—27"

釋文：斗|以祭|□

九、《陰陽五行》乙篇

1. 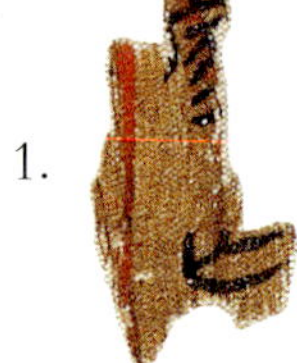 二七四頁"帛書帛畫殘片—6"

釋文：家亡

注：原誤裱倒。

2.  二七四頁"帛書帛畫殘片—6"

釋文：殺將(?)|□□

注：原誤裱倒。

3. 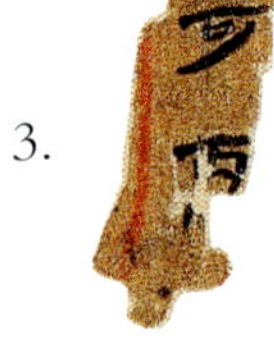 二七五頁"帛書帛畫殘片—7"

釋文：可丙

4.  二七五頁"帛書帛畫殘片—7"

釋文：受福

5.  二七五頁"帛書帛畫殘片—7"

釋文：前

注：右上方小塊殘片也有可能是誤粘於此，或應拆分開來。

6.  二八二頁“帛書帛畫殘片—14”

釋文：止|□□

注：疑應綴入《上朔》章第 25 行“咎九歲”正下方，連讀作“咎九歲止”。下文第 33 行“咎八歲止”辭例與之相同。

7.  二八二頁“帛書帛畫殘片—14”

釋文：子

8. 二八三頁“帛書帛畫殘片—15”

釋文：□有得其

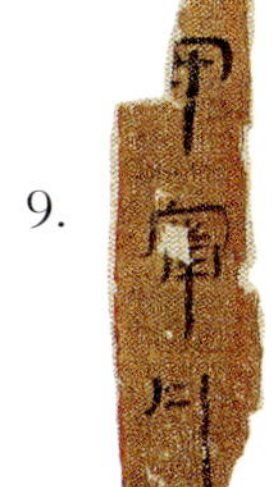

9. 二八三頁“帛書帛畫殘片—15”

釋文：下安寧凡

10.  二八三頁“帛書帛畫殘片—15”

釋文：歲安檮

注：原誤裱倒。

11.  二八三頁“帛書帛畫殘片—15”

釋文：若三用之

注：原誤裱倒。

12. 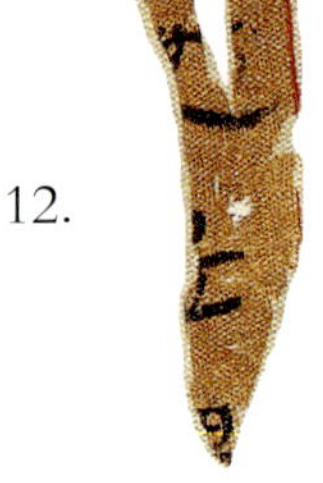 二八三頁“帛書帛畫殘片—15”

釋文：也是胃(謂)

注：原誤裱倒。

13.  二八三頁“帛書帛畫殘片—15”

釋文：至夏

14.  二八三頁“帛書帛畫殘片—15”

釋文：□兵以

15.  二八三頁“帛書帛畫殘片—15”

釋文：章|樹

16.  二八八頁“帛書帛畫殘片—20”

釋文：罪若

17.  二八八頁“帛書帛畫殘片—20”

釋文：□|□破

18.  二八八頁“帛書帛畫殘片—20”

釋文：并

注：疑應綴入《刑德占》第9行，綴合後“復并木”的“并”字筆畫、左側紅色欄綫等較密合。

19.  二八八頁“帛書帛畫殘片—20”

釋文：女發

注：《女發》章第1行下“凡徙，迎【女發者，殺】里〈星〉長倍（背）之，死亡”或應綴在此處，擬補的“女發”二字可直接釋出。

20. 二八八頁“帛書帛畫殘片—20”

釋文：地

21. 二八八頁“帛書帛畫殘片—20”

釋文：謂

22.  二九一頁“帛書帛畫殘片—23”

釋文：可｜五穀

23.  二九二頁“帛書帛畫殘片—24”

釋文：賜予

24.  二九二頁"帛書帛畫殘片—24"

釋文：上朔其

十、《陰陽十一脈灸經》甲本

1.  二九一頁"帛書帛畫殘片—23"

釋文：穿□出

注：第二個字可能是"脈"字，讀爲"臀"。若此，則可綴入該篇第1行，原擬補的"上穿振(臀)，出猒(厭)中"應重訂作"上穿脈(臀)，出猒(厭)中"。

十一、《五十二病方》

1.  二七一頁"帛書帛畫殘片—3"

釋文：□|□=毋□|□

2.  二七一頁"帛書帛畫殘片—3"

釋文：□□|而臧(藏)|宰(？滓？)

3.  二七一頁"帛書帛畫殘片—3"

釋文：□|□□|□=巳(已)

4.  二七一頁"帛書帛畫殘片—3"

釋文：盡|□□

5.  二七一頁"帛書帛畫殘片—3"

釋文：十□|□取|□三□

注：原誤裱倒。

6.  二七一頁"帛書帛畫殘片—3"

釋文：其中□|有血|大□

7.  二七一頁“帛書帛畫殘片—3”

釋文：□|後其|□如|裹□

注：原誤裱倒。

8.  二七一頁“帛書帛畫殘片—3”

釋文：□夕|如□

9.  二七一頁“帛書帛畫殘片—3”

釋文：叔|□□

注：原誤裱倒。

10.  二七一頁“帛書帛畫殘片—3”

釋文：□|□□

11.  二七一頁“帛書帛畫殘片—3”

釋文：□|閒

注：原誤裱倒。

12.  二七一頁“帛書帛畫殘片—3”

釋文：□其

注：原誤裱倒。

13.  二七八頁“帛書帛畫殘片—10”

釋文：□|□餘

14. 二八八頁“帛書帛畫殘片—20”

釋文：赭|□

注：“赭”字在馬王堆簡帛中係首見，《全編》應據此增補字頭。

十二、《去穀食氣》

1.  二八八頁“帛書帛畫殘片—20”

釋文：□□

2.  二八八頁“帛書帛畫殘片—20”

釋文：凡(?)食

注：周波、盧林鑫先生將其拼綴在第6行。[①] 該殘片也有可能拼綴在他們文中討論的那塊“昧明也凡”殘片的正下方，“凡”字筆畫密合。還有可能拼綴在第7行“貴多陰”的上方，暫存此待考。

---

① 周波、盧林鑫《馬王堆帛書〈去穀食氣〉〈導引圖〉拼綴及相關文字補説》，第二届古文字與出土文獻青年學者西湖論壇會議論文，中國美術學院，2023年5月26—27日，第229—230頁。

3.  二九〇頁“帛書帛畫殘片—22”

釋文：腹有□|□須□

4. 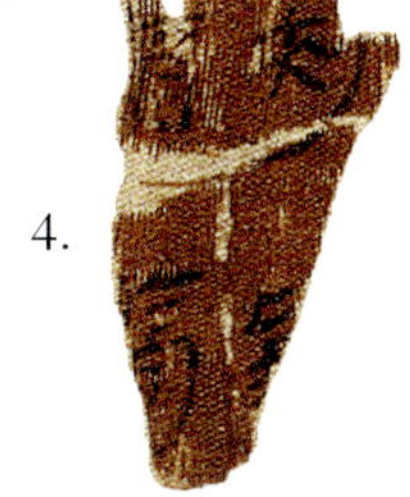 二九五頁“帛書帛畫殘片—27”

釋文：刺(刺)□|□陰

十三、《陰陽十一脈灸經》乙本

1. 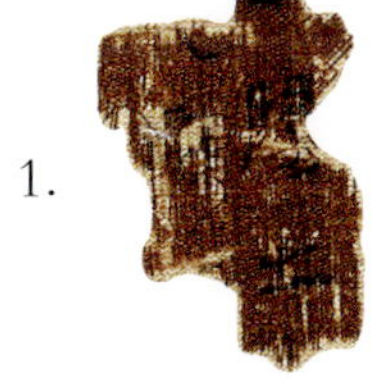 二八〇頁“帛書帛畫殘片—12”

釋文：□陽之|□□

2.  二九〇頁“帛書帛畫殘片—22”

釋文：是勭(動)則

注：原誤裱倒。據文字内容，該殘片只能綴入該篇第 5 行或第 7 行，但其具體位置已無法確定。

3.  二九五頁"帛書帛畫殘片—27"

釋文：陰之

十四、《導引圖》

1. 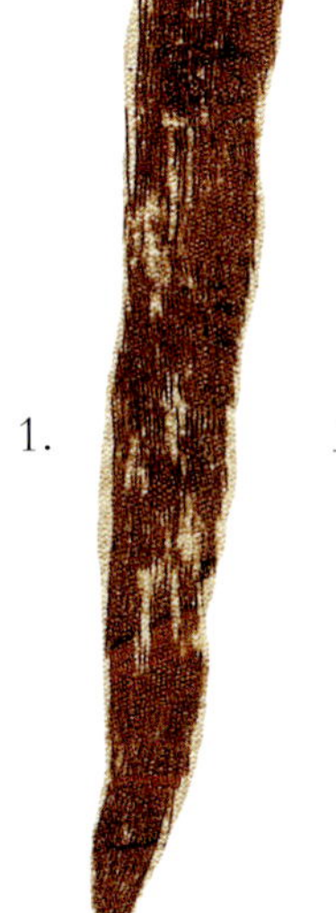 二八〇頁"帛書帛畫殘片—12"

釋文：擊□

注：原誤裱倒。該殘片下方圖案似爲赤色服袖。題記中第一個字仍較清晰可辨，應釋作"擊"。第二個字漫漶難識，疑是"刺"字。

十五、《養生方》

1.  二七一頁"帛書帛畫殘片—3"

釋文：□|□盡

注：該殘片與下方殘片是反印關係，據此可知也應位於帛書行末的位置。

2.  二七一頁"帛書帛畫殘片—3"

釋文：□|□ㄴ

注：原誤裱倒。其上文字反印在上方殘片上。

3.  二七一頁"帛書帛畫殘片—3"

釋文：□數|其□

4.  二七一頁"帛書帛畫殘片—3"

釋文：食其三|□□

注：與《養生方》21 號殘片是反印關係。本篇第 57 行"取烏産五嗀者，以一食其四"，從文字内容看，該殘片與本篇 63、67 號殘片關係十分密切，都

應屬於本篇第57—58行。

5. 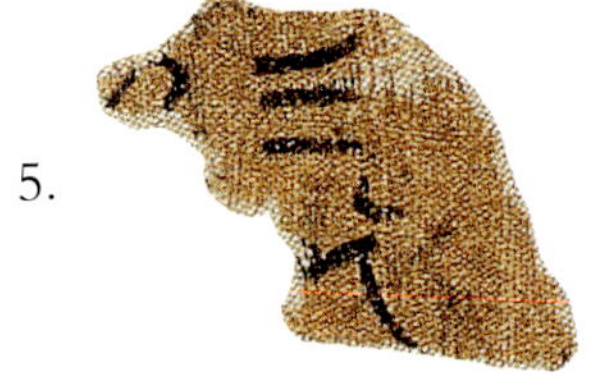 二七一頁"帛書帛畫殘片—3"

釋文：三ㄴ以|□

注：疑與上方"食其三|□□"殘片關係密切。

6.  二七一頁"帛書帛畫殘片—3"

釋文：□用|□益

注：原誤裱倒。

7.  二七一頁"帛書帛畫殘片—3"

釋文：□使|□

8.  二七二頁"帛書帛畫殘片—4"

釋文：令|稍□

9.  二七六頁“帛書帛畫殘片—8”

釋文：北河

注：該篇“語”章有“南河”“西河”等語，據此該殘片亦應歸入此章。本書第五章第111則綴入的殘片或可與之拼合，“北”字筆畫十分密合。

10.  二七六頁“帛書帛畫殘片—8”

釋文：□|□□

11.  二七六頁“帛書帛畫殘片—8”

釋文：□□|□欬邀

12.  二七六頁“帛書帛畫殘片—8”

釋文：復入

注：原誤裱倒。與《養生方》108號殘片是互相反印關係。

13.  二八五頁“帛書帛畫殘片—17”

釋文：有|除中取

注：該殘片應位於帛書行首的位置。本書第四章第二節有討論，可參看。

14. 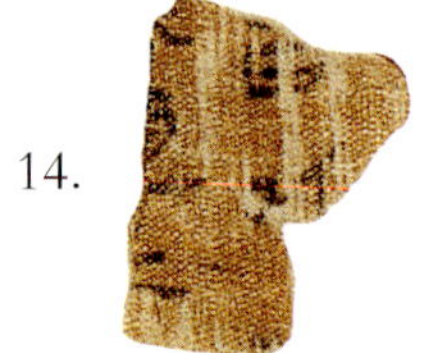 二九〇頁“帛書帛畫殘片—22”

釋文：皆以|□□□

15.  二九一頁“帛書帛畫殘片—23”

釋文：□|力輕

注：原誤裱倒。

16.  二九一頁“帛書帛畫殘片—23”

釋文：之到|棗

17.  二九一頁“帛書帛畫殘片—23”

釋文：問伊尹

注：從文字内容看，該殘片應屬於本篇"語"章。

18.  二九一頁"帛書帛畫殘片—23"

釋文：□盛以|名□

19.  二九二頁"帛書帛畫殘片—24"

釋文：如前|欲卧

20.  二九二頁"帛書帛畫殘片—24"

釋文：即復(?)

21.  一六三頁"陰陽五行甲篇—31"

釋文：漬馬脯

注：疑屬於本篇第148行。

22. 一六九頁“陰陽五行甲篇—37”

釋文：男子|□而

注：從文字内容和書體風格看，疑應拼綴在本篇增益病方新綴殘片的正下方，“男子”二字正可補足，且“男”字筆畫密合。相關討論可參見第四章第四節。

23.  一六九頁“陰陽五行甲篇—37”

釋文：入氣|□□

24. 一七一頁“陰陽五行甲篇—39”

釋文：脯乾

注：原誤裱倒。

25.  一七一頁“陰陽五行甲篇—39”

釋文：其

注：原誤裱倒。

十六、《療射工毒方》

1.  二八一頁“帛書帛畫殘片—13”

釋文：□□

注：原誤裱倒。第一個字从"叟"旁。

2. 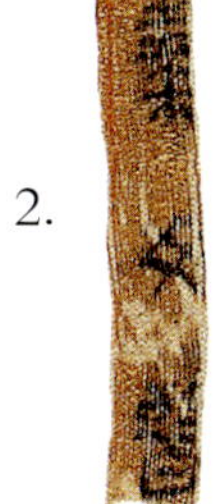 二八五頁"帛書帛畫殘片—17"

釋文：□秦(?)女晉

注：原誤裱倒。疑應綴入本篇第 15 行,"復""秦(?)""女""晉"等字筆畫都比較密合。

3.  二八五頁"帛書帛畫殘片—17"

釋文：□魚

4.  二八九頁"帛書帛畫殘片—21"

釋文：知(蜘)蛛□

5.  二八九頁"帛書帛畫殘片—21"

釋文：ㄴ取□

6.  二九一頁"帛書帛畫殘片—23"

釋文：爲若客

注：疑屬於本篇第 15 行。

十七、《胎産書》

1.  二七六頁"帛書帛畫殘片—8"

釋文：□□|□前

注：原誤裱倒。

2. 二九二頁"帛書帛畫殘片—24"

釋文：洒(洗)之

十八、《太一將行圖》

1.  二七八頁"帛書帛畫殘片—10"

釋文：出邑門禹

注：疑應綴入本篇總題記“三祝曰某今日且”殘片之上，相關文字可連讀作“出邑門，禹【步】三，祝曰：今日且……”，語句十分通順。若此，本篇總題記内容應與出土秦漢簡牘日書中多次出現的“出邦門”“出邑門”等内容相關。①

十九、《地形圖》

1.  二八五頁“帛書帛畫殘片—17”

2.  二八五頁“帛書帛畫殘片—17”

二十、《箭道分域圖》

1.  一七一頁“陰陽五行甲篇—39”

釋文：□里

2.  二八五頁“帛書帛畫殘片—17”

釋文：□里

① 可詳參看胡文輝《馬王堆〈太一出行圖〉與秦簡〈日書・出邦門〉》，《江漢考古》1997年第3期；李婉虹《出土簡帛祝辭類文獻輯注》，吉林大學碩士學位論文（指導教師：劉釗、王强），2023年5月，第186—205頁。

二十一、《府宅圖》

1.  二六六頁“府宅圖”

釋文：百六十步

2.  二八一頁“帛書帛畫殘片—13”

釋文：菅蓋三

3.  二八一頁“帛書帛畫殘片—13”

釋文：□□|四寸|□□

注：原誤裱倒。

4.  二八九頁“帛書帛畫殘片—21”

釋文：丈深

二十二、《居葬圖》

1. 
二八四頁“帛書帛畫殘片—16”

2. 
二九五頁“帛書帛畫殘片—27”

附録三　馬王堆帛書殘字釋讀零札

1.《周易》第31行上“芺(笑)言亞=(亞亞—啞啞)”,其中“亞”字原帛圖版寫作“ ”,其形左側仍殘有筆畫。我們認爲應係“言”旁,全字應改釋作“誈”。值得指出的是,此“誈”字在馬王堆簡帛中係首次出現,《全編》一書應據此新增“誈”字頭。

2.《繫辭》第42行:“子曰:‘小人【不恥不仁,不畏不義】,不見【利不】42上勸,不畏(威)不諍(懲)。’”按,所謂“勸”字應改釋爲“歸”,試看相關字形:

（第 42 行字形）

（繆 23.62）　（繆 46.2）

（衷 5.5）　（繆 37.7）

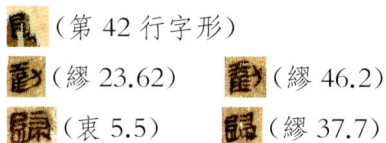

對比以上字形可知，“勸”字左下方所从“隹”旁的豎筆自上而下貫穿四横筆，第 42 行的這個殘字字形與此特徵不合，而與“歸”字的筆畫則可以一一對應。因此，這個殘字應改釋爲“歸”。帛書本“不見【利不】歸”，今本作“不見利不勸”。帛書本“不見利不歸”義自可通，不過“歸”“勸”二字形音義皆不近，二者致異的原因有待進一步研究。

3.《春秋事語》第 12 行：“□□敗而怒亓（其）反惡□□□寇屬惌（怨）之勝憂□在后（後）□□□而☐。”這句話未加斷句，帛書原整理者所作釋文在“憂”字後加逗號。裘錫圭先生指出，原文之意似謂燕國此次之勝乃來寇招怨之勝，必有後憂。“憂”字似也有可能屬下讀，故將逗號删去。[①]《集成》釋文從其説。“憂”字之下一字《集成》未釋，按，該字原圖版寫作“”，我們認爲應釋作“尚”，本篇“尚”字寫作“”（春 15.14）、“”（春 89.19）等形，可對比參看。據此補釋意見，這句話應從裘錫圭先生意見在“勝”字之後加逗號，全句作“□□敗而怒亓（其）反惡□□□寇屬惌（怨）之勝，憂尚在后（後）□□□而☐”。另外，“后（後）”字之下第二個未釋字寫作“”，應釋作“樂”。

4.《春秋事語》第 38—39 行：“□矰□38□□□也。”“矰”字之上未釋字原帛圖版寫作“”，其位於第 47 行的印文作“”，應補釋爲“私”。“私矰”的“矰”字應讀作“贈”，與《晉獻公欲得隨會章》中的“矰”字用字習慣相同。

5.《戰國縱横家書·蘇秦謂齊王章（三）》第 83—84 行：“·謂齊王：‘燕王難於王之不信己也則有之，若慮大惡〇則无（無）之。燕大惡，83 臣必以死諍之，不能，必令王先知之。’”第 83 行“燕大惡”的“惡”字原帛寫作“”，其形與本篇“惡”字之作“”（戰 7.9）、“”（戰 93.27）者不合，應改釋爲“謀”。本篇“謀”

① 裘錫圭《帛書〈春秋事語〉校讀》，《裘錫圭學術文集·簡牘帛書卷》，復旦大學出版社，2012 年 6 月，第 407 頁。

字多寫作“”(戰 37.18)、“”(戰 232.19)等形,可與之對比參看。另外,從帛書行款來看,此處“謀”字之下仍有兩字的空間,據上下文文義,或應補作“伐齊”二字。

6.《戰國縱橫家書・謂起賈章》第 180 行:“一死生於趙,毀齊不敢怨𩴾=(𩴾—魏。𩴾—魏),公之𩴾(魏)巳(已)。”帛書原整理者注釋指出,“一死生於趙”是説齊國的存與亡,决定於趙國。《集成》釋文、注釋從其説。今按,此説對文意的理解可從,不過“一死生於趙”的説法頗感不通。覆覈原帛圖版,所謂“一”字殘損比較嚴重,與之對應的反印文位於《須賈説穰侯章》第 146—147 行之間,試對比相關圖版:

《集成》整理圖版

反印文圖版

兩相對比不難看出,所謂“一”字實是“交”字殘形的誤釋,“交死生於趙”文義自然顯豁。本章第 176 行“交以趙爲死○友”,其意即與之相同。

7.《老子》乙本卷前古佚書《經法》篇第 44 行下:“美亞(惡)有名,逆順有荆(刑—形),請(情)僞有實,王公執□以爲天下正。”其中的未釋字“□”,陳鼓應先生補作“之”,認爲指代的是上文的名、形、實,或者指代上文的“天稽”“地稽”“人稽”。[①] 魏啓鵬先生認爲缺文似可補爲“稽”。[②]《集成》闕疑未釋

① 陳鼓應注譯《黄帝四經今注今譯》,商務印書館,2007 年 6 月,第 117 頁。

② 魏啓鵬《馬王堆漢墓帛書〈黄帝書〉箋證》,中華書局,2004 年 12 月,第 50 頁。

且無文字説明。按,“□”字原帛圖版上寫作“ ”,字形大半已殘漶不清。不過此字右半部分上方爲“又”、下方爲“曰”仍大致可辨識,對比帛書“稽”字之“ ”(十 45.67)、“ ”(經 49.48)等形可知,此字應從魏啓鵬先生意見補釋爲“稽”。前文叙述天、地、人三者之稽,將此字補釋爲“稽”,在文意上十分合適。“稽”即稽式、法度之義。陳鼓應先生的補釋意見雖不合理,但他指出此字指代的可能是上文的“天稽”“地稽”“人稽”則是十分正確的。

8.《天文氣象雜占》第 1 列第 20 條:“大火出,燒,兵至。其勝日淬,戰勝。”原帛上所謂“大火”的“大”字殘損嚴重,位於同列第 36 條占辭附近的反印文作“ ”,可知“大火”應改釋爲“天火”。“天火”係由雷、電等自然原因引起的火灾,傳世文獻和出土文獻中多見,如《左傳》宣公十六年“凡火,人火曰火,天火曰灾”,睡虎地秦簡《日書》甲種《詰咎篇》第 41 號簡背“天火燔人宫,不可御(禦),以白沙救之,則止矣”,皆可參。

9.《老子》乙本第 20 行下:“正復爲奇,善復爲〖妖〗。人之悉(迷)也,亓(其)日固久矣。”《集成》注釋指出,“妖”字原釋文作爲缺字補出,據襯頁反印文,此處實無“妖”字地位,當爲脱文。[①] 據反印文圖版,“復爲”與“之悉也”之間確實只有一個字的位置,雖然此字模糊不清,但其整體輪廓無論如何與“人”字不合。結合北大漢簡本《老子》第 59 號簡作“善復爲芺(笑—妖)”考慮,此字正應是“芺(笑)”。北大漢簡本、帛書乙本皆以“芺(笑)”爲“妖”,二者用字習慣相同。大概是受到上文第 4 行下“大芺(笑)之”一語的影響,本篇書手在抄完“芺(笑)”字之後直接抄寫“之”字,而漏抄了“人”字。據此,原釋文應重新修訂作:“正復爲奇,善復爲芺(笑—妖)。〖人〗之悉(迷)也,亓(其)日固久矣。”試對比相關圖版如下:

---

① 湖南省博物館、復旦大學出土文獻與古文字研究中心編纂,裘錫圭主編《長沙馬王堆漢墓簡帛集成(肆)》,中華書局,2014 年 6 月,第 202 頁。

《集成》整理圖版　　反印文圖版　　北大漢簡《老子》59 號簡

10.《陰陽五行》甲篇《室》章第 6 行上："居室三歲之後而高爲室於東□□□。"張婷先生將這句話重訂作"·居室三歲之後而高爲室於東□□□□"，[①]釋文相較《集成》更爲準確。這句話中"東"字之後仍有四字未釋，試對比相關圖版如下：

第 6—7 行上

第 8—9 行上

① 張婷《馬王堆帛書〈陰陽五行〉甲篇校釋及相關問題研究》，復旦大學碩士學位論文（指導教師：陳劍、程少軒），2023 年 5 月，第 12 頁。

這四個未釋字中第一個殘字應釋作“北”。“北”字之下的三個字殘損十分嚴重,對比上揭第8—9行上圖版可知也應釋作“有大喪”。據此,上引釋文應重訂作“·居室三歲之後而高爲室於東北,有大喪”。

11.《陰陽五行》甲篇《堪輿》章第10行:“女(如)皆吉,終歲必五【喜】,君子捧(拜)受【爵,小人】有大戩(戴—得),童(重)堪(禖)。”與此相近的内容又見於北大漢簡《揕輿》11—13號簡,其文云:“若皆吉,卒歲必五喜,君子拜高吏,小人有大得。重堪(禖)。”[①]按,帛書所謂“受”字寫作“ ”,其形與“受”字不合,應改釋作“事”,讀作“吏”。據帛書行款,該殘字與下方的“有大戩(戴—得)”之間只有兩字的空間,應據北大漢簡修訂作“君子捧(拜)事(吏),【小人】有大戩(戴—得)”。

12.《陰陽五行》甲篇《宜忌》章第6行上:“☑人□、出入貨、以行□☑。”“行”字之下一字原帛圖版寫作“ ”,應係楚文字寫法的“羅”字。本篇《諸神吉凶上》章第2行下“☑□□加(架)大屋門,兇(凶),羅弗行□☑”中的“羅”字寫作“ ”,可資比較。

13.《陰陽五行》乙篇“太陰刑德大游圖”西北角有文字云:“戰倍(背)月,勝;☑斗;毋迎減(咸)池,☑困。”其中“毋迎減(咸)池”的“毋”字原帛圖版寫作“ ”,其形與“毋”字不合,應改釋作“敗”,並屬上讀爲一句。“敗”與上文“勝”字義相對。

14.《木人占》第50行:“□□□□卜口,亡其身與其家。”據文例,“卜口”的“卜”字應改釋作“人”。從帛書高清照片以及相關反印文圖版來看,這句占辭並没有頂行抄寫,而是留有約三四字的空白之後再開始抄寫,推測可能是右側上條占辭没有抄完,抄手發現後補寫於此。另外,行末所謂“家”字原圖版寫作“ ”(蔣文先生摹作“ ”),與本篇“家”字之寫作“ ”(木3.13)、“ ”(木54.5)形者差别較大,我們認爲此字應改釋爲“禺”。本篇“禺”字寫作“ ”(木51.10)、“ ”(木70.4)等形,寫法即與之相近,可比照參看。改

① 北京大學出土文獻研究所編《北京大學藏西漢竹書(伍)》,上海古籍出版社,2014年12月,第135頁。釋文標點與之稍有不同。

釋後,“禺”“口”二字正好合韻,此亦是旁證。“禺”或應讀爲“隅”,與同篇第51行“執於兩[①]禺(隅)”、第70行“人抵其禺(隅)”中的“禺(隅)”所指相同。

15.《木人占》第52行:“人項,敗于軍寇,及以兵鬬。”這句話中的所謂“項”字寫作“”(蔣文先生摹作“”),其右半字形顯非“頁”字,左旁與“工”字寫法也頗有不同。蔣文先生旁注此字爲“脰?”,是已懷疑此字或應釋爲“脰”。今按,其説可從。此字右半爲“肉”旁,左半即爲“豆”形(上下部分筆畫已有斷裂、移位),可嚴格隸定作“豋”,應即“脰”字異構。就我們目之所及,秦漢文字中似尚未見到“豋”形寫法,不過從“肵”“脂”“豚”等字或又寫作“”(居延88.7)、“”(肩73EJT21：423)、“”(張·二年律令287)來看,[②]“脰”字寫作“豋”是不足爲奇的。《説文》肉部:“脰,項也。”《左傳》襄公十八年:“晉州綽及之,射殖綽中肩,兩矢夾脰。”杜預注:“脰,頸也。”此處帛書上下文是按照木人的身體部位依次占卜,這條占辭的前後兩條占辭分别對應“頤”和“肩、背”,將此字釋爲項頸義的“脰”字也十分合適。除此之外,本篇占辭多爲韻文,改釋後“豋(脰)”“寇”“鬬”諸字於韻正合。

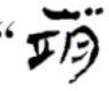

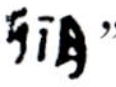

16.《木人占》第54行:“人北(背)、心,邦家侌=(陰陰)▁。”這句話中的所謂“邦”字寫作“”(蔣文先生摹作“”),其左半字形與秦漢文字中“邦”字寫法不同,應改釋爲“邾”。戰國楚文字中“朱”字作爲單字或偏旁時多寫作木中兩横之形,[③]此例“邾”字中“朱”旁的寫法與之相同,正可視作是本篇文字保留有楚文字遺迹的具體例證。[④] 這樣改釋後,“邾”字應讀爲“主”。“邾”“主”皆爲舌音侯部字,二者音近可通。帛書《老子》乙本卷前古

---

① 下引邢華、張顯成先生論文引匿名評審專家的意見認爲這個“兩”字應是“南”字殘形之誤釋。

② 此三例字形選自于森編著《漢代隸書異體字表》,中西書局,2021年12月,第302、309、728頁。

③ 李守奎編《楚文字編》,華東師範大學出版社,2003年12月,第345頁“朱”“株”、第728頁“絑”條。

④ 帛書《木人占》無論是從内容還是抄寫的文字來看,都具有濃厚的楚地文獻色彩。本篇第58行“内”字寫作“”、第70行“朱”字寫作“”等,都是此篇文字保留有戰國楚文字遺迹的具體例證。

佚書《十六經・順道》第62行"不爲兵邾(主),不爲亂首","邾"即讀爲"主"可證。可以附帶指出的是,本篇帛書的整理前言指出:"占文第54行'邦家陰陰'不避'邦'字諱,所以其抄本年代下限似不晚於西漢初,最有可能是秦末或楚漢之際的抄本。"[①]由上文已知所謂"邦"字實是"邾"字的誤釋,那麼《集成》據此判斷本篇抄本年代下限的這條論據也就不復存在了。[②]

所謂"侌"字寫作" ",本篇"陰"字多作" "(第10行)、" "(第55行)、" "(第57行)之形,對比可知原釋恐不可信。王樹金先生釋作"泠",邢華、張顯成先生認爲此字左下有三點,應隸定爲"淦",[③]於形亦不合。今按,此字應改釋爲"金",馬王堆帛書中"金"字寫作" "(老甲107.11)、" "(經46.4)等形,可比照參看。帛書《木人占》占辭多爲韻文,改釋爲"金"字後,"心""金"二字於韻亦合。本則札記寫完後,程少軒先生向我們指出此處"金="應讀爲"欽欽",表示憂思貌或謹慎戒懼之義,其説應可信。"欽"本从"金"得聲,二者音近可通。"欽"字古書常訓爲"敬",又引申有"謹慎""戒慎"之義。"主家欽欽"應該是説主治家事時謹慎戒懼之貌。此處上下文諸條占辭所表達的含義和刺入木人的身體部位之間往往具有一定的關聯性,例如"有勞苦事"對應"入肩、背","子産不育"對應"入腹",[④]因此用表示人心理活動的"主家欽欽"對應"入背、心"顯然也是十分合適的。

17.《相馬經》第16行:"草閒多依,薄專于崖。"所謂"多"字原圖版作" ","多"字所从的兩重"夕"旁中間都有一小斜點,而此殘形中並無這部分筆畫。今按,此字所在的帛片有部分斷裂移位,將其調整處理後作" ",可知應改釋爲"勿"。

---

① 湖南省博物館、復旦大學出土文獻與古文字研究中心編纂,裘錫圭主編《長沙馬王堆漢墓簡帛集成(伍)》,中華書局,2014年6月,第162頁。

② 雖然這條論據是錯誤的,但是從《木人占》的文字和内容來看,《集成》推測其最有可能是秦末或楚漢之際的抄本的意見應大致可信。

③ 邢華、張顯成《馬王堆漢墓帛書〈木人占〉叢札》,《簡帛研究 二〇一九(秋冬卷)》,廣西師範大學出版社,2020年1月,第238頁。

④ 《集成》釋作"卜腹子,産不逐(育)",此從邢華、張顯成先生意見改釋爲"入腹,子産不逐(育)",詳見上條注釋所引文章。

18.《相馬經》第29—31行有以下一段話：

> 衜【肉】之奴(駑)四，□一□□□者也。29上□而□者，二奴(駑)也，不能開闔者，三奴(駑)也；毋澤，四奴(駑)也。□□□□□□□□□□□□□□□欲韱(纖)，欲□，29下身欲淺毛，欲毛上逆，欲動榣(摇)破𦸗(散)，高錫之，如火之炎，故長短匿賢不廉，則□匿賢見□□□□□30上□□□□毛賢逆毛=(毛，毛)上逆者賢伏，能動榣(摇)破𦸗(散)，高錫之，【如】火之炎，賢毋動榣(摇)者，庰(尺)30下肉索纏之，如䊷(收)索者，命(名)曰虎纏，良馬也。

這段釋文存在不少問題，張傳官先生曾撰文對此有詳細討論，①我們在閱讀後發現仍有可補充之處，下面按照文句的順序依次説明：

第29—30行的"欲韱(纖)，欲□，29下身欲淺毛，欲毛上逆，欲動榣(摇)破𦸗(散)"，大多數分句都是十分整齊的"欲……"句式，對比不難發現"身欲淺毛"放在句中顯得格格不入。按，所謂"身"字在原帛上已殘失，《集成》係據反印文釋出。核查此字反印文圖版寫作""(見《相馬經》空白頁—8)，我們認爲應改釋爲"革"，可與本篇"革"字之寫作""(相23.37)、""(相32.63)等形相互參看。從第23行"呈(裎)毋肉殺厚革遂毛"、第32—33行"厚革遂毛者，二奴(駑)也"等文句來看，"厚革"是駑馬的特徵之一。因此根據上下文文意，第29行的最後一字"□"可補釋作與"厚"意義相反的"薄"字。據此，原釋文"欲□，29下身欲淺毛"應修訂作"欲【薄】29下革，欲淺毛"。

第30行"故長短匿賢不廉"，張傳官先生據反印文將"匿"字改釋爲"廉"，正確可信。同時他又認爲"長短"二字之間抄脱一"賢"字，並以脱文符號"〖　〗"補出。按，從此處各行文字的相對位置來看，相關反印文帛片應下

① 張傳官《馬王堆漢墓帛書〈相馬經〉校讀札記》，《出土文獻與古文字研究》第七輯，上海古籍出版社，2018年5月，第368—373頁。下引張傳官先生意見皆引自此文，不另出注。

移約一字左右的距離（參見下附反印文調整後圖版），因此，“長短”二字之間的“賢”字本就存在，應是殘失而非抄脱。若嚴格按照體例，原釋文應修訂作“故長【賢】短，廉賢不廉”。其下“則□匿賢見”一句，張傳官先生指出“則”與“匿”之間已無容字空間，可從。不過所謂“則”字原圖版寫作“”，其形與“則”字寫法絶不相同。核此字反印文作“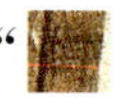”，我們認爲應改釋作“韯（纖）”，可與本篇“韯”字之寫作“”（相 34.25）形對比參看。據此，原釋文可修訂作“韯（纖）匿賢見（現）”，文句十分通順。可以附帶指出的是，本篇第 38 行“【毛】糾不能韯（纖），匿堈均竟後怒，狄筋（筋）不趮（躁）動，不能半復艮（眼）者也”，其中的“匿”字也應屬上爲句，讀爲“【毛】糾不能韯（纖）匿”。

第 29 行下“毋澤，四奴（駑）也”與“欲韯”之間原帛已殘缺，《集成》補出 14 個缺文號，張傳官先生認爲缺文只有 8 個，並根據前後文文例補作“【㡯（尺）肉欲長，欲廉】，欲【匿】”。按，對照相關反印文並結合帛書行款來看，《集成》整理圖版第 29 行下“也毋澤四奴也”諸字所在帛片應整體下移 1～2 字的距離，因此“四奴（駑）也”與“欲韯”之間實際上只有 6 個字的位置。“欲韯”之前二字尚存殘筆，相關圖版作：

其中第一個字張傳官先生釋作“欲”，可從。第二個字應釋作“廉”，可與本篇“廉”字之作“”（相 26.59）、“”（相 26.62）等形相互參看。據此，此處缺文可釋寫作“【㡯（尺）肉欲長】，欲廉”。

第30行上“韱(纖)匿賢見”諸字之下的帛片已缺失,《集成》釋文補出五個缺文號,不確。據帛書行款,此處僅有四個字的空間。這四個缺文中的前三個字其反印文圖版如下:

據其殘形及前後文例,這三個字應釋作“薄革賢”。又第30行下“□□□□毛賢逆毛”,張傳官先生指出“毛賢逆毛”之前最多只有兩個字的空間,並據前後文文例釋作“□,【淺】毛賢遂毛”,皆可從。綜合以上意見,第30行上下相接處文字可補釋作“薄革賢【厚30上革,淺】毛賢遂毛”。

第31行“肉索纏之”中的所謂“索”字原帛已殘缺,其反印文寫作“”,應改釋爲“能”。

綜合張傳官先生的意見和以上討論,上引釋文可重訂如下:

> 衛【肉】之奴(駑)四:□而□者,一【奴(駑)29上也】;□而□者,二奴(駑)也;不能開闔者,三奴(駑)也;毋(無)澤,四奴(駑)也。【庰(尺)肉欲長】,欲廉,欲韱(纖),欲【薄】29下革,欲淺毛,欲毛上逆,欲動榣(搖)破蔱(散),高錫之,如火之炎。故長【賢】短,廉賢不廉,韱(纖)匿賢見(現),薄革賢【厚30上革,淺】毛賢遂毛=(毛,毛)上逆者賢伏。能動榣(搖)破蔱(散),高錫之,【如】火之炎,賢毋動榣(搖)者。庰(尺)30下肉能纏之,如緻(收)索者,命(名)曰虎纏,良馬也。

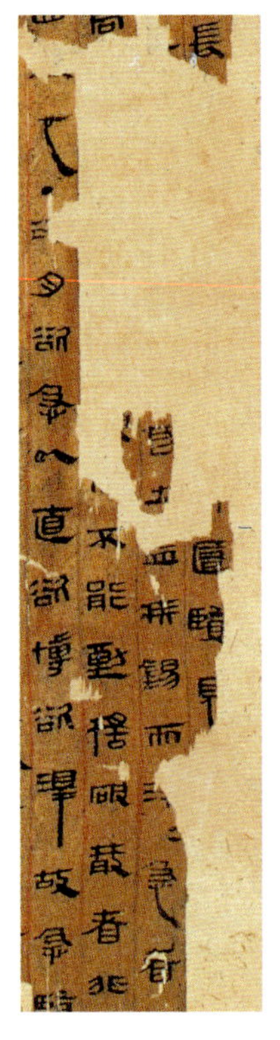

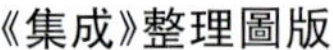

《集成》整理圖版　　反印文調整後圖版

19.《養生方》第 48 行："（上略）炊上晝日而火【□】絶，四日出，閭（濾）棄其滓。"這句話中的"而"字，原圖版寫作""（《馬[肆]》黑白圖版作""），陳劍先生指出此"而"字與其形不合，疑應改釋爲"血"。他又認爲"炊上晝日"之"晝日"疑爲"盡日"之誤，可在其後標逗號。① 據帛書高清原始照片，此字左邊第二豎筆之下與之相接的小短横實際上是位於此處的反印文筆畫，因此釋作"血"恐怕也有問題。我們認爲此字應釋爲"宿"，其形與""（方 94.4）、""（養 113.26）等相近，所不同者在於"宀"旁上方的寫法，一寫作撇畫，一寫作短竪，而這在秦漢文字中是十分常見的字形變化。② "宿"即夜

---

① 陳劍《讀馬王堆簡帛零札》，《上古漢語研究》第一輯，商務印書館，2016 年 10 月，第 52 頁。

② 例如"寒"字既寫作""（二 34.44），又寫作""（居延舊簡 4・4A），"守"字既寫作""（十 60.18），又寫作""（居延新簡 E.P.F22：254A）等，這種例子還有很多，此不贅舉。

晚之義，與“晝日”義正相對，二者之間應用頓號隔開。另外根據文意，“火”“絶”二字之間的缺文可補作“毋”。

20.《養生方》“益甘”題下第51行：“【益甘】：煮=(煮豬)需(苓)去滓，以汁肥豯，以食女子，令益甘中美。”其中“煮=(煮豬)需(苓)”一詞，帛書原整理者釋文作“□伏靈”，並注釋爲：“伏靈，即茯苓，《史記・龜策列傳》作伏靈。”①陳劍先生認爲所謂“□伏靈”應改釋爲“煮=需”二字，“煮=”係“夫=(大夫)”類的合文，即“煮者”二字，“者需”應讀爲藥名“豬苓”。②《集成》釋文注釋從陳劍先生説。今按，將所謂“伏”字改釋爲“煮”正確可從，但認爲“煮”字殘形右下爲合文號的意見則值得商榷。所謂“煮=需”諸字所在圖版如下(右爲《馬[肆]》一書著録的黑白圖版)：

如果將“煮”字右下看作合文號，那麽“需”字所从“雨”旁最上邊的一長横筆便没有了着落，其釋讀意見頗爲可疑。細審圖版可知，所謂重文號的首筆並非是其應有的短横，而是呈類似折筆的形態。我們認爲所謂“=需”實應改釋爲“藷”，因其形左上部分殘損嚴重，導致其殘存的“艸”頭與“雨”旁首筆的右半被誤認爲是合文符號。據此，上引釋文“煮=(煮豬)需(苓)去滓”應修訂爲“煮藷去滓”。此“藷”字在馬王堆簡帛中係首次出現，雖然部分字形已有殘缺，但也彌足珍貴。

古書中“藷”常訓釋爲“大苦”，例如《説文》：“藷，大苦也。”《爾雅・釋草》：“藷，大苦。”但是關於大苦具體所指爲何物，歷來説法不一。《爾雅》郭

① 馬王堆漢墓帛書小組編《馬王堆漢墓帛書[肆]》，文物出版社，1985年3月，釋文注釋第104頁。

② 陳劍《馬王堆帛書〈五十二病方〉〈養生方〉釋文校讀札記》，《出土文獻與古文字研究》第五輯，上海古籍出版社，2013年9月，第506—507頁。

璞注：“今甘草也。蔓延生，葉似荷，青黄，莖赤有節，節有枝相當。或云：蘦似地黄。”沈括《夢溪筆談·藥議》：“此（蘦）乃黄藥也，其味極苦，謂之大苦，非甘草也。”李時珍《本草綱目·草部》卷十二謂郭璞説形狀與甘草不類，而以沈括説爲是。王念孫則認爲“苦”“苄”古字相通，[①]“大苦”應即“大苄”（也即今之地黄）。以上甘草、黄藥和地黄等三種説法未知孰是。不過古醫籍多載熟地黄有通血益氣、滋腎補精之效，與帛書此方所描述的功用大致相符。

21.《養生方》第 56 行：“□下，如○食頃∟，以水洒（洗），支七八日∟，令□。·嘗□⧄。”《集成》注釋如下：“‘嘗□’，劉建民疑爲‘嘗試’，可供參考。”[②]按，“嘗”字之下未釋字字原帛圖版寫作“”，其形與“試”字不合，該字位於第 104 行的反印文寫作“”，應釋作“用”。“嘗用”與“嘗試”意義相同。且從文意來看，本行“嘗用”之後已無其他文字，因此《集成》釋文中的“⧄”應删去。

22.《五十二病方》“蚖”題下第 96 行：“一，賁（噴）吙：‘伏食∟，父居北在∟，母居南止，同産三夫，爲人不德。已（已）。不已（已），青傅女（汝）。’”其中最後一字“女”，帛書原整理者釋作“之”，《集成》根據殘筆及反印文改釋爲“女”。按，此字原圖版寫作“”，由於帛片皺縮變形導致字形整體上有些傾斜，將其翻正可知此形上方寫作一長横筆。這與本篇多見的“女”字寫法不合。核查此字反印文圖版寫作“”，可知應改釋作“某”，“某”在此應指祝禱者本人。另外，在這段咒語中，“食”“在”“止”“德”“某”正好合韻，這也是我們上述改釋意見的旁證。

23.《五十二病方》“冥（螟）病方”題下第 134 行：“冥（螟）病方：冥（螟）者，蟲所齧穿者□，其所發毋（無）恒處，或在鼻（下略）。”“齧穿者”之下未釋字原帛圖版寫作“”，結合殘形及上下文可釋作“殴”。

24.《五十二病方》“𤺋”題下第 225 行：“一，陰乾之旁蠭（蜂）卵，以布裹□□。”《集成》注釋如下：“蠭，原釋文作‘逢’。原注：旁逢卵，旁疑讀爲房，逢

① 王念孫《廣雅疏證》，中華書局，1983 年 5 月，第 317 頁。

② 湖南省博物館、復旦大學出土文獻與古文字研究中心編纂，裘錫圭主編《長沙馬王堆漢墓簡帛集成（陸）》，中華書局，2014 年 6 月，第 44 頁。

疑讀爲蜂,下第二三六行有蜂卵,可參看。"[1]原注認爲"旁"疑讀爲"房",對"陰乾之旁(房)蜂卵"整句話未作解釋。過去大多數研究者都將"旁(房)蜂卵"解釋爲"蜂房中的蜂卵",[2]或又解釋爲"生長於房屋處的蜂子"。[3] 按照以上兩種理解,"陰乾"和"旁(房)蜂卵"是簡單的動賓對應關係,釋文却在二者之間多出一"之"字,令人費解。大概正是因爲如此,《集成》釋文並未將"旁"括讀爲"房",較爲審慎。今按,查核帛書原圖版可知,所謂"之"字寫作"",其形與本篇"之"字寫作""(方 2.8)、""(方 9.2)者不同之處在於:"之"字的上半部分總共有三筆,而此字上半部分却由四筆寫成;"之"字的底部寫作一横,而此字下半部分則殘留有較爲明顯的團狀墨痕。我們認爲此字應改釋爲"道"。對比本篇"道"字寫作""(方 46.16)、""(方 106.10)等形不難看出,此字上半部分最左邊的撇畫應即"辵"旁的第一筆,餘下三筆則是"首"旁上方訛變後的"止"形。由於全字正好位於帛書的斷裂處(與之相鄰的右側第 224 行"瘻"字亦可證),部分筆畫皺縮變形故而導致誤釋。改釋後,"道旁蜂卵"是强調以路旁的蜂卵入藥,本篇"尤(疣)"題下第 109 行"以殺本若道旁蒯、椈二七"中"道旁"的用法與之相同,可資比較。

25.《五十二病方》"牡痔"題下第 257—258 行:"一,牡痔居竅旁,大者如棗,小者如棗核者方:以小角=(角角)之,如孰(熟)二斗米頃,而張角,絜以小257 繩,剖以刀∟。其中有如兔髕,若有堅血如拈〈指〉末而出者,即已(已)。·令。258"此方前半部分的描述類似今日拔火罐之療法,其中的"張角"一詞,一般解釋爲"起罐",[4]歷來研究者對此釋讀未有疑問。按,所謂"張"字原圖版寫作"",對比""(養 111.20)、""(足 22.19)等形可知,此字左半部分與"弓"字的寫法並不密合,且右邊部分的最後一筆作向右下

---

① 湖南省博物館、復旦大學出土文獻與古文字研究中心編纂,裘錫圭主編《長沙馬王堆漢墓簡帛集成(伍)》,中華書局,2014 年 6 月,第 255 頁。

② 周一謀、蕭佐桃《馬王堆醫書考注》,天津科學技術出版社,1988 年 7 月,第 143 頁。

③ 張顯成《簡帛藥名研究》,西南師範大學出版社,1997 年 10 月,第 295 頁。

④ 高忻洙《實用針灸學詞典》,江蘇科學技術出版社,1999 年 3 月,第 352 頁。

斜曳之形，與“長”字的寫法區别也十分明顯。按，此字應改釋爲“發”，其形與本篇“發”字之寫作“”（方112.9）、“”（方236.5）等形相合。“發”字古多訓爲“開”“啓”，“發角”是指開啓角罐也即起罐之義。這種用法和意義的“發”字在馬王堆醫書中十分常見，例如本篇第128行“即置其鍋於稀火上，令藥巳（已）成而發之”、第383行“並以金銚熘桑炭，毚（纔）茀（沸），發享（歊），有（又）復熘茀（沸）”，皆可相互比參。

26.《五十二病方》“胻傷”題下第344行：“（上略）湯寒則炊之，熱即止火，自適殹。朝巳（已）食而入湯中，到餔巳（已）【而】出休ㄴ，病即俞（愈）矣。”按，“到餔巳（已）”的“巳（已）”字原圖版寫作“”，與“巳”字左上部分恒作封閉圈形的字形特徵不合。整理者之所以將此字誤釋爲“巳（已）”，大概是受到右側斜筆的干擾。這一斜筆應係誤粘於此，將其剔除後作“”（右側空白帛片爲誤覆蓋於此），應該就是擬補的“而”字。從文意上看，“餔”爲時段名，此處説“到餔”或者“餔巳（已）”即可，“到餔巳（已）”的説法則略顯辭費。[①] 另外據《集成》高清原始照片，“餔”“出”二字之間僅有一個字的位置，因此原釋文“到餔巳（已）【而】出休”應修訂作“到餔而出休”。

27.《五十二病方》第412行：“一，戜（蟘）食（蝕）口鼻ㄴ，冶韰（堇）葵【□□】朋□者□□，以桑薪燔其端，令汁出，以羽取其【□】。”“以桑薪燔其端”之上二字其形尚存大半，寫作如下之形：

① 此蒙張傳官先生提示。

按，應釋作“長尺”。本篇第73行“取杞本長尺，大如指”、第189行“取景天長尺、大圍束一”中的“長尺”，《養生方》第65行“用瘨（顛）棘根刌之，長寸者二參”中的“長寸”，辭例皆可參看。

28.《五十二病方》第422行：“取茹盧（蘆）本，鳌（齏）之，以酒漬之，后（後）日一夜，而以涂（塗）之，已（已）。”其中的“涂”字，係帛書原整理者據文意補釋，《集成》釋文則根據殘筆徑釋。今按，此字原圖版寫作“”，其右側的殘筆與“涂”字所从的“余”旁不類，而與“欠”旁的寫法相合，應改釋爲“歆”。由此可知，此方的治療方法實際上是内服而非外用。

29.《五十二病方》第478行：“洎□煮【□□□□□】之，洎以【□□】易，令復三【□□□□□□□□□□□□□□】。”其中“易”字帛書原整理者釋作“蕩”，《集成》從劉欣先生意見改釋作“易”。按，“易”字放在句中文意難以讀通，此字原圖版寫作“”，應改釋爲“參”。馬王堆帛書中“參”字寫作“”（二12.25）、“”（戰227.19）等形，可與之比參。“參”字在這句話中應是用作容量單位，即三分之一斗。

參考文獻

B

北京大學出土文獻研究所編《北京大學藏西漢竹書(伍)》,上海古籍出版社,2014年12月。

北京大學出土文獻與古代文明研究所編《北京大學藏秦簡牘》(全伍册),上海古籍出版社,2023年4月。

C

陳鼓應注譯《黄帝四經今注今譯》,商務印書館,2007年6月。

陳劍《簡帛古書拼綴雜談》,復旦大學出土文獻與古文字研究中心學術講座,復旦大學,2010年6月28日。

陳劍《馬王堆帛書〈五十二病方〉〈養生方〉釋文校讀札記》,《出土文獻與古文字研究》第五輯,上海古籍出版社,2013年9月。

陳劍《馬王堆帛書"印文"、空白頁和襯頁及折叠情况綜述》,湖南省博物館編《紀念馬王堆漢墓發掘四十週年國際學術研討會論文集》,嶽麓書社,2016年10月。

陳劍《讀馬王堆簡帛零札》,《上古漢語研究》第一輯,商務印書館,2016年10月。

陳松長編著《馬王堆帛書藝術》,上海書店出版社,1996年12月。

陳松長《馬王堆帛書〈刑德〉研究論稿》,臺灣古籍出版出版有限公司,2001年4月。

陳松長《〈天文氣象雜占〉釋文訂補》,《出土文獻研究》第六輯,上海古籍出版社,2004 年 12 月。

陳松長《馬王堆帛書〈物則有形圖〉初探》,《文物》2006 年第 6 期。

陳松長《帛書"九主圖殘片"略考》,《文物》2007 年第 4 期。

陳松長、劉紹剛、王樹金《帛書〈天文氣象雜占〉釋文再補》,《出土文獻研究》第八輯,中西書局,2007 年 11 月。

程少軒《馬王堆漢墓〈喪服圖〉新探》,《出土文獻與古文字研究》第六輯,上海古籍出版社,2015 年 2 月。

程少軒《馬王堆帛書〈陰陽五行〉甲篇〈堪輿〉章的重新復原》,湖南省博物館編《紀念馬王堆漢墓發掘四十週年國際學術研討會論文集》,嶽麓書社,2016 年 10 月。

程少軒《馬王堆帛書〈上朔〉神靈名小考》,《古文字研究》第三十一輯,中華書局,2016 年 10 月。

D

董珊《馬王堆帛書"物則有形"圖與道家"應物"學説》,《文史》2012 年第 2 輯。

F

范常喜《馬王堆簡帛古文遺迹述議》,《出土文獻研究》第十三輯,中西書局,2014 年 12 月;後收入范常喜《簡帛探微——簡帛字詞考釋與文獻新證》,中西書局,2016 年 4 月。

方勇《讀〈地灣漢簡〉醫方簡札記一則》,簡帛網,2018 年 6 月 6 日。

傅舉有、陳松長編著《馬王堆漢墓文物》,湖南出版社,1992 年 1 月。

G

高亨纂著,董治安整理《古字通假會典》,齊魯書社,1989 年 7 月。

高潔《〈長沙馬王堆漢墓簡帛集成〉校讀札記》,《南京師範大學文學院學報》2024 年第 1 期。

高忻洙《實用針灸學詞典》,江蘇科學技術出版社,1999 年 3 月。

廣瀨薰雄《〈五十二病方〉的重新整理與研究》,《文史》2012 年第 2 輯。

廣瀨薰雄《談〈太一將行圖〉的復原問題》,湖南省博物館編《紀念馬王堆漢墓發掘四十週年國際學術研討會論文集》,嶽麓書社,2016 年 10 月。

廣瀨薰雄《長沙馬王堆漢墓醫書復原拾遺》,《中醫藥文化》2022 年第 6 期。

郭理遠《楚系文字研究》,復旦大學博士學位論文(指導教師:裘錫圭),2020 年 7 月。

郭永秉《馬王堆帛書〈戰國縱橫家書〉整理瑣記(三題)》,《文史》2012 年第 2 輯。

H

洪德榮《〈太一祝圖〉拼合問題再論》,《華夏考古》2018 年第 6 期。

侯乃峰、劉剛《讀〈長沙馬王堆漢墓簡帛集成〉散札(上)》,《出土文獻綜合研究集刊》第十二輯,巴蜀書社,2020 年 12 月。

胡文輝《馬王堆〈太一出行圖〉與秦簡〈日書・出邦門〉》,《江漢考古》1997 年第 3 期。

黄天樹《甲骨拼合集》,學苑出版社,2010 年 8 月。

黄儒宣《馬王堆〈辟兵圖〉研究》,《"中研院"歷史語言研究所集刊》第八十五本第二分,2014 年 6 月。

湖南省博物館、湖南省文物考古研究所編著《長沙馬王堆二、三號漢墓(第一卷:田野考古發掘報告)》,文物出版社,2004 年 7 月。

湖南省博物館、復旦大學出土文獻與古文字研究中心編纂,裘錫圭主編《長沙馬王堆漢墓簡帛集成》(全七册),中華書局,2014 年 6 月。

J

荆州博物館《湖北江陵張家山 M336 出土西漢竹簡概述》,《文物》2022 年第 9 期。

荆州博物館編,彭浩主編《張家山漢墓竹簡〔三三六號墓〕》,文物出版社,2022 年 11 月。

L

來國龍《馬王堆〈太一祝圖〉考》，浙江大學藝術與考古研究中心編《浙江大學藝術與考古研究》第一輯，浙江大學出版社，2014 年 10 月。

李家浩、楊澤生《北京大學藏漢代醫簡簡介》，《文物》2011 年第 6 期。

李守奎《楚文字編》，華東師範大學出版社，2003 年 12 月。

李淞《依據叠印痕迹尋證馬王堆 3 號漢墓〈太一將行圖〉的原貌》，《美術研究》2009 年第 2 期。

李婉虹《出土簡帛祝辭類文獻輯注》，吉林大學碩士學位論文（指導教師：劉釗、王强），2023 年 5 月。

劉建民《馬王堆漢墓帛書〈五星占〉整理劄記》，《文史》2012 年第 2 輯。

劉建民《讀馬王堆古醫書札記（五則）》，《簡帛》第十三輯，上海古籍出版社，2016 年 11 月。

劉建民《馬王堆帛書〈養生方〉殘字考釋五則》，張勇安主編《醫療社會史研究》第二輯，中國社會科學出版社，2017 年 6 月。

劉建民《馬王堆漢墓醫書〈養生方〉綴合五則》，《江漢考古》2018 年第 3 期。

劉建民《馬王堆醫書〈養生方〉〈房内記〉校讀札記》，《中醫典籍與文化》2022 年第一輯（總第 4 期），社會科學文獻出版社，2022 年 10 月。

劉樂賢《馬王堆天文書考釋》，中山大學出版社，2004 年 5 月。

劉釗主編，鄭健飛、李霜潔、程少軒協編《馬王堆漢墓簡帛文字全編》，中華書局，2020 年 1 月。

劉釗《馬王堆漢墓帛畫〈太一將行圖〉新證》，《考古學報》2024 年第 2 期。

盧林鑫《戰國秦漢時期辟穀及導引行氣相關出土文獻整理與研究》，復旦大學碩士學位論文（指導教師：周波），2023 年 5 月。

M

名和敏光《馬王堆漢墓帛書〈陰陽五行〉甲篇〈雜占之一〉〈天一〉綴合校釋——兼論〈諸神吉凶〉下半截的復原》，出土文獻與先秦經史國際學術研討會會議論文,香港大學中文學院,2015 年 10 月 16—17 日。

名和敏光《馬王堆漢墓帛書〈陰陽五行〉甲篇〈衍〉、〈雜占之四〉綴合校釋》,《出土文獻》第八輯,中西書局,2016 年 4 月。

名和敏光、廣瀨薰雄《馬王堆漢墓帛書〈陰陽五行〉甲篇整體結構的復原》,《出土文獻研究》第十五輯,中西書局,2016 年 7 月。

名和敏光《馬王堆漢墓帛書〈陰陽五行〉甲篇〈諸神吉凶〉前半章綴合校釋》,韓國慶星大學漢字研究所編《漢字研究》第十五輯,2016 年 8 月。

名和敏光《馬王堆漢墓帛書〈陰陽五行〉甲篇〈諸神吉凶〉綴合校釋》,湖南省博物館編《紀念馬王堆漢墓發掘四十週年國際學術研討會論文集》,嶽麓書社,2016 年 10 月。

名和敏光《馬王堆漢墓帛書〈陰陽五行〉甲篇〈室〉〈築〉綴合校釋》,臺灣第二十八屆中國文字學國際學術研討會會議論文,臺灣大學、中國文學學會,2017 年 5 月 12—13 日。

名和敏光《馬王堆漢墓帛書〈陰陽五行〉甲篇〈堪輿〉綴合校釋(上)》,出土文獻與經學、古史國際學術研討會暨研究生論壇會議論文,華東師範大學中文系,2018 年 11 月 3—4 日。

名和敏光《馬王堆漢墓帛書〈陰陽五行〉甲篇〈堪輿〉綴合校釋(下)》,湖北出土簡帛日書國際學術研討會會議論文,湖北省博物館、湖北省文物考古研究所、武漢大學簡帛研究中心、芝加哥顧立雅中國古文字中心,2018 年 11 月 9—10 日。

名和敏光《馬王堆漢墓帛書〈陰陽五行〉甲篇〈雜占之六〉〈築(二)〉〈五行禁日〉綴合校釋》,《出土文獻研究》第十七輯,中西書局,2018 年 12 月。

名和敏光《馬王堆漢墓帛書〈陰陽五行〉甲篇——〈徙〉〈天地〉〈女發〉〈雜占之二〉綴合校釋》,《出土文獻綜合研究集刊》第八輯,巴蜀書社,2019 年 4 月。

名和敏光《馬王堆漢墓帛書〈陰陽五行〉甲篇〈雜占之七〉綴合校釋》,《上古漢語研究》第三輯,商務印書館,2019 年 6 月。

馬王堆漢墓帛書整理小組《〈五星占〉附表釋文》,《文物》1974 年第 11 期。

馬王堆漢墓帛書整理小組《長沙馬王堆三號漢墓出土地圖的整理》,《文物》

1975 年第 2 期。
馬王堆漢墓帛書整理小組《馬王堆三號漢墓出土駐軍圖整理簡報》,《文物》1976 年第 1 期。
馬王堆漢墓帛書整理小組《馬王堆漢墓帛書〈相馬經〉釋文》,《文物》1977 年第 8 期。
馬王堆漢墓帛書整理小組《長沙馬王堆三號墓出土西漢帛書〈天文氣象雜占〉》,《中國文物》1979 年第 1 期。
馬王堆漢墓帛書整理小組編《馬王堆漢墓帛書[壹]》,文物出版社,1980 年 3 月。
馬王堆漢墓帛書整理小組編《馬王堆漢墓帛書[叁]》,文物出版社,1983 年 10 月。
馬王堆漢墓帛書整理小組《馬王堆帛書〈六十四卦〉釋文》,《文物》1984 年第 3 期。
馬王堆漢墓帛書整理小組編《馬王堆漢墓帛書[肆]》,文物出版社,1985 年 3 月。
馬王堆漢墓帛書整理小組《馬王堆帛書〈式法〉釋文摘要》,《文物》2000 年第 7 期。

Q

裘錫圭《裘錫圭學術文集》(全六卷),復旦大學出版社,2012 年 6 月。
清華大學出土文獻研究與保護中心編,李學勤主編《清華大學藏戰國竹簡(柒)》,中西書局,2017 年 4 月。

R

任達《馬王堆帛書〈五星占〉研究》,吉林大學博士學位論文(指導教師:馮勝君),2020 年 9 月;《仰緝緯象:馬王堆帛書〈五星占〉研究》,中西書局,2023 年 12 月。

S

施謝捷《簡帛文字考釋札記(再續)》,《文教資料》2001 年第 4 期。

施謝捷《説嶽麓秦簡的人名"毋澤"》,《中國文字學報》第七輯,商務印書館,2017 年 7 月。

T

滕壬生《楚系簡帛文字編(增訂本)》,湖北教育出版社,2008 年 10 月。
天回醫簡整理組編著《天回醫簡》,文物出版社,2022 年 11 月。

W

王念孫《廣雅疏證》,中華書局,1983 年 5 月。
王樹金《馬王堆漢墓帛書〈木人占〉探述》,《出土文獻研究》第十二輯,中西書局,2013 年 12 月。
魏啓鵬《馬王堆漢墓帛書〈黄帝書〉箋證》,中華書局,2004 年 12 月。
魏宜輝《秦漢璽印人名考析(續九)》,陳斯鵬主編《漢語字詞關係研究(二)》,中西書局,2021 年 10 月。
鄔可晶《以〈五行〉爲例談談馬王堆帛書〈老子〉甲本卷後古佚書重新整理的情况》,《文史》2012 年第 2 輯。
鄔可晶《讀馬王堆帛書〈刑德〉〈陰陽五行〉〈天文氣象雜占〉瑣記》,《出土文獻研究》第十五輯,中西書局,2016 年 7 月。

X

邢華、張顯成《馬王堆漢墓帛書〈木人占〉叢札》,《簡帛研究 二〇一九(秋冬卷)》,廣西師範大學出版社,2020 年 1 月。

Y

楊先雲《虎溪山漢簡〈築〉篇復原——與馬王堆漢墓帛書〈築(二)〉篇對讀》,簡帛網,2021 年 3 月 7 日。
于淼編著《漢代隸書異體字表》,中西書局,2021 年 12 月。
喻燕姣《馬王堆漢墓帛畫〈神祇圖〉研究二則》,湖南省博物館編《湖南省博物館館刊》第九輯,嶽麓書社,2013 年 4 月。

Z

張傳官《馬王堆漢墓帛書〈相馬經〉校讀札記》,《出土文獻與古文字研究》第七輯,上海古籍出版社,2018 年 5 月。

張婷《馬王堆帛書〈陰陽五行〉甲篇校釋及相關問題研究》,復旦大學碩士學位論文(指導教師:陳劍、程少軒),2023 年 5 月。

張顯成《簡帛藥名研究》,西南師范大學出版社,1997 年 10 月。

張耀選《關於馬王堆三號墓出土的西漢帛畫、帛書的修裱》,《文物保護技術》1982 年第 3 輯。

張政烺《馬王堆帛書〈周易〉經傳校讀》,中華書局,2008 年 4 月。

鄭健飛《馬王堆帛書殘字釋讀及殘片綴合研究》,復旦大學碩士學位論文(指導教師:劉釗),2015 年 6 月。

鄭健飛《馬王堆醫書釋文校讀及殘片綴合札記》,《文史》2017 年第 1 輯。

周波《秦、西漢前期出土文字中的六國古文遺迹》,《出土文獻與古文字研究》第二輯,復旦大學出版社,2008 年 8 月;後收入周波《戰國時代各系文字間的用字差異現象研究》,綫裝書局,2012 年 12 月。

周波《馬王堆簡帛〈養生方〉〈雜禁方〉校讀》,《文史》2012 年第 2 輯。

周波《馬王堆漢墓帛書(肆)整理札記(一)》,《古文字研究》第三十輯,中華書局,2014 年 9 月。

周波《〈馬王堆漢墓帛書〔肆〕〉整理札記(二)》,《出土文獻與古文字研究》第六輯,上海古籍出版社,2015 年 2 月。

周波《〈馬王堆漢墓帛書(肆)〉整理札記(三)》,湖南省博物館編《紀念馬王堆漢墓發掘四十週年國際學術研討會論文集》,嶽麓書社,2016 年 10 月。

周波《馬王堆醫書校讀(五則)》,復旦大學出土文獻與古文字研究中心、耶魯—新加坡國立大學學院陳振傳基金漢學研究委員會編《出土文獻與中國古典學》,中西書局,2018 年 1 月。

周波《馬王堆醫書校讀(三)》,《出土文獻》第十二輯,中西書局,2018 年 4 月。

周波《〈長沙馬王堆漢墓簡帛集成〉校讀札記》,《上古漢語研究》第二輯,商務印書館,2018 年 6 月。

周波《馬王堆漢墓簡帛醫書及相關文字補説》,《復旦學報(社會科學版)》2019 年第 4 期。

周波《馬王堆醫書校讀(續)》,何志華、沈培、潘銘基、張錦少主編《古籍新詮——先秦兩漢文獻論集》,香港中文大學出版社,2020 年 11 月。

周波、盧林鑫《馬王堆帛書〈去穀食氣〉〈導引圖〉拼綴及相關文字補説》,第二屆古文字與出土文獻青年學者西湖論壇會議論文,中國美術學院,2023 年 5 月 26—27 日。

周世榮《難忘馬王堆漢墓的發掘與研究》,湖南省博物館編《千載難逢的考古發現——馬王堆漢墓發掘紀實》,湖南省博物館,2004 年。

周一謀、蕭佐桃《馬王堆醫書考注》,天津科學技術出版社,1988 年 7 月。

張家山二四七號漢墓竹簡整理小組編著《張家山漢墓竹簡〔二四七號墓〕》,文物出版社,2001 年 11 月。

後　記

這本小書是在我 2023 年 5 月通過答辯的同名博士學位論文的基礎上修改而成的。此次出版基本保持了原貌，除第二和第三章更换順序、增加附録二之外，没有作太大的結構性改動，只是局部細節上進行了一些調整和補充。

帛書綴合是帛書整理和研究中十分重要的基礎性工作。馬王堆帛書出土至今已有五十年，其間經過幾代學者高質量的合力、接續整理，在綴合上恐怕不會再有多少研究的空間。當《長沙馬王堆漢墓簡帛集成》一書的修訂工作正式啓動，劉釗老師叮囑我負責殘片的拼綴、圖版的修訂時，這是我内心最真實、最自然的想法。不過好在我很早就參與了劉老師主持的國家社科基金重大項目"馬王堆漢墓簡帛字詞全編"，對馬王堆帛書的相關材料頗爲熟悉，加之做事還算細緻認真，又比較有耐心，因此很快就在重新拼綴、修訂的過程中發現一些問題。這些問題累積得越來越多，這本小書的原始面貌也就逐漸形成了。

小書篇幅不長，總共只有十二萬多字，這在出土文獻與古文字學界可以説有些過於單薄了。正因如此，當得知劉釗老師和中心慨允將小書列入"復旦出土文獻與古文字研究博士叢書"，並予以資助出版時，我既感欣喜又覺惶恐。欣喜的是，小書所做的工作得到了老師們的肯定和認可，這是我的莫大榮幸。惶恐的是，小書篇幅單薄、分量不够，害怕辜負了老師們的抬愛。直到最後，論文的送審和答辯都比較順利，自己才算多了些信心。

小書的完成首先要感謝我的導師劉釗先生。我本科就讀的是一所地方性的市屬高校，很少有機會接受正規的學術訓練，因此古文字的底子比較差。幸蒙劉老師不棄，才得以進入復旦大學出土文獻與古文字研究中心學習。劉老師學問文章精雅深博,爲人處世豁達通透,談吐又很幽默風趣,讓人覺得如沐春風。可惜我偏偏不善言談,做事又有些前怕狼後怕虎,不是害怕自己做得不够好就是擔心佔用老師的時間,因此很少主動找老師交流。很多時候反而是劉老師來詢問、關心我的論文進展和家庭生活情况,讓我既感動又慚愧。在撰寫博士論文的關鍵階段,劉老師不僅指明具體的寫作方向,更是在生活上爲我解决燃眉之急。在面臨就業選擇時,劉老師又與我分析利弊,爲我的畢業去向費心費力。這份師恩之情讓我感念一生。

感謝南京大學的程少軒老師。他不僅在學業、生活上幫助了我很多,而且總是能一針見血地指出我的問題,讓我真正意識到並開始正視自己的不足。感謝復旦大學的張傳官老師和南通大學的劉建民老師,兩位師兄在我陷入人生谷底的時候打來電話,與我談心,給我建議和幫助,讓我十分感念。感謝在復旦大學出土文獻與古文字研究中心遇到的每一位師長、每一位同窗,與你們的相識相知是我人生中最珍貴的回憶。

感謝論文外審以及答辯過程中,陳松長老師、喻燕姣老師、黄錫全老師、陳劍老師、施謝捷老師、廣瀨薰雄老師、蔣玉斌老師、周波老師以及三位盲審專家對我博士論文提出的意見和建議。

感謝中西書局編輯田穎師姐和王濼雪女士對小書的辛勤付出。

最後,我要特别感謝我的家人。我的父母雖然没有多少文化,但他們總是尊重和支持我人生道路上的每一次决定和選擇。我的妻子齊萍萍女士,與我相識二十載,多年來一直無怨無悔地替我承擔起養家的經濟重任。小兒語冰的出生,雖説增加了不少壓力,但也給整個家庭帶來了無與倫比的快樂。正是你們無盡的愛與寬容,讓我時常心存對生活的希望與熱愛。

最後需要特别説明的是,由於我自身學識、學力有限,小書中肯定還存在不少疏漏甚至錯誤,懇請學界同道和各位師友不吝賜正。

鄭健飛

二〇二四年元月於上海

《復旦出土文獻與古文字研究博士叢書》

《復旦出土文獻與古文字研究博士叢書》由復旦大學出土文獻與古文字研究中心主持，選擇出土文獻與古文字研究博士生高質量的學術著作（主要是在博士論文基礎上撰寫的著作），經編委會評審後，每年由上海中西書局出版若干種，旨在推動中國出土文獻與古文字科學研究的發展。

《復旦出土文獻與古文字研究博士叢書》從 2012 年 1 月開始徵集書稿。申報和評定的具體辦法見：復旦大學出土文獻與古文字研究中心網站（www.fdgwz.org.cn），上海中西書局網站（ www.zxpress.com.cn）。

圖書在版編目(CIP)數據

馬王堆帛書綴合研究 / 鄭健飛著. —上海：中西書局，2024
(復旦出土文獻與古文字研究博士叢書)
ISBN 978-7-5475-2248-6

Ⅰ. ①馬… Ⅱ. ①鄭… Ⅲ. ①馬王堆帛書—研究 Ⅳ. ①K877.94

中國國家版本館 CIP 數據核字(2024)第 070427 號

馬王堆帛書綴合研究

鄭健飛 著

責任編輯 田 穎
助理編輯 王濼雪
裝幀設計 梁業禮
責任印製 朱人傑

出版發行 上海世紀出版集團
中西書局(www.zxpress.com.cn)
地 址 上海市閔行區號景路 159 弄 B 座(郵政編碼：201101)
印 刷 上海雅昌藝術印刷有限公司
開 本 700 毫米×1000 毫米 1/16
印 張 20
字 數 287 000
版 次 2024 年 6 月第 1 版 2024 年 6 月第 1 次印刷
書 號 ISBN 978-7-5475-2248-6/K·458
定 價 168.00 元